Python金融实战

Python for Finance

[美] Yuxing Yan 著

张少军 严玉星 译

人民邮电出版社

北京

图书在版编目（CIP）数据

Python金融实战 /（美）严玉星著 ; 张少军，严玉星译. -- 北京：人民邮电出版社，2017.7（2022.8重印）
ISBN 978-7-115-45707-3

Ⅰ．①P… Ⅱ．①严… ②张… Ⅲ．①软件工具－程序设计－应用－金融－分析 Ⅳ．①F830.41-39

中国版本图书馆CIP数据核字（2017）第100748号

版 权 声 明

Copyright ©2014 Packt Publishing. First published in the English language under the title *Python for Finance*.

All rights reserved.

本书由英国Packt Publishing公司授权人民邮电出版社出版。未经出版者书面许可，对本书的任何部分不得以任何方式或任何手段复制和传播。

版权所有，侵权必究。

◆ 著　　[美] Yuxing Yan
　 译　　张少军　严玉星
　 责任编辑　胡俊英
　 责任印制　焦志炜

◆ 人民邮电出版社出版发行　北京市丰台区成寿寺路11号
　 邮编　100164　电子邮件　315@ptpress.com.cn
　 网址　http://www.ptpress.com.cn
　 北京捷迅佳彩印刷有限公司印刷

◆ 开本：800×1000　1/16
　 印张：21.75　　　　　　　　2017年7月第1版
　 字数：420千字　　　　　　　2022年8月北京第15次印刷
　 著作权合同登记号　图字：01-2016-3953号

定价：79.00元
读者服务热线：(010)81055410　印装质量热线：(010)81055316
反盗版热线：(010)81055315
广告经营许可证：京东市监广登字20170147号

内容提要

Python 凭借其简单、易读、可扩展性以及拥有巨大而活跃的科学计算社区,在需要数据分析和处理大量数据的金融领域得到了广泛而迅速的应用,并且成为越来越多专业人士首选的编程语言之一。

本书通过 12 章内容介绍了 Python 在金融领域的应用,从 Python 的安装、基础语法,再到一系列简单的编程示例,本书循序渐进地引导读者学习 Python。同时,本书还结合 Python 的各个模块以及金融领域中的期权价格、金融图形绘制、时间序列、期权定价模型、期权定价等内容,深度揭示了 Python 在金融行业中的应用技巧。

本书适合金融、会计等相关专业的高校师生阅读,也适合金融领域的研究人员和从业人员参考学习。对于有一定计算机编程基础,但想要从事金融行业的读者,本书也是不错的参考用书。

谨以本书献给我的父辈：

严仲仪（父）　王秀珍（母）

金清（岳父）　阴家菊（岳母）

写给中国读者的几句话：

首先感谢人民邮电出版社选择了我的书（*Python for Finance*）并出版中译本。我衷心地感谢胡俊英编辑（人民邮电出版社，信息技术分社）为本书的出版做出的努力，感谢张少军教授（在香港教学的金融学教授）为翻译本书做出的巨大投入。

如果用一句话来总结本书："这是一本金融学教授写的基于 Python 编程的图书"。本书将金融理论、金融计算、计算机编程和金融数据有机地结合在一起。由于 Python 是开源软件，所以本书使用了美国大量公开的经济、金融以及会计数据（开源数据）。

本书的读者是金融系、会计系的硕士研究生或高年级的本科生，以及金融领域的研究人员和想进入金融领域的 IT 人士。本书亦可用作一学期的课程教科书。在美国，已有两所学校将本书列为教科书。

对书中涉及的 Python 程序而言，中译本和英文原版有众多的不同。主要原因是使用的 Python 版本不一样。此外 Python 语言本身，尤其是其包含的模块也在发展和演变中。一些函数不存了，而另一些函数也有一些变化。对此，我已经在中文版中做了相应的修改。

本书主要的不足之处是没有引用有关中国的经济、金融及会计数据。如果可能的话，我会在本书第 3 版的写作中加入有关中国的数据。如有研究者、经济学教授、金融学教授或会计学教授能够提供有关中国的经济、金融和会计数据，并希望能用 Python 以及其他计算机语言（R、SAS、Matlab 或 C）来加以处理，请与我联系。

——作者 严玉星（Yuxing Yan）

2017 年 3 月于美国水牛城

作者简介

严玉星毕业于麦吉尔大学，获金融学博士学位。他有丰富的教学经验，教授过各类本科学位和研究生学位的金融课程，如金融建模、期权和期货、投资组合理论、定量财务分析、企业融资和金融数据库。他曾在 8 所全球知名的大学任教：两所在加拿大，一所在新加坡，5 所在美国。

严博士一直活跃于学术研究的前沿。他的研究成果在多个国际学术期刊发表，包括 Journal of Accounting and Finance、Journal of Banking and Finance、Journal of Empirical Finance、Real Estate Review、Pacific Basin Finance Journal、Applied Financial Economics 和 Annals of Operation Research。他的最新一篇学术文章是与张少军合著的，发表在 Journal of Banking and Finance 上。他的研究领域包括投资学、市场微观结构和开放金融。

他精通几种计算机语言，如 SAS、R、MATLAB、C 和 Python。从 2003 年到 2010 年，他在沃顿商学院研究数据服务中心（Wharton Research Data Services，WRDS）担任技术总监，为 WRDS 用户测试了与研究相关的几百个计算机程序。之后，他于 2010 年开始先后将 R 引入 3 所大学的若干门金融定量分析课程。他将讲座笔记编写成一本名为《基于 R 的金融建模》(Financial Modeling using R) 的书。

此外，他还是财务数据方面的专家。在新加坡南洋理工大学任教时，他为博士生讲授一门名为"金融数据库入门"的课程。在 WRDS 工作期间，他回答了许多有关金融数据库的问题并帮助更新 CRSP、Compustat、IBES 和 TAQ（NYSE 高频数据）等数据库。2007 年，严博士和朱世武合著由清华大学出版社出版的《金融数据库》一书。目前，他花费相当多的时间和精力在公开财务数据上。如果有任何疑问，读者可以随时通过电子邮件 yany@canisius.edu 与他联系。

译者简介

张少军博士，1996年7月毕业于北京清华大学，获应用数学和计算机技术双学士学位。自1996年8月至2001年5月在美国佛罗里达州立大学继续深造，先后获得统计学硕士学位和金融统计学博士学位。现任香港理工大学会计与金融学院副教授。

张博士自2001年6月受聘于新加坡南洋理工大学南洋商学院银行与金融系并担任助理教授。为银行与金融本科专业、精算本科专业、金融工程硕士专业、金融硕士专业以及工商管理硕士（MBA）等学位项目讲授与金融模型、资产定价方法、金融时间序列分析和证券投资学相关的课程，并为来自多家银行的进修班讲授与金融模型、金融衍生产品、风险管理以及基金投资等相关的课程。独立或参与培养了多名博士和硕士研究生，并指导了30多名本科生的毕业论文。任职期间，他获得了新加坡政府及南洋理工大学的多项研究经费，荣获2006年度银行和金融系最佳研究教授奖，并于2008年9月成为美国精算协会（Associate of the Society of Actuaries，ASA）准精算师。自2009年1月起至今，在香港理工大学会计与金融学院任教，为本科学生讲授证券投资学课程，为研究生讲授与证券投资学和风险管理相关的课程。

张博士的学术研究涉及多个金融领域，包括中国股市交易、中国股权分置改革、股权资产定价的实证分析、外汇期权的定价、投资银行在债券发行市场的竞争、公司与投资银行的合作关系等。先后获邀在40多个国际学术会议上报告研究成果，在国际知名的学术期刊上发表论文10多篇，多次获得国际会议与国际期刊授予的研究论文奖，2015年荣获中国教育部人文社科学研究优秀论文三等奖。自2010年7月至今，担任亚洲金融协会理事及司库。如果读者有任何疑问，可以随时通过电子邮件 shaojun.zhang@polyu.edu.hk 与他联系。

致谢

我要感谢 Ben Amoako-Adu 和 Brian Smith（他们教授我最早学习的两门金融课程，并在我毕业后的许多年里给予我坚定的支持），George Athanassakos（他布置的作业逼着我学习 C 语言）、Jin-Chun Duan、Wen-Hung Mao、Jerome Detemple、Bill Sealey、Chris Jacobs、Mo Chaudhury（我在 McGill 大学的金融学教授）和 Laurence Kryzanowski（他精彩的教学启发我专注于实证金融。虽然不是我的博士论文指导老师，但他逐字逐句地批阅了我的博士论文）。

在沃顿商学院的经历毫无疑问地塑造了我的思维方式并且增强了我的技能。感谢 Chris Schull 和 Michael Boldin 给我这份工作，感谢 Mark Keintz、Dong Xu、Steven Crispi 和 Dave Robinson，他们在最初的两年给我巨大的帮助，还要感谢 Eric Zhu、Paul Ratnaraj、Premal Vora、Shuguang Zhang、Michelle Duan、Nicholle Mcniece、Russ Ney、Robin Nussbaum-Gold 和 Mireia Gine 给我的帮助。

此外，我要感谢 Shaobo Ji、Tong Yu、Shaoming Huang、Xing Zhang、Changwen Miao、Karyl Leggio、Lisa Fairchild、K.G. Viswanathan、Na Wang、Mark Lennon 和 Qiyu（Jason）Zhang 在许多方面对我的帮助。我也要感谢张少军和孙谦，我在新加坡南洋理工大学的同事和论文合作者，谢谢他们的宝贵意见和讨论。

出版一本好书需要许多出众的出版专业人士和外部审稿人共同做出贡献。我要感谢 Packt 出版社的工作人员做出的优秀努力和付出，特别是 Llewellyn F. Rozario、Swati Kumari、Arwa Manasawala、Ruchita Bhansali、Apeksha Chitnis 和 Pramila Balan。也感谢外部审稿人 Martin Olveyra、Mourad MOURAFIQ 和 Loucas Parayiannis 的宝贵意见、批评和建议。还要感谢人民邮电出版社把这本书的中文版呈现给读者，感谢出版社胡俊英女士的大力支持和细致工作，才使得中文版得以顺利及时地与大家见面。

最后，最重要的是，我感谢我的妻子金晓宁、女儿严晶和儿子严加加的大力支持。感谢他们多年来给予我的理解和关爱。

审稿人简介

Jiri Pik 是一名与投资银行、对冲基金和其他金融机构合作的财务和商业信息顾问。他为多个行业的客户构思并搭建了有突破性的交易、投资组合和风险管理系统,以及决策支持系统。

他的咨询公司 WIXESYS,为客户提供经过认证的专业知识、快速的判断和执行能力。WIXESYS 通过网站 http://spearian.com 提供功能强大的工具,包括具有革命性的 Excel 和 Outlook 插件等。

Loucas Papayiannis 在塞浦路斯出生和长大,毕业于尼科西亚的英语学校。在塞浦路斯国民警卫队服完义务兵役后,Loucas 前往加州大学伯克利分校,在那里获得了电气工程和计算机科学学士学位。在伯克利学习期间,他得到了在帕洛阿尔托的博世研究中心工作的机会,并对开发人机界面产生了强烈的兴趣。

一段意想不到的经历让他在完成学业之后获得了一个在伦敦为彭博公司工作的机会。尽管开发金融软件是他职业发展方向的一个转折点,Loucas 还是抓住这次机会并搬到伦敦。他很快成长并喜欢上这一新的领域。他在伦敦全职工作的同时,入读国王学院的金融数学硕士课程,并在 2011 年获得了学位。

他于 2010 年开始在高盛工作,然后于 2012 年 8 月加入了巴克莱资本。直到现在,他的工作主要是使用 C++ 开发与外汇期权相关的应用程序。这些年他已经在工作中使用了各种编程语言和技术。他是一个 Linux 和 Python 的爱好者,喜欢在空闲时间用它们实验和开发应用程序。

Mourad MOURAFIQ 是一名软件工程师和数据科学家。他在成功完成应用数学专业的学习后,在一家投资银行担任结构性产品领域的定量分析师,专门研究 ABS、CDO 和

CDS，并在法国最大的银行担任量化分析师。

在金融领域几年之后，他发现了对机器学习和计算数学的热情，并决定加入一个创业公司，该公司专注于软件挖掘和人工智能领域。

"我要感谢导师们在我初到交易大厅的那段日子里对我的关照和培养"。

前言

我们正处在一个信息爆炸的大数据时代。在计算机和网络科技的推动下,瞬息万变的金融市场不停地产生出大量的电子化数据,其中大部分是对公众免费的。计算机是有效地利用这些数据的必不可少的工具。我们坚信读者应该能掌握至少一门计算机语言。而 Python 则是可供学习的计算机语言中一个比较好的选择。

为什么选择 Python?

选择 Python 有多种原因。首先,Python 是开源的,公众可以免费使用。Python 可用于几乎所有的主流操作系统上,如 Windows、Linux/Unix、OS/2、Mac 和 Amiga,等等。学习和使用免费软件有众多的好处。毕业以后,学生可以把他们所学到的 Python 编程技能用在任何工作岗位,包括在金融领域。与此相反,收费软件如 SAS 和 MATLAB 取决于公司或单位是否订购。其次,Python 功能强大、灵活、简单易学。它能够解决几乎所有的金融和经济方面的计量问题。第三,Python 有处理大数据的能力。Dasgupta(2013)认为 R 和 Python 是当前最流行的两个用于数据分析的开源软件。第四,Python 有许多有用的模块。模块是为完成一个特殊的任务而开发的。在本书中,我们将学习 NumPy、SciPy、Matplotlib、Statsmodels 和 Pandas 等模块。

这是一本由金融学教授撰写的编程图书

毫无疑问,大多数的编程图书是由计算机专业的教授和专家撰写的。由一位金融学教授撰写本书来介绍一门编程语言似乎十分奇怪。其实不然,本书的重点和众多由计算机专家所写的书完全不同。计算机专家们会把重点放在 Python 语言本身,而正如本书的书名所示,本书的重点是介绍 Python 在金融领域的应用。作者希望为读者提供一本将 Python 与金融紧密结合的书。

侧重短小而实用的 Python 程序

作者曾经在多所世界著名大学任教,包括加拿大的麦吉尔大学和劳里埃大学、新加坡的南洋理工大学、美国的 Loyola 大学、UMUC、Hofstra 大学、水牛城大学和 Canisius 学院。他还在美国的沃顿商学院从事过 8 年的技术咨询工作。丰富的教学和咨询经验告诉他,大多数金融专业的学生需要掌握编写短小的程序以完成某些特定的任务。大多数编程类图书只提供了几个完整但复杂的程序,但对于循序渐进的学习过程而言,程序的数目远远不足,这将导致两种后果。首先,读者往往淹没于复杂程序的细节之中,从而产生畏惧心理,最终失去学习计算机语言的任何兴趣。其次,他们不知道如何灵活运用编程语言来解决金融领域的一系列问题,例如,如何用 1990 年~2013 年的数据和资本资产定价模型(CAPM)来估计 IBM 的市场风险系数。本书提供了大约 300 个与许多金融领域相关的 Python 程序。

使用真实数据

编程类的图书往往有一个共同点,就是它们常常使用虚构的数据。本书将大量使用与各种金融课题相关的真实数据。例如,不仅仅只是介绍资本资产定价模型 CAPM 和市场风险系数(贝塔值或 β),读者学习如何利用实际数据来估计 IBM、苹果和沃尔玛等公司的贝塔值,而不仅仅只是讲解用来估算投资组合的收益和风险的数学公式。本书会给出 Python 程序来从互联网上直接下载实时的交易数据,构造不同的股票组合,然后计算其收益和风险,包括在险价值(VaR)。

本书的主要内容

第 1 章简短地介绍 Python 并讨论如何安装、启动和退出 Python,以及一些相关的问题。

第 2 章讲解一些基本概念和几个常用的 Python 内置函数,如赋值、数值精度、加法、减法、除法、幂函数和平方根函数。

第 3 章介绍如何编写一些简单的 Python 函数来完成常见的金融计算,例如一个未来现金流量的现值、当前现金的未来价值、年金的现值及未来值、永续年金的现值、债券的价格和内部收益率(IRR)等。

第 4 章介绍读者在对 Python 和期权不了解的情况下,如何用几行 Python 代码计算看涨期权价格。

第 5 章介绍模块的基础知识,例如查找所有可用或已安装的模块,以及如何安装一个新的模块。

第 6 章介绍用于科研和金融计算的两个重要模块：NumPy 和 SciPy 模块。

第 7 章通过 matplotlib 模块绘制金融相关的图形，展示如何利用 matplotlib 模块绘制不同颜色和大小的图表和图形来生动地解释有关的金融概念。

第 8 章结合实际数据探讨与统计相关的许多概念和问题。具体内容包括如何由雅虎财经网站下载历史数据；计算收益率、全部风险、市场风险、个股之间的相关性、不同市场之间的相关性；构造各种投资组合以及构建最优投资组合。

第 9 章详细讲解与 Black-Scholes-Merton 期权定价模型相关的内容，包括看涨期权和看跌期权的收益和利润/损失函数、不同的期权交易策略、绘制收益和利润/损失函数的图形、正态分布、与期权相关的希腊值以及期权的平价关系。

第 10 章介绍不同类型的循环，并且演示如何估算欧式和美式期权的隐含波动率。

第 11 章讨论如何利用蒙特卡罗模拟方法为欧式、美式、均价、回望式和障碍式期权定价。

第 12 章介绍波动率的测度以及 ARCH 和 GARCH 模型。

读完本书后有什么收获？

我们通过一些具体的例子来说明本书可能带给读者的收获。首先，本书的前两章能够帮助读者使用 Python 来计算现值、未来值、年金现值、内部收益率，以及许多其他常用的金融公式。也就是说，我们可以使用 Python 作为一个普通计算器来解决不少与金融相关的问题。其次，第 3 章能够帮助读者把几十个短小的 Python 程序结合成一个大的 Python 模块，从而用 Python 完成金融专业计算器的功能。这自制的模块与其他 Python 模块一样使用。第三，读者学习如何编写 Python 程序来下载和处理各类开源数据，包括雅虎财经网站、谷歌财经网站、美联储的数据库和 French 教授的在线数据库等。第四，读者将理解与模块相关的基本概念。模块是指由专家、其他用户或自己编写的用于特定用途的程序包。第五，在了解了 matplotlib 模块的特性后，读者可以制作各种图表。例如，通过绘制图形展示不同股票和期权的交易策略的收益/利润函数。第六，读者将能够下载 IBM 的每日交易价格、市场指数 (S&P500)、雅虎财经网站的数据和运用 CAPM 估计市场风险系数（贝塔值）。亦可以用不同的证券（如国债券、企业债券和股票、构建投资组合），并且应用马科维茨的均值-方差模型来优化自己的投资组合。此外，读者会知道如何估计其投资组合的在险价值（VaR）。第七，读者应该能够应用 Black-Scholes-Merton 期权定价模型和蒙特卡罗模拟为欧式或美式期权定价。最后，读者能够学习量度波动率的几种方法，特别是自回归条件异方差（ARCH）和广义自回归条件异方差（GARCH）模型。

本书的目标读者

本书面向金融相关专业的从业人士，尤其是计算金融、金融建模、金融工程和商业分析等专业方向的读者，会发现本书大有裨益。对金融领域感兴趣的读者也可以通过本书学习 Python，并把它用于许多金融项目之中。个人投资者也能从本书受益。

约定

本书用不同的文本样式区分不同种类的内容。下面给出一些例子，帮助认识这些样式并了解它们的意义。

文本里的代码、数据库名、文件夹名、文件名、文件扩展名、路径名、网址、用户输入和 Twitter 昵称以这样的方式显示："根据计算机操作系统，选择合适的套餐，例如，Python Windows x86 MSI Installer (Windows binary -- does not include source)"。

我们用到的 Python 代码会如下显示：

```
from matplotlib.finance import quotes_historical_yahoo
import numpy as np
import pandas as pd
import statsmodels.api as sm
ticker='IBM'
begdate=(2008,10,1)
enddate=(2013,11,30)
p = quotes_historical_yahoo(ticker, begdate, enddate,asobject=True, adjusted=True)
```

任何命令行输入或输出如下所示：

```
>>>from matplotlib.pyplot import *
>>>plot([1,2,3,10])
>>>xlabel("x- axis")
>>>ylabel("my numbers")
>>>title("my figure")
>>>show()
```

新术语和重要的话以**粗体**显示。在菜单或对话框出现的文字，以粗体显示："单击**开始**按钮，然后启动**所有程序**"。

使用本书的两种方式

通常有两种方式来使用本书：自己阅读或参加课程。初学者可以放慢进度，计划每两周学习一章。第 8 章是个例外，它可能需要至少 3 周。掌握另一门编程语言的专业人士可以相对快速地掌握前几章，尽快接触到后面章节的内容。他们可以把更多精力放在期权理论、隐含波动率、波动率的度量和 GARCH 模型。本书的另一特点是，第 3 章之后的大多数章节之间没有很强的前后关系。读者在学习了前 3 章和第 5 章之后可以跳到其他自己感兴趣的章节。

此外，本书非常适合用作教科书。它能让量化投资、计算金融或金融工程等专业的硕士生学习如何在金融领域应用 Python。本书的内容适合一个学期的硕士生课程，如果用在高年级本科生的课程，可以适当降低难度。

读者反馈

读者反馈是我们一直期盼的。请让我们知道你对本书的意见，包括喜欢或不喜欢的地方。我们渴望读者从本书得到最大的收获。因此，你的反馈意见至关重要。请把反馈意见以电子邮件发送至 feedback@packtpub.com，并在邮件的主题里包括本书的书名。

客户支持

作为 Packt 出版物的拥有者，你应当感到自豪，同时也会获得我们在多方面提供的服务。

下载示例代码

你可以通过 http://www.packtpub.com 网站的帐户下载所有已购买的 Packt 图书里包含的示例代码。如果是在其他地方购买了本书，你可以在 http://www.packtpub.com/support 网站注册并通过电子邮件直接获得相关的文件。

下载书中的彩色插图

我们还为你准备了一个 PDF 文件，里面包含本书中用到的截屏/图形的彩色图像。这些彩色图像可以帮助你更好地了解输出结果。读者可以在以下网址下载这些文件：https://www.packtpub.com/sites/default/files/downloads/4375OS_Images.pdf。

勘误表

虽然我们已尽力确保内容的准确性，错误难免会发生。如果你发现书里的文本或者代码有错误，请务必来信告知，我们将不胜感激。这样一来，可以让其他读者少受困惑，也帮助我们提高本书再版的质量。如果发现任何错误,请访问 http://www.packtpub.com/submit-errata 网页,选择你的书,点击勘误表提交表单链接,并输入勘误的详细信息。一旦你的勘误表验证通过,提交的内容会被接受,勘误就会在网站上出现,或添加到该书的现有勘误列表里。你可以从 http://www.packtpub.com/support 网站选择书名查看任何现有的勘误表。

关于盗版行为

互联网上的侵权盗版行为是所有出版商一直面临的问题。Packt 出版社非常重视保护版权和许可证。如果你发现任何对我们出版物的非法拷贝,不论其在互联网上是以任何形式出现的,请立刻向我们提供网址或网站名称,以便我们可以及时补救。

请把涉嫌盗版材料的链接发送到 copyright@packtpub.com。非常感谢你帮助保护我们的作者,协助我们继续有能力为你带来有价值的内容。

读者疑问

如果你对本书有任何方面的疑问,你可以通过 questions@packtpub.com 与我们联系,我们一定尽力来解决。

目录

第1章 Python 简介及安装 ············ 1

- 1.1 Python 简介 ············ 1
- 1.2 如何安装 Python ············ 3
- 1.3 Python 的不同版本 ············ 3
- 1.4 运行 Python 的 3 种方式 ············ 4
  - 1.4.1 用 GUI 启动 Python ············ 4
  - 1.4.2 从 Python 命令行启动 Python ············ 5
  - 1.4.3 从 DOS 窗口启动 Python ············ 6
- 1.5 如何退出 Python ············ 7
- 1.6 错误提示 ············ 7
- 1.7 Python 语言是区分大小写的 ············ 8
- 1.8 变量的初始化 ············ 8
- 1.9 寻找在线帮助 ············ 9
- 1.10 查找学习手册和教程 ············ 10
- 1.11 如何找出 Python 的版本 ············ 12
- 1.12 小结 ············ 12
- 练习题 ············ 12

第2章 用 Python 完成普通计算器的功能 ············ 14

- 2.1 变量的赋值及显示 ············ 15
- 2.2 错误提示 ············ 15
- 2.3 不能调用没有赋值的变量 ············ 16
- 2.4 选择有意义的变量名 ············ 16
- 2.5 使用 dir() 来查找变量和函数 ············ 17
- 2.6 删除或取消变量 ············ 17
- 2.7 基本数学运算:加、减、乘、除 ············ 18
- 2.8 幂函数、取整和余数函数 ············ 19
- 2.9 一个真正的幂函数 ············ 20
- 2.10 选择合适的数值精度 ············ 21
- 2.11 找出某个内置函数的详细信息 ············ 22
- 2.12 列出所有内置函数 ············ 22
- 2.13 导入数学模块 ············ 23
- 2.14 π、e、对数和指数函数 ············ 24
- 2.15 import math 与 from math import *的区别 ············ 24
- 2.16 一些常用的函数 ············ 25
  - 2.16.1 print()函数 ············ 25
  - 2.16.2 type()函数 ············ 26
  - 2.16.3 下划线_ ············ 26

2.16.4	结合两个字符串 ……………26	3.18	投资回收期和投资回收期
2.16.5	将小写字符变成大写字符		法则 ……………………47
	的函数：upper() ………27	3.19	内部收益率和内部收益率
2.17	元组数据类型 ………………28		法则 ……………………47
2.18	小结 …………………………29	3.20	显示在某个目录下的指定
练习题 ………………………………30			文件 ……………………49
		3.21	用 Python 编写一个专业金融
第 3 章	用 Python 编写一个金融		计算器 …………………49
	计算器 ……………………32	3.22	将我们的目录加到 Python 的
3.1	编写不需要保存的 Python		路径上 …………………50
	函数 ……………………33	3.23	小结 ……………………52
3.2	函数的输入参数及它们的	练习题 ………………………………52	
	预设值 …………………33		
3.3	缩进格式在 Python 编程中至关	第 4 章	编写 Python 程序计算看涨期权
	重要 ……………………34		价格 ……………………56
3.4	检查自己编写的函数是否存在 ……35	4.1	用空壳法编写一个程序 ……57
3.5	在 Python 编辑器里定义函数 ……35	4.2	用注释法编写一个程序 ……59
3.6	利用 import() 在 Python 编辑器	4.3	使用和调试他人编写的
	里激活自己编写的函数 ………36		程序 ……………………61
3.7	使用 Python 编辑器调试程序 ……37	4.4	小结 ……………………61
3.8	调用 pv_f() 函数的两种方法 ……37	练习题 ………………………………61	
3.9	生成自制的模块 ……………38		
3.10	两种注释方法 ………………39	第 5 章	模块简介 ……………………64
3.10.1	第 1 种注释方法 ………39	5.1	什么是模块 ……………………64
3.10.2	第 2 种注释方法 ………39	5.2	导入模块 ………………………65
3.11	查找有关 pv_f() 函数的	5.2.1	为导入的模块取个简称 ………66
	信息 ……………………40	5.2.2	显示模块里的所有函数 ………66
3.12	条件函数：if() ………………41	5.2.3	比较 import math 和 from
3.13	计算年金 ………………………41		math import * ……………67
3.14	利率换算 ………………………42	5.2.4	删除已经导入的模块 …………67
3.15	连续复利利率 …………………44	5.2.5	导入几个指定的函数 …………68
3.16	数据类型：列表 ………………45	5.2.6	找出所有的内置模块 …………69
3.17	净现值和净现值法则 ……………45	5.2.7	找出所有可用的模块 …………69

5.2.8	找到一个已安装的模块的目录位置 ············ 71	6.18	利用种子（seed）生成可重复的随机数 ············ 93
5.2.9	有关模块的更多信息 ······ 72	6.19	在导入的模块里查找函数 ······ 94
5.2.10	查找某个未安装的模块 ···· 72	6.20	优化算法简介 ············ 95
5.3	模块之间的相互依赖性 ········ 73	6.21	线性回归和资本资产定价模型（CAPM） ············ 95
5.4	小结 ······················ 74	6.22	从文本文件(.txt)输入数据：loadtxt()和getfromtxt()函数 ····· 96
练习题 ························ 75	6.23	独立安装 NumPy 模块 ······ 97

第 6 章 NumPy 和 SciPy 模块简介 ······ 76

6.1	安装 NumPy 和 SciPy 模块 ···· 77
6.2	从 Anaconda 启动 Python ····· 77
6.2.1	使用 NumPy 的示例 ······ 78
6.2.2	使用 SciPy 的示例 ······ 79
6.3	显示 NumPy 和 SciPy 包含的所有函数 ··················· 82
6.4	关于某个函数的详细信息 ······ 83
6.5	理解列表数据类型 ············ 83
6.6	使用全一矩阵、全零矩阵和单位矩阵 ·················· 84
6.7	执行数组操作 ·············· 84
6.8	数组的加、减、乘、除 ········ 85
6.8.1	进行加减运算 ············ 85
6.8.2	执行矩阵乘法运算 ········ 85
6.8.3	执行逐项相乘的乘法运算 ······ 86
6.9	x.sum()函数 ··············· 87
6.10	遍历数组的循环语句 ········· 87
6.11	使用与模块相关的帮助 ······· 87
6.12	SciPy 的一系列子函数包 ····· 88
6.13	累积标准正态分布 ········· 89
6.14	与数组相关的逻辑关系 ······· 90
6.15	SciPy 的统计子模块（stats） ····· 90
6.16	SciPy 模块的插值方法 ······· 91
6.17	使用 SciPy 求解线性方程 ····· 92

| 6.24 | 数据类型简介 ············ 97 |
| 6.25 | 小结 ··················· 98 |
| 练习题 ························ 98 |

第 7 章 用 matplotlib 模块绘制与金融相关的图形 ············ 101

7.1	通过 ActivePython 安装 matplotlib 模块 ··················· 102
7.2	通过 Anaconda 安装 matplotlib 模块 ··················· 103
7.3	matplotlib 模块简介 ········· 103
7.4	了解简单利率和复利利率 ····· 106
7.5	为图形添加文字 ············ 107
7.6	杜邦等式的图示 ············ 109
7.7	净现值图示曲线 ············ 110
7.7.1	有效地使用颜色 ········ 113
7.7.2	使用不同形状 ·········· 114
7.8	图形演示分散投资的效果 ····· 115
7.9	股票的数目和投资组合风险 ···· 117
7.10	从雅虎财经网站下载历史价格数据 ················· 119
7.10.1	用直方图显示收益率分布 ···· 120
7.10.2	比较单只股票的收益和市场收益 ············ 122

7.11 了解现金的时间价值 ················ 124
7.12 用烛台图展示 IBM 的每日
     收盘价 ······························· 125
7.13 用图形展示价格变化 ············ 126
7.14 同时展示收盘价和交易量 ····· 129
   7.14.1 在图形上添加数学公式 ····· 130
   7.14.2 在图形上添加简单的图像 ··· 131
   7.14.3 保存图形文件 ················ 132
7.15 比较个股的表现 ··················· 132
7.16 比较多只股票的收益率与
     波动率 ······························· 133
7.17 查找学习手册、示例和有关
     视频 ·································· 135
7.18 独立安装 matplotlib 模块 ······ 136
7.19 小结 ·································· 136
练习题 ······································· 136

第 8 章 时间序列的统计分析 ············ 139

8.1 安装 pandas 和 statsmodels
    模块 ··································· 140
   8.1.1 在 Anaconda 命令提示符下启动
         Python ························· 140
   8.1.2 使用 DOS 窗口启动 Python ··· 141
   8.1.3 使用 Spyder 启动 Python ······ 142
8.2 Pandas 和 statsmodels 模块
    简介 ··································· 143
   8.2.1 如何使用 Pandas 模块 ········ 143
   8.2.2 statsmodels 模块示例 ········· 144
8.3 开源数据 ····························· 145
8.4 用 Python 代码输入数据 ······· 146
   8.4.1 从剪贴板输入数据 ············ 147
   8.4.2 从雅虎财经网站下载历史
         价格数据 ······················ 147
8.4.3 从 txt 文件输入数据 ·········· 148
8.4.4 从 Excel 文件输入数据 ······· 149
8.4.5 从 csv 文件输入数据 ········· 150
8.4.6 从网页下载数据 ················ 150
8.4.7 从 MATLAB 数据文件输入
       数据 ··························· 152
8.5 几个重要的函数 ···················· 152
   8.5.1 使用 pd.Series()生成一维时间
         序列 ··························· 152
   8.5.2 使用日期变量 ················· 153
   8.5.3 使用 DataFrame 数据类型 ···· 154
8.6 计算回报率 ·························· 156
   8.6.1 从日回报率计算月回报率 ···· 157
   8.6.2 从日回报率计算年回报率 ···· 159
8.7 按日期合并数据集 ················ 160
8.8 构建 n 只股票的投资组合 ····· 161
8.9 T-检验和 F-检验 ··················· 162
   8.9.1 检验方差是否相等 ············ 163
   8.9.2 测试"一月效应" ············ 164
8.10 金融研究和实战的应用举例 ··· 165
   8.10.1 基于 52 周最高价和最低价
         的交易策略 ··················· 165
   8.10.2 用 Roll（1984）模型来估算
         买卖价差 ······················ 166
   8.10.3 用 Amihud（2002）模型来
         估算反流动性指标 ··········· 167
   8.10.4 Pastor 和 Stambaugh（2003）
         流动性指标 ··················· 168
   8.10.5 Fama-French 三因子模型 ···· 171
   8.10.6 Fama-MacBeth 回归模型 ···· 173
   8.10.7 滚动式估算市场风险系数 ··· 174
   8.10.8 在险价值简介 ················ 177
8.11 构建有效组合边界 ·············· 178

8.11.1 估计方差-协方差矩阵……178	9.8 多种交易策略……213
8.11.2 优化-最小化……181	9.8.1 股票多头和看涨期权空头的组合……214
8.11.3 构建一个最优投资组合……181	9.8.2 跨式期权组合——具有同样执行价格的看涨期权和看跌期权的组合……215
8.11.4 构建 n 只股票的有效组合边界……183	
8.12 插值法简介……186	9.8.3 日历套利组合……216
8.13 输出数据到外部文件……187	9.8.4 蝶式看涨期权组合……218
8.13.1 输出数据到一个文本文件……187	9.9 期权价格和输入参数之间的关系……219
8.13.2 输出数据到一个二进制文件……188	9.10 与期权相关的希腊字母……219
8.13.3 从二进制文件读取数据……188	9.11 期权平价关系及其图形表示……221
8.14 用 Python 分析高频数据并计算买卖价差……188	9.12 二叉树法及其图形表示……223
8.15 更多关于使用 Spyder 的信息……194	9.12.1 为欧式期权定价的二叉树法……229
8.16 一个有用的数据集……195	9.12.2 为美式期权定价的二叉树法……229
8.17 小结……196	9.13 套期保值策略……230
练习题……197	9.14 小结……231
第 9 章 Black-Scholes-Merton 期权定价模型……201	练习题……232
	第 10 章 Python 的循环语句和隐含波动率的计算……235
9.1 看涨期权和看跌期权的收益和利润/损失函数……202	10.1 隐含波动率的定义……236
9.2 欧式期权与美式期权……205	10.2 for 循环简介……237
9.3 现金流、不同类型的期权、权利和责任……206	10.2.1 使用 for 循环计算隐含波动率……237
9.4 正态分布、标准正态分布和累积标准正态分布……206	10.2.2 欧式期权的隐含波动率……238
9.5 不分红股票的期权定价模型……209	10.2.3 看跌期权的隐含波动率……239
9.6 用于期权定价的 p4f 模块……210	10.2.4 enumerate()函数简介……240
9.7 已知分红股票的欧式期权价格……212	10.3 用 for 循环计算内部收益率及多个内部收益率……241

10.4	while 循环简介 ································243		11.1.3	产生 n 个服从正态分布的随机数 ··························263	
	10.4.1 使用键盘命令停止无限循环 ························244		11.1.4	正态分布样本的直方图 ·······264	
	10.4.2 使用 while 循环计算隐含波动率 ······················244		11.1.5	对数正态分布的图形表示 ····265	
	10.4.3 多重嵌套的 for 循环 ·······246		11.1.6	产生服从泊松分布的随机数 ······················266	
10.5	美式看涨期权的隐含波动率 ···246		11.1.7	产生服从均匀分布的随机数 ······················266	
10.6	测试一个程序的运行时间 ······247				
10.7	二分搜索的原理 ····················248	11.2	利用蒙特卡罗模拟计算的近似值 ··································267		
10.8	顺序访问与随机访问 ············249				
10.9	通过循环访问数组的元素 ······250	11.3	从 只股票中随机选择 m 只 ······268		
	10.9.1 利用 for 循环赋值 ············251	11.4	可重复和不可重复的随机取样 ······································270		
	10.9.2 通过循环访问词典的元素 ····251				
10.10	从 CBOE 网站下载期权数据 ································252	11.5	年收益率的分布 ····················271		
		11.6	模拟股价变化 ························273		
10.11	从雅虎财经网页下载期权数据 ································254	11.7	图形展示期权到期日的股票价格的分布 ·······················275		
	10.11.1 从雅虎财经网页检索不同的到期日期 ············254	11.8	寻找有效的投资组合和有效边界 ·····························276		
	10.11.2 从雅虎财经网页下载当前价格 ······················255		11.8.1	寻找基于两只股票的有效组合及相关系数的影响 ············276	
10.12	看跌期权和看涨期权的比率及其短期趋势 ·······················255		11.8.2	构建 n 只股票的有效边界 ··································281	
10.13	小结 ······································258	11.9	算术平均值与几何平均值 ······283		
练习题 ···258		11.10	预测长期回报率 ····················284		
		11.11	用模拟法为看涨期权定价 ······285		
第 11 章 蒙特卡罗模拟和期权定价 ······261		11.12	奇异期权简介 ························286		
11.1	产生服从标准正态分布的随机数 ······························262		11.12.1	利用蒙特卡罗模拟给均价期权定价 ··············286	
	11.1.1 产生服从（高斯）正态分布的随机样本 ············263		11.12.2	利用蒙特卡罗模拟给障碍式期权定价 ··········288	
	11.1.2 利用种子（seed）生成相同的随机数 ····················263	11.13	障碍式期权的平价关系及其图形演示 ·························289		

11.14 具有浮动执行价格的回望式期权的定价 ·············293	12.7 波动率的微笑曲线和斜度 ········307
11.15 使用 Sobol 序列来提高效率 ···············294	12.8 波动率集聚效应的图形表示 ····309
	12.9 ARCH 模型及 ARCH（1）随机过程的模拟 ··············310
11.16 小结 ·······················294	12.10 GARCH（广义 ARCH）模型 ···············312
练习题 ·······················295	12.10.1 模拟 GARCH 随机过程 ······312
第 12 章 波动率和 GARCH 模型 ········296	12.10.2 采用改良的 garchSim()函数模拟 GARCH(p,q)模型 ·······313
12.1 传统的风险测度-标准方差 ······297	12.10.3 由 Glosten、Jagannanthan 和 Runkle（1993）提出的 GJR_GARCH 模型简介·············315
12.2 检验正态分布 ···············297	
12.3 下偏标准方差 ···············300	
12.4 检验两个时间段的波动率是否相等 ···············302	12.11 小结 ·······················319
12.5 利用 Breusch 和 Pagan（1979）方法检验异方差 ···············303	练习题 ·······················319
12.6 从雅虎财经网页检索期权数据 ···············306	

第 1 章
Python 简介及安装

本章首先介绍为什么采用 Python 作为计算工具和使用 Python 有哪些优点,然后讨论如何安装、启动和退出 Python,是否区分大小写等问题,以及一些简单的例子。

本章主要内容如下。

- Python 简介
- 如何安装 Python
- 应该使用哪个版本的 Python
- 启动和退出 Python 的方式
- 错误提示
- Python 是区分大小写的
- 变量的初始化
- 查找在线帮助、学习手册和自学教程
- 查看自己的 Python 版本

1.1 Python 简介

人类在多年前已经进入信息化时代。事实上,我们如今是淹没在信息的海洋之中,时时刻刻都有大量的电子邮件需要阅读或太多的网页亟待浏览。互联网提供了大量关于任何事物的信息,从重要的事件到如何学习 Python。我们可以借助互联网搜索任何一家上市公司的信息。如果想收集与国际商业机器(IBM)相关的财务信息,可以使用雅虎财经网站、谷歌财经网站、美国证券交易委员会（SEC）网站公布的公司报表和该公司的网页，等等。在这样的背景下，投资者、专业人士和研究人员需要一个强有力的工具来处理如此大量的公开信息。同时，我们的社会趋向于更加开放和透明。在金融领域，开源金融的概念应运而生。Dane 和 Masters（2009）提出了开源金融的 3 个组成部分：开源软件、公开的数据和开放的代码。作为开源金融的第一个组成部分，Python 是开源软件的最好选择之一。另一同样流行的开源软件是 R。下面总结学习和运用 Python 于金融领域的一些优点。

首先，Python 是免费的开源软件。免费带来许多好处。我们可以设想一个简单的实验。假设一个读者没有学习过期权理论，对 Python 也一无所知。你觉得他/她需要多长时间能够用 Python 来计算看涨期权的价格（Black-Scholes-Merton 模型）。我们的答案是：2 小时之内！首先，下载和安装 Python，这不会超过 10 分钟。再花 10 分钟学习如何启动并退出 Python，并试运行几个简单例子，然后在 4.1 节，找到著名的 Black-Scholes-Merton 看涨期权模型的代码，总共只有 13 行代码。读者可以在接下来的 40 分钟输入代码，调试纠错。2 小时之内，他/她应该能够自如地运行 Python 程序给看涨期权定价了。当然，当公司采用一种新的计算机语言时，应考虑多方面的成本：如软件的年费、维护成本、可调用的软件包和技术支持等。换言之，软件是否开源只是一个因素。

再看另外一个涉及美国证券交易委员会的例子。2010 年，美国证券交易委员会提议，所有的金融机构在提交申请发售新的资产支持证券时，需要提供一个能够计算和演示该证券的合同现金流量的软件程序（www.sec.gov/rules/proposed/2010/33-9117.pdf），并建议使用 Python 作为编写该程序的计算机语言。考虑 Python 的重要原因之一是其开源性。因为任何投资者都可以免费地学习和使用它。

Roger Ehrenberg（2007）建议对债券或信用风险的分析引进开源金融的概念。是否要求机构投资者一定按照债券评级来决定买卖并不重要，重要的是知晓金融机构是如何裁定可投资债券风险的级别。试想一下，如果很多金融机构把自身的债务评级模型公之于众，并由众人加以改进，这对债券或信用风险的分析有多么大的推进作用啊！为了促进这方面的发展，Python（或 R）是用作计算工具的理想选择之一。

其次，Python 功能强大、灵活，并且简单易学。它能够帮助解决几乎所有与金融和经济相关的计量问题。Python 适用于所有主要的操作系统，包括 Windows、Linux/Unix、OS/2、Mac 和 Amiga，等等。

第三，Python 适合大数据的应用。Dasgupta（2013）认为 R 和 Python 是两个最受欢迎的用于数据分析的开源编程语言。与 R 相比较，Python 是一个更好的广泛式语言，尤其是考虑它与面向对象编程功能的融合。与 SciPy/NumPy、Matplotlib 和 Statsmodel

相组合，它提供了一个强有力的数据分析工具。本书还会讨论一个称为 Pandas 的处理财务数据的模块。

第四，类似于 MATLAB 的工具箱和 R 的软件包，Python 拥有许多非常有用的模块。每个模块都完成一些特定的功能。在本书中，我们将学习十几个模块。其中，将特别关注 5 个对金融最有用的模块：`NumPy`、`SciPy`、`Matplotlib`、`Statsmodels` 和 `Pandas`。前两个模块与统计分析、公式计算、矩阵及其操作、数据结构和数据操作有关。Matplotlib 是图形模块。第 8 章将使用这个模块深入讲解如何用图形呈现各种交易策略的收益函数和利润/损失函数。`Statsmodels` 是与计量经济学相关的模块，该模块包括 T-检验、F-检验和 GARCH 模型等。`Pandas` 是用于金融数据分析的模块。

当然我们应该指出 Python 的一些缺点。由于它是免费的，最主要的缺点是缺乏客户支持。一些专家认为，Python 社区需要进一步成长，应该包括更多的统计学家和数学家。

1.2 如何安装 Python

采取以下两个步骤来安装 Python。

1. 访问 Python 的官方网站下载。

2. 根据计算机的系统，选择适当的软件，比如 `Python 3.3.2 Windows x86 MSI Installer`。

在当前阶段，初学者只需选择 Python 最新版本即可。他们可以跳过下一节有关版本的讨论而直接学习如何启动 Python 的章节。

通常用以下 3 种方法来运行 Python。

- 从 Python 的 IDLE（GUI）。
- 从 Python 命令行。
- 从 DOS 命令行窗口。

这 3 种方式将在第 1.4.1、1.4.2 和 1.4.3 节介绍。

1.3 Python 的不同版本

有关 Python 安装最常见的问题之一是：我们应该下载哪个版本？在这个阶段，任何最新的版本都可以。换言之，对于初学者而言版本并不重要，原因有三。

- 本书前 4 章的内容适用于任何版本。
- 卸载旧的版本和安装新的版本易如反掌。
- 不同版本可以在同一台电脑上共存。

在以后的有关章节中,将解释模块与 Python 版本的兼容关系。模块是许多 Python 程序的集合,由一个或一组专家为完成一些特殊的功能而编写的。例如我们将讨论一个叫作 `Statsmodels` 模块,这是与统计和计量经济模型、线性回归等有关的模块。我们常常会用到内置模块、标准模块、第三方提供的模块和自行建造的模块。我们将在多个章节讨论模块这个重要的课题。

在本书中,我们会学习大约 20 多个模块,其中详细讨论 NumPy、SciPy、Matplotlib、Pandas 和 `Statsmodels` 模块。NumPy、Matplotlib 和 `Statsmodels` 模块需要 Python 2.7 以上版本。有些模块也与 Python 2.x 版本(2.5-2.6 以上,依情况而定)兼容。

1.4 运行 Python 的 3 种方式

以下介绍启动 Python 的 3 种方式。

1.4.1 用 GUI 启动 Python

用 GUI 启动 Python 的步骤如下。

1. 单击开始菜单,然后展开"所有程序"菜单项。
2. 找到 Python 3.3。
3. 如图 1-1 所示,单击 IDLE(Python GUI)。

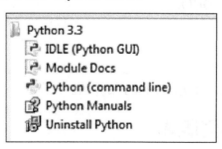

图 1-1

4. 启动 Python 后,出现如图 1-2 所示的窗口。

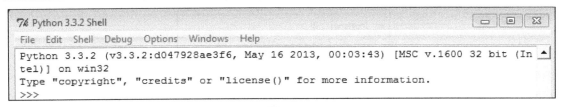

图 1-2

计算未来现金流的现值的公式如下。

$$PV = \frac{FV}{(1+R)^n} \tag{1-1}$$

在此等式中，*PV* 是现值，*FV* 是未来值，*R* 是折现率，*n* 是周期数。根据前面的公式，可以输入这些数值来计算未来现金流的现值。假设将在一年后获得 100 美元，如果年折现率是 10%，这 100 美元的现值是多少呢？下面的几行代码用来解答这个问题。

```
>>>100/(1+0.1)
90.9090909090909
>>>
```

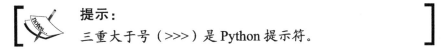

> **提示：**
> 三重大于号（>>>）是 Python 提示符。

在电脑桌面创建一个 Python 图标是一个好主意。除了前述的方法外，接下来的两节会介绍其他的方法来运行 Python。

1.4.2 从 Python 命令行启动 Python

初学者可以跳过这一部分并转到退出 Python 部分，学会如何用 GUI 启动 Python 已经够用了。首先，我们知道如何使用 Python IDLE 或点击桌面上的 Python 图标来启动 Python。其次，可以方便地使用 Python IDLE 来保存并运行 Python 程序。

从 Python 命令行启动 Python 的步骤如下。

1．单击开始菜单，展开"所有程序"选项。

2．找到 Python 3.3。

3．如图 1-3 所示，单击 Python（command line）。

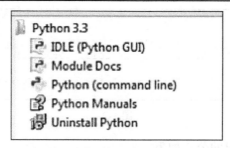

图 1-3

4. 单击 Python（command line）之后，会看到如图 1-4 所示的窗口。

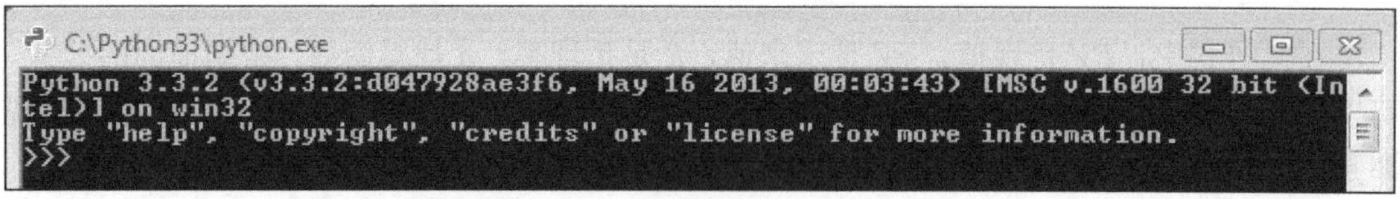

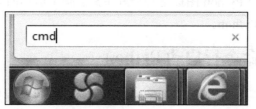

图 1-4

1.4.3　从 DOS 窗口启动 Python

可以打开一个 DOS 窗口，找到包含 Python 程序的子目录，然后从那里运行 Python。为此，执行以下步骤。

1. 单击开始菜单，然后在如图 1-5 所示的运行窗口中输入 cmd。

图 1-5

2. 输入 cd c:\python33 移动到相应的目录。
3. 输入 python 命令来运行软件，如图 1-6 所示。

如果要从其他目录启动 Python，必须在搜索路径上包括 Python 所在的目录。假设 Python 安装在 C:\python33，以上第 2 步应当用下面的 DOS 命令。

```
set path=%path%;C:\python33
```

图 1-6

1.5 如何退出 Python

以下是退出 Python 的几种常用方法。

- 按 Ctrl+D 组合键。
- 按 Ctrl+Q 组合键。
- 单击 File 菜单中的 Exit 选项。
- 单击窗口右上角的"关闭"按钮(即直接关闭窗口)。

在本书后面部分,将解释如何利用代码在程序运行结束之后自动退出 Python。

1.6 错误提示

对于前面的例子,如果 100 美元在两年后获得,输入 `100/(1+0.1)^2` 而不是 `100/(1+0.1)**2`,会看到下面的出错信息。它告诉我们,不支持^运算符号。

```
>>>100/(1+0.1)^2
Traceback (most recent call_last):
File "<psyhell#1>, line 1, in <module>
100/(1+0.1)^2
TypeError: unsupported operand type(s) for ^: 'float' and 'int'
>>>
```

初学者需要注意以上错误信息的最后一句。最后一行告诉我们,符号^不被支持。应该使用双乘法符号**而不是^作为幂函数。第 2 章将介绍一个真正的幂函数 `pow()`。

>
> **下载示例代码**
> 可以从网站 http://www.packtpub.com 上的账户下载所有已购买的书籍，包括的示例代码。如果你在其他地方购买了这本书，可以访问 http://www.packtpub.com/ support 并注册，这样含有的代码文件通过电子邮件直接发送给你。

1.7 Python 语言是区分大小写的

区分大小写意味着小写的 x 不同于大写的 X，变量 John 不同于变量 john。如果为变量 *x*（小写字母 x）赋值，然后调用变量 *X*（大写字母 X），会得到以下出错信息。

```
>>>x=2
>>>X
Traceback (most recent call last):
     File "<pyshell#1>", line 1, in <module>
       X
    NameError: name 'X' is not defined
>>>
```

在上面的例子中，变量 *X* 没有被赋值。因此，当输入 X 试图显示其值时，会收到一条出错信息。请注意，最后一行提及 NameError 而不是 TypeError。在 Python 中，我们称变量为 name。

1.8 变量的初始化

在以上例子中，给变量 *x* 赋值之后，就可以使用它。这正如在其他计算机语言，如 FORTRAN 和 C/C++中定义一个变量。类似地，如果一个变量在 Python 中没有被赋值，就无法使用它。与 C/C++或 FORTRAN 语言不同的是，我们不需要把变量 *x* 定义为整数类型，就可以把 10 赋值给它。

Python 语言的另一个优点是，可以改变一个变量的数据类型。对于 FORTRAN 语言，*x* 被定义为整数类型后，将无法把字符串赋值予它。由于 Python 语言只有对变量的赋值，没有对变量的定义，可以给一个变量赋任何值。例如，可以将 *x* 赋值为 10。再把一个字符串，如"Hello World"，赋值予它。这样做与数据类型转换是不同的。将在后面的章节讨论不同数据类型之间的转换，如整数转换为字符串。

1.9 寻找在线帮助

启动 Python 之后，输入 `help()` 打开在线帮助（如以下代码所示）。在线帮助的提示符是 `help>`。只需按一次回车键或输入 `quit` 就可以退出在线帮助。退出之后，Python 提示符>>>将再次出现。

```
>>>help()
Welcome to Python 3.3! This is the interactive help utility.
If this is your first time using Python, you should definitely check out
the tutorial on the Internet at http://docs.python.org/3.3/tutorial/.
Enter the name of any module, keyword, or topic to get help on writing
Python programs and using Python modules. To quit this help utility and
return to the interpreter, just type "quit".
To get a list of available modules, keywords, or topics, type "modules",
"keywords", or "topics". Each module also comes with a one-line summary
of what it does; to list the modules whose summaries contain a given word
such as "spam", type "modules spam".
help>
```

输入 `keywords` 后，将得到如下信息。

```
>>>help> keywords
Here is a list of the Python keywords. Enter any keyword to get more help.
False               def                 if                  raise
None                del                 import              return
True                elif                in                  try
and                 else                is                  while
as                  except              Lambda              With
assert              finally             Nonlocal            Yield
break               for                 Not
class               from                Or
continue            global              Pass

help>
```

另外，输入 `topics` 后，将会看到许多关键词，如图 1-7 所示。

```
help> topics

Here is a list of available topics.  Enter any topic name to get more help.

ASSERTION            DELETION             LITERALS             SEQUENCES
ASSIGNMENT           DICTIONARIES         LOOPING              SHIFTING
ATTRIBUTEMETHODS     DICTIONARYLITERALS   MAPPINGMETHODS       SLICINGS
ATTRIBUTES           DYNAMICFEATURES      MAPPINGS             SPECIALATTRIBUTES
AUGMENTEDASSIGNMENT  ELLIPSIS             METHODS              SPECIALIDENTIFIERS
BASICMETHODS         EXCEPTIONS           MODULES              SPECIALMETHODS
BINARY               EXECUTION            NAMESPACES           STRINGMETHODS
BITWISE              EXPRESSIONS          NONE                 STRINGS
BOOLEAN              FILES                NUMBERMETHODS        SUBSCRIPTS
CALLABLEMETHODS      FLOAT                NUMBERS              TRACEBACKS
CALLS                FORMATTING           OBJECTS              TRUTHVALUE
CLASSES              FRAMEOBJECTS         OPERATORS            TUPLELITERALS
CODEOBJECTS          FRAMES               PACKAGES             TUPLES
COMPARISON           FUNCTIONS            POWER                TYPEOBJECTS
COMPLEX              IDENTIFIERS          PRECEDENCE           TYPES
CONDITIONAL          IMPORTING            PRIVATENAMES         UNARY
CONTEXTMANAGERS      INTEGER              RETURNING            UNICODE
CONVERSIONS          LISTLITERALS         SCOPING
DEBUGGING            LISTS                SEQUENCEMETHODS

help>
```

图 1-7

在此阶段，初学者并不需要深入了解这些主题。只需记住，我们通过一个命令就可以找到所有可能用到的主题。

1.10 查找学习手册和教程

有很多方法都可以找到 Python 的手册和其他相关材料。常用的资料已经随软件安装在电脑里或者可以在 Python 网页上找到。以下进一步说明如何获取这些资料。

执行以下步骤来得到已经安装在电脑里的资料。

1．单击开始菜单，然后展开"所有程序"选项。

2．找到 Python 3.3。

3．单击 Python Manuals，如图 1-8 所示。

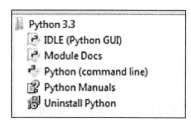

图 1-8

4. 单击 Python Manuals 之后，会看到图 1-9 所示的窗口。

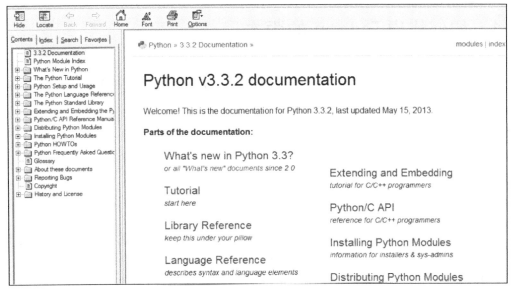

图 1-9

另外一个主要的资料来源是 Python 的主页。

- Python 3.2 documents (3.2.5, last updated on May 15, 2013)

    http://docs.python.org/3.2/download.html

- Python 3.3 documents (3.3.2, last updated on August 04, 2013)

    http://docs.python.org/3.3/download.html

- Python 2.7 document(2.7.5, last updated on September 20, 2013)

    http://docs.python.org/2.7/download.html

此外，Python 初学者可以在下面网站找到 Python 的很多其他学习资料。

- Online_tutorials:

    ◦ http://docs.python.org/3/tutorial/

    ◦ http://docs.python.org/2/tutorial/

- PDF version (424pages):

    ◦ http://www.tutorialspoint.com/python/python_pdf_version.htm

- http://anh.cs.luc.edu/python/hands-on/3.1/Hands-onPythonTutorial.pdf

1.11 如何找出 Python 的版本

当 Python 启动时，第 1 行会显示当前的版本。另一种查看 Python 版本的方法是，在运行 Python 后，使用以下 Python 代码：

```
>>>import sys
>>>sys.version
'3.3.2 (v3.3.2:d047928ae3f6, May 16 2013, 00:03:43) [MSC v.1600 32 bit (Intel)]'
>>>
```

第 1 行命令导入一个名为 sys 的模块。该模块包含了许多有用的 Python 程序。了解模块是学习 Python 的关键，将在以下几章更深入地讨论模块：第 5 章模块简介；第 6 章介绍 NumPy 和 SciPy 模块；第 7 章介绍通过 matplotlib 模块绘制与金融相关的图形；第 8 章介绍时间序列的统计分析。

1.12 小结

本章重点讨论了如何安装、启动和退出 Python，大小写是否一样，以及其他问题，并给出了一些简单的例子。因为操作简单明了，任何初学者都能轻松下载并在几分钟内安装好 Python，然后开始运行 Python 代码。此外，我们还了解为何采用 Python 作为计算工具和使用 Python 的优缺点。

下一章将介绍一些基本概念和常用的 Python 内置函数，并且演示如何使用 Python 完成普通计算器的功能，并解答许多与财务相关的问题。比如，计算一个未来现金流量的现值、一笔现金的未来价值、永续年金的现值或成长型永续年金的现值，等等。还将讨论 `dir()`、`type()`、`floor()`、`round()` 和 `help()` 等函数。

练习题

1. 用几句话来介绍 Python 软件。
2. 使用 Python 作为计算工具有什么优势和劣势？

3. 从何处可以下载 Python？如何安装？
4. Python 是否区分大小写？
5. 是否可以不定义就使用一个变量？
6. 是否可以不给一个变量赋值就使用它呢？
7. 对于初学者，Python 的版本重要吗？在学习了这本书之后呢？
8. 有哪几种方式可以运行 Python？
9. 在哪里可以找到有关如何安装 Python 的视频？
10. Python 主页的网址是什么？
11. 使用 Python 计算直径为 10 的圆的面积。
12. 如何赋值给一个新的变量？
13. 如何能找到与 Python 有关的一些示例？
14. 如何取得 Python 的在线帮助？
15. 你的电脑上安装的 Python 位于哪个目录？如何找到其路径？
16. 定义一个变量和赋值给一个变量有什么区别？

第 2 章
用 Python 完成普通计算器的功能

本章将介绍一些基本概念和几个常用的 Python 内置函数，如赋值、数值精度、加、减、乘、除、幂函数和平方根函数。将学习如何使用 Python 作为一个普通的计算器来解决许多与金融相关的问题。本章主要内容如下：

- 变量的赋值
- 显示一个变量的值
- 错误提示
- 不能调用一个没有被赋值的变量
- 选择有意义的变量名
- 使用 dir() 来查找变量和函数
- 删除或取消变量
- 基本的数学运算：加、减、乘、除
- 幂函数、取整和余数函数
- 选择合适的精度
- 找出指定的内置函数的详细信息
- 如何导入数学模块
- pi、e、对数和指数函数
- 区分 import math 和 from math import*
- 几个常用函数：print()、type()、upper()、下划线_，以及如何结合两个字符串

- 元组数据类型简介

2.1 变量的赋值及显示

赋值给一个 Python 变量非常简单。我们不需要定义一个变量就可以给它赋值。这一点与其他语言，如 C++ 或 FORTRAN 不同。

```
>>>pv=22
>>>pv+2
24
```

可以同时给几个变量赋予同样的值。在下面的例子中，一次给 3 个变量 x、y 和 z 赋值 100。

```
>>>x=y=z=100
```

为显示一个变量的值，只需输入其名称。例如：

```
>>>pv=100
>>>pv
100
>>>R=0.1
>>>R
0.1
```

2.2 错误提示

如果使用 sqrt() 函数来估计 $\sqrt{3}$，将得到以下出错信息。

```
>>>sqrt(3)
Traceback (most recent call last):
  File "<pyshell#17>", line 1, in <module>
    sqrt(3)
NameError: name 'sqrt' is not defined
```

以上提示的最后一行告诉我们，Python 软件没找到 sqrt() 函数。在学习完本章之后，大家就会知道 sqrt() 函数是包含在 math 模块里的。必须先导入该模块，才可以调用其包含的函数。模块是围绕某个特定主题将一些相关的函数捆绑在一起的软件包。

2.3 不能调用没有赋值的变量

如果从未赋值给变量 abcde，输入 abcde 后，将得到以下出错信息。

```
>>>abcde
Traceback (most recent call last):
  File "<pyshell#0>", line 1, in <module>
    abcde
NameError: name 'abcde' is not defined
>>>
```

最后一行告诉我们，这个变量没有定义。在某种意义上，赋值给一个变量相当于做了两件事：定义一个变量，并在同一时间赋值给它。

2.4 选择有意义的变量名

永久年金是指未来每隔一段时间有等额的现金支付，直到永远。比如，在未来每年的年底收到 5 美元，或者像英国政府发行的一种称为 consol 的债券支付定额的利息。假定第 1 笔支付发生在第 1 个周期的结束，可用下面的公式估计永久年金的现值。

$$PV(永久年金) = \frac{C}{R} \tag{2-1}$$

这里，PV 是现值，C 是每个周期的定额支付，R 是每周期折现率。C 和 R 应该有一致的周期，也就是说，如果 C 是年度（月度）的现金流，那么 R 必须是年度（月度）的折现率。假设定额的年度支付为 10 美元，在第 1 年结束时收到第 1 笔支付，年度折现率为 10%。比较以下两种命名变量的方式。

```
>>>x=10         # bad way for variable names
>>>y=0.1
>>>z=x/y
>>>z
100
>>>C=10         # good way for assignments
>>>R=0.1
>>>pv=C/R
>>>pv
```

100

使用 C 作为定额支付变量名比用 x 好，使用 R 表示折现率比用 y 更好，因为 C 和 R 与公式（2-1）中使用的变量名相同，而 x 和 y 没有任何特定的含意。

增长型永久年金是指未来的现金流以恒定的速度 g 增长。以下公式给出其现值。

$$PV(永久年金) = \frac{C}{R-g} \tag{2-2}$$

在这个公式中，C 是第 1 个周期末发生的现金流，R 是每周期的折现率，g 是每周期的增长率。显然，增长率 g 应小于折现率 R。考虑购买每年支付为 C 和每年折现率为 R 的永久年金。计算它今天的价值时，需要考虑未来的通货膨胀率；如果未来年度通胀率是 CPI（消费者物价指数），那么增长速度将等于负的 CPI。

2.5 使用 dir() 来查找变量和函数

为几个变量赋值后，可以使用 dir() 函数来检查它们是否存在。下面的例子显示 n、pv 和 r 等变量。现在不用理会最前面的 4 个变量，它们的名字开头和结尾各有两个下划线。

```
>>>pv=100
>>>r=0.1
>>>n=5
>>>dir()
['__builtins__', '__doc__', '__name__', '__package__', 'n', 'pv', 'r']
>>>
```

2.6 删除或取消变量

编写程序时，有时需要删除那些不再需要的变量。在这种情况下，可以使用 del 命令删除一个指定的变量。在下面的例子中，给变量 rate 赋值，显示其值，将其删除，然后输入变量名试图再次显示其值。

```
>>>rate=0.075
>>>rate
0.075
```

以上代码显示 rate 的值为 0.075。以下代码先删除该变量，然后试图再次显示其值。

```
>>>del rate
>>>rate
Traceback (most recent call last):
File "<pyshell#72>", line 1, in <module>
    Rate
NameError: name 'rate' is not defined [End of codes]
```

以上出错信息最后一句告诉我们，变量 rate 没有被定义。如果需要一次删除几个变量，可以用逗号把它们分隔，例如：

```
>>>pv=100
>>>r=0.85
>>>dir()
['__builtins__', '__doc__', '__name__', '__package__', 'pv', 'r']
>>>del pv, r
>>>dir()
['__builtins__', '__doc__', '__name__', '__package__']
```

2.7 基本数学运算：加、减、乘、除

Python 中基本的数学运算采用传统的数学运算符：+（加）、-（减）、*（乘）、/（除）运算。下面一行代码包括所有这些运算符。

```
>>>3.09+2.1*5.2-3/0.56
8.652857142857144
```

如果意外地输入除号两次（//），会得到一个奇怪的结果。双斜杠//代表整数除法，运算结果是给出一个比商数小的最大整数。7 除以 3 的结果为 2.33，2 是比 2.33 小的最大整数。例如：

```
>>>7./3
2.3333333333333335
```

在 Python 2.x 版本下，7/3 可能是 2，而不是 2.333。因此，我们必须小心。在金融计算中较少使用整数除法。为了避免整数除法，可以使用 7./2 或 7/2.，即这两个数中至少有一个是真正的浮点数。

```
>>>7//3
```

2

以下代码显示，*n*//*m* 等价于取整函数 int(n/m)。

```
>>>x=7./3
>>>x
2.3333333333333335
>>>int(x)
2
```

2.8 幂函数、取整和余数函数

使用幂函数来计算 $FV=PV(1+R)^n$。取整函数给出比输入参数值小的最大整数。余数是整数除法后剩下的值。给定一个正的折现率，未来现金流量的现值总是比其相应的未来值要小。下面公式给出当前值和未来值之间的关系。

$$PV = \frac{FV}{(1+R)^n} \tag{2-3}$$

在这个公式中，*PV* 为现值，*FV* 是未来值，*R* 为每期的折现率，*n* 是周期数。假设在两年后将获得 100 美元，年贴现率为 10%，今天的价值是多少？

```
>>>100/(1+0.1)**2
82.64462809917354
```

这里，**用来计算幂函数。%运算符用于计算余数。下面的例子显示这些运算符的结果。

```
>>>17/4         # normal division
4.25
>>>17//4        # save as floor(17/4)
4
>>>17%4         # find out the remainder
1
```

假设第 1 笔现金流发生在第 9 年年底，之后每年年底获得 10 美元，直到永远，如果折现率为每年 8%，这个永久年金的现值是多少？可以结合公式（2-1）和（2-3）来回答这个问题。

$$PV(永久年金，第1笔现金流发生m周期末) = \frac{1}{(1+R)^{m-1}} \frac{C}{R} \tag{2-4}$$

在这个公式中，C 是每个周期定额的现金支付，R 是每周期的折现率，第 1 笔现金的支付发生在第 m 个周期的期末。当 m 取值为 1 时，公式（2-4）等同于公式（2-1）。以下代码运用公式（2-4）来得到现值 67.53 美元。

```
>>>10/0.08/(1+0.08)**(9-1)
67.53361056274696
```

2.9　一个真正的幂函数

如果今天存入 100 美元，年利率为 10%，该存款一年后值多少？如果 FV 代表未来值，PV 代表现值，R 为年度利率，n 是年数，可以得到以下的公式。

$$FV=PV(1+R)^n \qquad (2\text{-}5)$$

需要注意的是变量 R 和 n 对应相同的周期，也就是说，如果 R 是月有效利率，n 必须是月的数目。如果 R 是年有效利率，n 必须是年的数目。以下代码计算未来值。

```
>>>pv=100
>>>r=0.1
>>>n=1
>>>pv*(1+r)**n
110.00000000000001
```

这里，两个乘法符号**代表幂函数。事实上，Python 有计算 x^y 的内置函数 pow()，例如：

```
>>>pow(2,3)
8
>>>100*pow((1+0.1),1)
110.00000000000001
```

在上面的例子中，这个幂函数 pow(x,y) 有两个输入参数，这个情况下，它等效于 x**y。实际上，该函数可以有第 3 个输入参数。在上面的例子中，pow((1+0.1),1) 与 pow(1+0.1,1) 一样，包含 1+0.1 的括号是没有必要的，但能帮助函数表达式更清楚。

要了解有关函数的更多信息，可以使用 help() 找到此函数的详细信息，请参考下面的输出。

```
>>>help(pow)
Help on built-in function pow in module builtins:
```

```
pow(...)
    pow(x, y[, z]) -> number
    With two arguments, equivalent to x**y. With three arguments,
equivalent to (x**y) % z, but may be more efficient (e.g. for longs).
```

根据上述的内容，可以这样使用该函数。

```
>>>pow(3,10,4)
1
>>>3**10%4
1
>>>3**10
59049
>>>59049%4
1
```

Python 所谓的 LEGB 规则与局部变量和全局变量有关。该规则如表 2-1 所示。

表 2-1

L	内部的，是指在函数内（def）赋值的，且没有被定义为全局变量的变量
E	封闭的，是指在任何封闭函数内（def）局部范围使用的变量
G	全局的，是指那些在模块的顶部定义的变量，或在函数中（def）定义成全局变量的变量
B	内置的，是指在内置模块中固定的名词，如 open、range 和 SyntaxError

2.10 选择合适的数值精度

Python 的默认精度为 16 位小数，例如：

```
>>>7/3.
2.3333333333333335
```

对大多数与金融有关的问题或研究这样的精度足够高了，可以使用 round() 函数来改变精度。

```
>>>payment1=3/7.
>>>payment1
0.42857142857142855
>>>payment2=round(payment1,5)
```

```
>>>payment2
0.42857
```

假设 payment1 和 payment2 的单位是百万。如果应用 round() 函数只保留两位小数，可能会导致巨大的差异。如果以一个美元为单位，确切的支付等于 428571 美元。然而，如果以百万美元为单位，并且保留小数点后两位的精度，将得到 43 万，相差 1429 美元。

```
>>>payment1*10**6
428571.4285714285
>>>payment2=round(payment1,2)
>>>payment2
0.43
>>>payment2*10**6
430000.0
```

2.11　找出某个内置函数的详细信息

要了解某一个数学函数的详细信息，可以使用 help() 函数，比如 help(round)，如以下代码所示。

```
>>>help(round)
Help on built-in function round in module builtins:
round(...)
    round(number[, ndigits]) -> number
Round a number to a given precision in decimal
digits (default 0 digits). This returns an int when
called with one argument, otherwise the same type as
the number. ndigits may be negative.
```

2.12　列出所有内置函数

为了找出所有内置函数，采取以下两个步骤。首先，我们用 dir() 列出代表所有内置函数的默认名称，即 __builtins__。注意该名称有两个下划线为前缀和另外两个下划线为后缀。

```
>>>dir()
['__builtins__', '__doc__', '__name__', '__package__', 'x']
```

然后，输入 dir(__builtins__)，第 1 行和最后几行的输出结果如下。

```
>>>dir(__builtins__)
['ArithmeticError', 'AssertionError', 'AttributeError',
'BaseException', 'BlockingIOError', 'BrokenPipeError',
'BufferError', 'BytesWarning', 'ChildProcessError',
…
'range', 'repr', 'reversed', 'round', 'set', 'setattr',
'slice', 'sorted', 'staticmethod', 'str', 'sum',
'super', 'tuple', 'type', 'vars', 'zip']
```

2.13　导入数学模块

使用金融市场的实际数据解答许多问题，比如从雅虎财经网站下载数据，构建最佳的投资组合，估计个股或股票组合的波动率，找出最佳组合。针对每一个问题，有关专家开发了相应的模块。必须将其导入 Python，然后才能使用它。例如，可以用 import math 导入常用的数学函数。下面的代码用来计算一个数值的平方根。

```
>>>import math
>>>math.sqrt(3)
1.732050807568772
```

为了找出数学模块中包含的所有函数，再次调用 dir()函数如下。

```
>>>import math
>>>dir(math)
['__doc__', '__name__', '__package__', 'acos', 'acosh', 'asin', 'asinh',
'atan', 'atan2', 'atanh', 'ceil', 'copysign', 'cos', 'cosh', 'degrees', 'e',
'erf', 'erfc', 'exp', 'expm1', 'fabs', 'factorial', 'floor', 'fmod',
'frexp', 'fsum', 'gamma', 'hypot', 'isinf', 'isnan', 'ldexp', 'lgamma',
'log', 'log10', 'log1p', 'modf', 'pi', 'pow', 'radians', 'sin', 'sinh',
'sqrt', 'tan', 'tanh', 'trunc']
```

为使编程语句更加简洁，可以给 math 模块取一个单个字母的名字。

```
>>>import math as m
>>>m.sqrt(5)
2.23606797749979
```

2.14 π、e、对数和指数函数

π（3.14159265，在 Python 程序中用"pi"表示）和 e（2.71828）是数学的常量，用以下代码显示它们的值。第 1 个命令导入 math 模块。现阶段，初学者只需要记住这些命令，暂时不需要了解它们的含义。以后有 4 章内容详细解释模块的用途。

```
>>>import math
>>>math.pi
3.141592653589793
>>>math.e
2.718281828459045
>>>math.exp(2.2)
9.025013499434122
>>>math.log(math.e)    # log() is a natural log function
1.0
>>>math.log10(10)      # log10()
1.0
```

只需输入 pi 或 e 就可以得到它们的值。因为它们是保留的关键字，请不要用它们作为变量名。

2.15 import math 与 from math import *的区别

使用 from math import *可以使程序更简单。以 sqrt()函数为例。如果使用 import math，就必须用 math.sqrt(2)。如果使用 from math import *，就只需要用 sqrt(2)。

```
>>>from math import *
>>>dir()

['__builtins__', '__doc__', '__name__', '__package__', 'acos', 'acosh',
'asin', 'asinh', 'atan', 'atan2', 'atanh', 'ceil', 'copysign', 'cos',
'cosh', 'degrees', 'e', 'erf', 'erfc', 'exp', 'expm1', 'fabs', 'factorial',
'floor', 'fmod', 'frexp', 'fsum', 'gamma', 'hypot', 'isinf', 'isnan',
'ldexp', 'lgamma', 'log', 'log10', 'log1p', 'modf', 'pi', 'pow', 'radians',
'sin', 'sinh', 'sqrt', 'tan', 'tanh', 'trunc']
```

也就是说，可以直接调用这些函数或保留值，如 pi 和 e。使用 math.pi 反而是错误的。例如：

```
>>>pi
3.141592653589793
>>>math.pi
Traceback (most recent call last):
  File "<pyshell#25>", line 1, in <module>
    math.pi
NameError: name 'math' is not defined
```

这样处理的一个优点是使编程稍微容易一些，因为这些数学函数都可以直接调用。如果给 e 或 pi 赋值，它的值将改变。这里需要小心对待。

```
>> pi
3.141592653589793
>>>pi=10
>>>pi
10
```

可以从某个模块，如 math 模块，导入若干指定的函数。在导入前：

```
>>>dir()
['__builtins__', '__doc__', '__name__', '__package__']
>>>
```

在导入后：

```
>>>from math import sqrt,log
>>>dir()
['__builtins__', '__doc__', '__name__', '__package__', 'log', 'sqrt']
```

2.16 一些常用的函数

这一节将简要讨论几个经常使用的函数：print()、type()、upper()、strip()和下划线_。此外，还将学习如何合并两个字符串以及幂函数 pow()。

2.16.1 print()函数

有时，需要在屏幕上显示一些内容。一种方法是应用 print() 函数，例如：

```
>>>import math
>>>print('pi=',math.pi)
pi= 3.141592653589793
```

2.16.2　type()函数

在 Python 中，type()函数告诉我们一个变量的类型，例如：

```
>>>pv=100.23
>>>type(pv)
<class 'float'>
>>>n=10
>>>type(n)
<class 'int'>
>>>
```

从这些结果，我们知道变量 pv 的类型是浮点数，n 为整数类型。整数和浮点数是金融计算中最常用的两种类型。本书还会讨论其他数据类型。

2.16.3　下划线_

在交互模式中，下划线符号"_"代表前面最后一个表达式的结果。

```
>>>x=1.56
>>>y=5.77
>>>x+y
7.330000000000000001
>>>9+_
16.329999999999998
>>>round(_,1)
16.3
```

2.16.4　结合两个字符串

可以通过多种方式使用字符串。有以下两种方式为字符变量赋值。

```
>>>x='This is '
>>>y=" a great job!"
```

第 1 行使用单引号，第 2 行采用双引号。把它们结合的结果如下。

```
>>>x+y
```

'This is a great job!'

2.16.5　将小写字符变成大写字符的函数：upper()

upper()函数将整个字符串全部转换为大写字母。

```
>>>x='This is a sentence'
>>>x.upper()
'THIS IS A SENTENCE'
```

请注意我们是如何调用函数的。这是我们第一次看到这样调用函数：变量名.函数名。可以使用strip()函数删除字符串开头和结尾的空格，例如：

```
>>>x=" Hello "
>>>y=x.strip()
>>>y
'Hello'
>>>
```

可以把赋值操作和strip()函数连起来用。

```
>>>z=" Hello ".strip()
```

可以用dir('')命令列出所有的字符串函数。

```
>>>dir('') # list all string functions
```

此命令的输出结果如下。

```
>>>dir('')
['__add__', '__class__', '__contains__', '__delattr__', '__doc__',
'__eq__', '__format__', '__ge__', '__getattribute__', '__getitem__',
'__getnewargs__', '__getslice__', '__gt__', '__hash__', '__init__',
'__le__', '__len__', '__lt__', '__mod__', '__mul__', '__ne__', '__new__',
'__reduce__', '__reduce_ex__', '__repr__', '__rmod__', '__rmul__',
'__setattr__', '__sizeof__', '__str__', '__subclasshook__',
'_formatter_field_name_split', '_formatter_parser', 'capitalize',
'center', 'count', 'decode', 'encode', 'endswith', 'expandtabs', 'find',
'format', 'index', 'isalnum', 'isalpha', 'isdigit', 'islower', 'isspace',
'istitle', 'isupper', 'join', 'ljust', 'lower', 'lstrip', 'partition',
'replace', 'rfind', 'rindex', 'rjust', 'rpartition', 'rsplit', 'rstrip',
'split', 'splitlines', 'startswith', 'strip', 'swapcase', 'title',
```

```
'translate', 'upper', 'zfill']
>>>
```

可以使用下面的代码了解某个字符串函数的具体信息。

```
>>>help(''.upper)
```

有关内置函数 upper() 的在线帮助内容显示如下。

```
upper(...)
    S.upper() -> string
    Return a copy of the string S converted to uppercase.
```

下面是使用另一个内置函数 capitalize() 的例子。

```
>>>help(''.capitalize)
```

有关内置函数 capitalize() 的在线帮助内容显示如下。

```
capitalize(...)
    S.capitalize() -> string
    Return a copy of the string S with only its first character
    capitalized.
>>>
```

2.17 元组数据类型

元组是 Python 的一种数据类型。一个元组类型的变量可以包含多种数据类型，如整数、浮点数、字符串，甚至是另外一个元组。所有数据项都包含在一对圆括号中。

```
>>>x=('John',21)
>>>x
('John', 21)
```

可以使用 len() 函数找出一个变量中包含多少数据项。与 C++语言类似，元组的下标从 0 开始。如果一个元组变量包含 10 个数据项，它们的下标将从 0~9。

```
>>>x=('John',21)
>>>len(x)
2
>>>x[0]
```

```
'John'
>>>type(x[1])
<class 'int'>
```

下面的命令定义一个没有数据的元组变量和只有一个数据项的元组变量。

```
>>>z=()
>>>type(z)
<class 'tuple'>
>>>y=(1,)            # generate one item tuple
>>>type(y)
<class 'tuple'>
>>>x=(1)             # is x a tuple?
```

以下代码显示元组最重要的特征之一：无法修改一个元组的值，即元组是不可改变的。下一章将讨论另一种数据类型：列表。可以修改一个列表的值。

```
>>>investment=('NPV',100,'R=',0.08,'year',10)
>>>investment[1]
100
>>>investment[1]=345

Traceback (most recent call last):
  File "<pyshell#3>", line 1, in <module>
    investment[1]=345
TypeError: 'tuple' object does not support item assignment
```

可以使用元组类型将 John 和 21 分别作为姓名和年龄分配给一个元组类型变量 *x*，然后打印 "My name is John and 21 year-old"。注意 %d 表示打印整数类型的格式。后面的章节会介绍用来打印的其他数据类型。

```
>>>x=('John',21)
>>>print('My name is %s and %d year-old' % x)
My name is John and 21 year-old
```

2.18 小结

本章介绍了一些基本概念和常用的 Python 内置函数，如赋值、数值精度、加、减、乘、除、幂函数以及平方根函数。演示了如何使用 Python 作为一个普通的计算器来解决与金融相关的计算问题，比如计算一个未来现金流的现值、一个现金流的未来价值、永久年金的现值以及增长型永久年金的现值等。讨论了dir()、type()、floor()、round()和help()等函数,展示了如何列出Python的所有内置函数,以及如何获得一个特定函数的在线帮助。基于本章及前一章的学习,将在下一章介绍如何使用Python编写一个金融计算器。

练习题

1. 展示变量是否存在和显示它们的值之间有什么差异?
2. 如何得到某个指定函数,如print()的详细信息?
3. 内置函数的定义是什么?
4. 元组是什么?
5. 如何生成只含有一项的元组?下列生成只含有一项的元组的方式有什么不对?

```
>>>abc=("John")
```

6. 如何改变一个元组的值?
7. pow()是不是一个内置函数?如何使用它?
8. 如何找到所有内置函数?有多少个内置函数?
9. 应该使用哪个Python函数来计算$\sqrt{3}$?
10. 假设一个永续年金的现值是124美元和每年的现金流是50美元,相应的年度折现率是多少?
11. 基于前一个问题的答案,相应的季度折现率是多少?
12. 增长型永续年金的定义是:现金流量按固定的增长率逐年增长直到永远。有以下公式:

$$PV(增长型永续年金) = \frac{C}{R-g}$$

这里,PV为现值,C是第一个周期末的现金流,g是增长率,R为折现率。如果第1个现金流为12.50美元,年增长率为2.5%,而年折现率是8.5%。这一增长型永续年金的现值等于多少?

13. 对于n天股票回报率的方差,有以下公式:

$$\sigma^2_{n-day}\sigma^2_{n-day} = n\sigma^2_{daily}$$

这里，$\sigma^2_{daily}\sigma_{daily}$ 为日收益的方差，σ_{daily} 为日收益的标准方差（波动率）。如果一只股票的日回报率的标准方差等于 0.2，它的 10 天回报率的标准方差是多少？

14．我们期望 5 年后有 25 000 美元。如果每年的存款利率是 4.5%，今天需要存款多少？

15．如何把 This is great！转换成所有都是大写字母？

16．如何限制函数的输出值以美分为单位，比如将 2.567 四舍五入至 2.57？

17．符号/和//有何区别？

18．班里有 41 名学生。如果 3 个学生组成一个作业小组，会有多少组？有几位学生不属于任何一个三人小组？如果每组有 7 个学生，答案又是什么？

19．lower() 是不是一个内置函数？如何获得它的在线帮助？

20．用 round() 函数解释如下结果。

```
>>> x=5.566
>>> round(x,2)
5.57
>>>
```

21．当增长速度高于折现率（g>r）时，增长型永续年金的现值是多少？

$$PV(增长型永续年金) = \frac{C}{R-g}$$

第 3 章
用 Python 编写一个金融计算器

本章介绍如何编写一些简单的 Python 函数来完成常见的金融计算，如计算未来付款的现值、年金的现值以及按揭的月供。还介绍如何将 20 多个函数集合在一起，用 Python 实现一个专业金融计算器的功能。本章主要内容如下。

- 编写不需要保存的 Python 函数
- 缩进格式在 Python 编程中的重要性
- 输入函数参数值的 3 种方式及它们的预设值
- 利用 dir() 检查刚完成的函数是否存在
- 保存自写的 pv_f() 函数
- 利用 import() 在 Python 编辑器里激活函数
- 在调试过程中使用 Python 编辑器激活函数
- 生成自制的模块
- 两种注释方法
- if() 函数
- 计算年金
- 利率换算和连续复利利率
- 数据类型：list
- 净现值法则（net present value，NPV）、投资回收期法则（payback）和内部收益率法则（internal rate of return，IRR）

- 显示在某个目录下的指定文件
- 用 Python 编写一个金融计算器
- 将我们的目录加到 Python 的路径上

3.1 编写不需要保存的 Python 函数

从编写一个最简单的 Python 函数开始。以下是计算未来现金的现值的数学公式。

$$PV = \frac{FV}{(1+R)^n} \tag{3-1}$$

PV 代表现值，FV 代表未来获取的现金量，R 代表每期折现率，n 代表周期的数目。打开 Python 软件，输入如下两行命令，然后连续敲击回车键两次回到 Python 的提示符。

```
>>> def pv_f(fv,r,n):
        return fv/(1+r)**n
>>>
```

def 是定义函数的关键词。函数名是 pv_f，由用户自己选取。括号里是函数的输入参数。注意在输入冒号和回车后，下一行会自动缩进。现在，就开始使用这个函数。输入函数名和左括号后，软件自动提示函数需要的参数，如图 3-1 所示。这个非常有用的提示在 Python 2.7 版本之前是没有的。

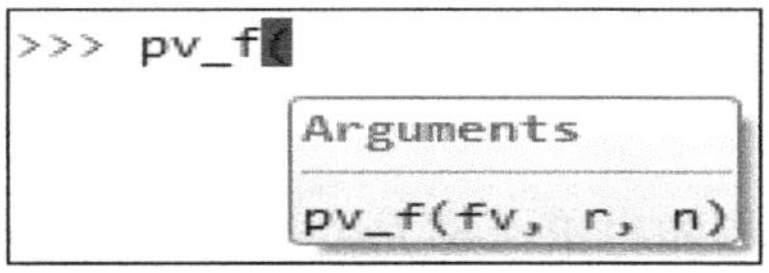

图 3-1

以下是输入参数值后得到的输出结果。

```
>>> pv_f(100,0.1,1)
90.9090909090909
>>> pv_f(80,0.05,6)
59.697723173093019
```

3.2 函数的输入参数及它们的预设值

有时候给函数的输入参数预设初值，更加便于调用函数。上一章编写了一个显示目录内容的函数 `dir2()`，可以把经常访问的目录作为预设值写入程序，使得每次调用这个程序时能够自动读取该目录的内容。以下代码预设输入目录为 `c:\python32`：

```
def dir2(path="c:\python32"):
    from os import listdir
    print(listdir(path))
```

如果函数的输入参数没有预设值，调用函数时就需要提供参数值，否则会得到出错的信息。

3.3 缩进格式在 Python 编程中至关重要

缩进格式在 Python 语言中非常重要。以下是一个用 R 语言编写的计算现值的函数，一对花括弧定义了该函数的主体语句，每一行语句是否有缩进并不重要。

```
pv_f<-function(fv,r,n) {   # this is an R program
    pv<-fv*(1+r)^(-n)
pv
}
```

Python 函数用缩进来定义函数的主体，由具有同样大小缩进的语句构成同一个函数。

```
def pv_f(fv,r,n):
    pv=fv/(1+r)**n
    return pv
```

可以用 3 种方式输入函数的参数值。

（1）如上例所示，调用函数 pv_f(100,0.1,1) 直接输入 3 个参数值 100、0.1 和 1。依据 3 个参数出现的顺序可以判定 100 是未来现金量，0.1 是每期折现率，1 是未来多少期。

（2）采用参数的关键词，不需要依据固定的顺序输入参数，如下面的例子所示。这种方式的好处是避免因为忘记参数顺序而带来的错误，这在使用由不同的开发人员编写的函数时尤其有用。

```
>>>pv_f(r=0.1,fv=100,n=1)
90.9090909090909
>>>pv_f(n=1,fv=100,r=0.1)
90.9090909090909
```

（3）混合使用前两种方式。

```
>>>pv=pv_f(100,r=0.1,n=1)
>>>pv2=pv_f(100,n=1,r=0.1)
```

注意在第 3 种方式中，首先按参数出现的顺序，然后由关键词决定相应参数的数值。

3.4 检查自己编写的函数是否存在

可以用 dir() 函数检查编写的 pv_f() 函数是否存在。

```
>>>dir()
['__builtins__', '__doc__', '__name__', '__package__', 'pv_f']
```

分两步保存函数。

1. 单击"File|New Window"或按 Ctrl+N 组合键，然后输入以下两行代码。注意在第 1 行后按回车键，第 2 行会自动缩进。在编写复杂函数时，缩进的作用非常关键，在下文会进一步讲解。

```
def pv_f(fv,r,n):
    return fv/(1+r)**n
```

2. 单击"File|Save"或者按 Ctrl+S 组合键，可以保存以上两行代码于一个文件中。给文件命名为 test01.py。如果安装的是 Python 3.3 版本，默认目录为 c:\python33。如果安装的是 Python 3.2 版本，默认目录为 c:\python32。

保存函数的文件名由用户选择。一个文件中可以包含若干函数。可以用两种方式调用已经保存的函数，分别在第 3.5 和 3.6 节介绍。可以用多种文本编辑器来编写 Python 程序，如 Python 自带的编辑器、NotePad 或 Word。使用 Word 时，需要把生成的程序以文本文件格式 .txt 保存。相比而言，Python 自带的编辑器应当是首选，因为它提供按语法自动缩进和彩色字体等辅助功能。

3.5 在 Python 编辑器里定义函数

保存以上两行代码之后，单击"Run|Run Module F5"，程序显示以下内容。

```
>>>============RESTART =================
```

如果在保存代码之前单击 Run 按钮，软件会提醒我们保存代码。用 dir()命令检查 pv_f()函数是否保留在内存里。

```
>>>dir()
['__builtins__', '__doc__', '__file__', '__loader__', '__name__', '__package__', 'pv_f']
>>>
```

确认 pv_f()函数已经在内存里以后，可以调用该函数进行计算。

```
>>> pv_f(100,0.1,1)
90.9090909090909
```

如前所述，可以用关键词的方式来输入参数值。退出 Python 软件然后重新打开，pv_f()函数就不在内存里了。

3.6　利用 import()在 Python 编辑器里激活自己编写的函数

在上一章中，我们学习了如何使用 import math 命令来激活 math 模块，从而可以调用该模块包含的函数。亦可以用 import 命令来调用自己编写的函数。之前把函数 pv_f() 保存在默认目录(c:\Python33\)下名为 test01.py 的文件里。需要用 import test01 命令来使用它。

```
>>> import test01
>>> dir()
['__builtins__', '__doc__', '__file__', '__loader__', '__name__', '__package__', 'test01']
>>> test01.pv_f(100,0.1,1)
90.9090909090909
```

第 2 章提到 test01 被视作一个模块，必须用 test01.pv_f() 来调用函数，而不是 pv_f()。以下的代码比较 math 模块和 test01 模块。其中用到的 ceil() 函数给出大于参数值的最小整数。

```
>>> import math
>>> math.ceil(3.5)
4.0
>>> import test01
```

```
>>> test01.pv_f(100,0.1,1)
90.9090909090909
```

3.7 使用 Python 编辑器调试程序

上面两节讨论了两种不同的调用函数的方法：通过 Python 编辑器和使用 `import` 命令。通常，用户可以任选其一。不过，如果需要调试程序，应当使用 Python 编辑器。若使用第 2 种方式，函数不能自动更新。

以下的函数语句有一个明显的错误：第 1 行以小写字母 r 代表输入参数，但第 2 行却用大写字母 R 来使用该参数。

```
def pv_f(fv,r,n):
    return fv/(1+R)**n    # a typo of r
```

假设把它保存在目录 C:\Python33 下的文件 `test02.py` 里。使用 `from test02 import *` 调用该函数，会得到出错信息：

```
>>> from test02 import *
>>> pv_f(100,0.1,1)
Traceback (most recent call last):
  File "<pyshell#1>", line 1, in <module>
    pv_f(100,0.1,1)
  File ".\test02.py", line 3, in pv_f
    return fv/(1+R)**n
NameError: global name 'R' is not defined
```

修改这个错误后重新保存文件，再次使用这两行命令 `from test01 import *` 和 `pv_f(100,0.1,1)`，错误信息仍然出现。一定要退出 Python 软件然后重新打开，才可以调用修改后的函数，这增加了调试函数的困难。

3.8 调用 pv_f() 函数的两种方法

在使用包含在 `test01.py` 中的 `pv_f()` 函数时，可以用 `import test01` 或 `from test01 import *`。显然，使用 `pv_f()` 比 `test01.pv_f()` 要简单得多。例如：

```
>>> from math import *
>>> sqrt(3.5)
```

```
1.8708286933869707
>>> from test01 import *
>>> pv_f(100,0.1,2)
82.64462809917354
```

如果知道 test01.py 文件里包含了哪些函数，就可以直接调用它们。

```
>>> from math import ceil,sqrt,pi
>>> from test01 import pv_f
```

Python 自有的命令 del() 可以删除指定的函数或变量。例如：

```
>>> del pv_f
>>> dir()
['__builtins__', '__doc__', '__loader__', '__name__',
'__package__']
```

3.9 生成自制的模块

Python 自带的 math 模块包括 20 多个函数，如 pow()、sin() 和 ceil() 等。我们希望创建一个金融计算模块，其中包括 20 多个常用的金融计算函数。首先试着把两个函数放在同一个模块里。第 1 个函数就是前面讨论的 pv_f() 函数。第 2 个函数用来计算永久年金的现值。永久年金在每一期的期末支付等额的一笔现金，其现值如下：

$$PV(永久年金) = \frac{C}{R} \quad (3\text{-}2)$$

这里，c 代表每一期期末支付的等额现金，R 代表每一期的折现率。例如，在未来每年的年末收到 10 美元，年化折现率是 10%，那么这一永久年金的现值等于 100 美元，由 10/0.1 得出。

为了编写计算永久年金的 Python 函数，单击"File|New Window"或者按 Ctrl+N 组合键，输入以下两个函数。

```
def pv_f(fv,r,n):
    return fv/(1+r)**n

def pv_perpetuity(c,r):
    return c/r
```

然后，单击 File|Save，文件命名为 fin101.py。使用命令 `from fin101 import *`，这两个函数就可以被调用了，代码如下。

```
>>>from fin101 import *
>>> pv_perpetuity(100,0.1)
1000.0
```

3.10 两种注释方法

注释使得复杂的程序明了易懂，有利于理解程序的内在逻辑。一个复杂的程序如果没有良好的注释，几个月后，程序员往往都不易看懂自己编写的程序。注释可以出现在程序的任意位置，可以很长也可以只有一句话，但不会影响程序的运行。例如在程序的开始，可以通过注释记录程序作者、主要功能、输入变量、输出结果、版本沿革和联系方式等。Python 在运行中将自动忽略这些注释语句。可以利用 Python 语言提供的多种方式添加注释。

3.10.1 第 1 种注释方法

Python 语言用符号#来标识注释。每一行语句中#之后的字符就是注释，不会对语句的执行产生影响。

```
>>> fv=100 # this is comment
>>> fv
100
```

在函数的定义中加入注释来说明函数的参数及用法。

```
# present value of perpetuity
def pv_perpetuity(c,r):
    # c is cash flow
    # r is discount rate
    return c/r
```

3.10.2 第 2 种注释方法

使用#号便于添加单行注释，但不利于添加多行的注释。Python 语言的第 2 种注释方法是用一对重复 3 次的双引号（即"""）来界定注释。下面用此方法为 pv_f() 函数加入多行的注释。

```
def pv_f(fv,r,n):
```

```
    """
    Objective: estimate present value
            fv: future value
            r : discount periodic rate
            n : number of periods
        formula : fv/(1+r)**n
            e.g.,
            >>>pv_f(100,0.1,1)
            90.9090909090909
            >>>pv_f(r=0.1,fv=100,n=1)
            90.9090909090909
            >>>pv_f(n=1,fv=100,r=0.1)
            90.9090909090909
    """
    return fv/(1+r)**n
```

注释符号内的语句是否对齐并不重要，适当的缩进可以增强注释的可读性。

3.11 查找有关 pv_f() 函数的信息

以上例子在 pv_f() 函数中加入多行注释。用户可以利用 help 命令来获取该段注释。具体操作如下。

```
>>> help(pv_f)
Help on function pv_f in module fin101:

pv_f(fv, r, n)
    Objective: estimate present value
            fv: future value
            r : discount periodic rate
            n : number of periods
        formula : fv/(1+r)**n
            e.g.,
            >>>pv_f(100,0.1,1)
            90.9090909090909
            >>>pv_f(r=0.1,fv=100,n=1)
            90.9090909090909
            >>>pv_f(n=1,fv=100,r=0.1)
            90.9090909090909
```

请注意，输入 help（pv_f）时，只有 def 的第 1 行下的注释显示出来，之后的注释不会显示。这也意味着，如果在注释之前增加任何代码，如 a=1，help（pv_f）命令，就不会显示任何内容。

3.12 条件函数：if()

以下公式用于计算增长型永久年金的现值。

$$PV(永久年金) = \frac{c}{R-g} \tag{3-3}$$

这里，C 是在第 1 个周期的结束出现的第 1 笔现金流，R 是每期折现率，g 是恒定的每期增长率。第 2 个和第 3 个未来现金流分别为 $c*(1+g)$ 和 $c*(1+g)^2$。公式（3-3）成立的一个必要条件是，折现率大于增长率，即 R 应大于 g。如果 C 等于 10 美元，R 是 10%，g 是 12%，这个永久年金的现值是什么呢？答案-500 明显是错误的。可以用 if() 函数判断出这些情况，然后打印错误提示，而不是给出错误的答案。

```
def pv_growing_perpetuity(c,r,g):
    if(r<g):
        print("r<g !!!!")
    else:
        return(c/(r-g))
```

可以尝试用不同的输入值来检验这个函数，代码如下。

```
>>>pv_growing_perpetuity(10,0.1,0.08)
499.9999999999999
>>>pv_growing_perpetuity(10,0.1,0.12)
r<g !!!!
```

3.13 计算年金

年金是指在未来 n 个时间段每期等额的现金支付。有两种类型的年金：普通年金的现金流发生在各个时期的结尾和前置型年金的现金流发生在各个时期的开始。在下面的例子中，将在未来 7 年每年年底获得 100 美元。假设第 1 次现金支付发生在第 1 期的结尾，估计年金的现值和未来值的公式如下。

$$PV(annuity) = \frac{PMT}{R}\left[1 - \frac{1}{(1+R)^n}\right] \qquad (3\text{-}4)$$

$$PV(annuity\ due) = \frac{PMT}{R}\left[1 - \frac{1}{(1+R)^n}\right](1+R) \qquad (3\text{-}5)$$

$$FV(annuity) = \frac{PMT}{R}\left[(1+R)^n - 1\right] \qquad (3\text{-}6)$$

$$FV(annuity\ due) = \frac{PMT}{R}\left[(1+R)^n - 1\right](1+R) \qquad (3\text{-}7)$$

这里，PV 是现值，PMT 是每期的付款额，R 是每期的折现率，n 是周期数。在上述年金的公式中，PMT、R 和 n 的周期应该是一致的，也就是说，PMT、R 和 n 应具有相同的周期频率。例如，对于房贷，PMT 为月支付，R 是有效月利率，n 是月数。如果年金有恒定的增长率，它的现值如下：

$$PV(growing\ annuity) = \frac{PMT}{R - g}\left[1 - \left(\frac{1+g}{1+R}\right)^n\right] \qquad (3\text{-}8)$$

计算增长型年金的未来值的公式如下。

$$FV(growing\ annuity) = \frac{PMT}{R - g}\left[(1+R)^n - (1+g)^n\right] \qquad (3\text{-}9)$$

3.14 利率换算

假设 A 银行提供按半年复利年利率为 5%的贷款，B 银行提供按季复利年利率为 5.1%的贷款。为了获得较低的利率，我们应该从哪家银行借钱？这个例子涉及不同利率之间的转换。首先看看用给定年利率（annual percentage rate，APR）计算有效年利率（effective annual rate，EAR）的公式。

$$EAR = \left(1 + \frac{APR}{m}\right)^m - 1 \qquad (3\text{-}10)$$

在这里，m 是每年的复利频率。例如，如果年利率为 5%，每半年复利，其等价有效年利率将为 5.0625 个百分点。从两家银行的报价，我们会选择 A 银行的报价，因为借贷成本（有效年利率）比较低，如下面的代码所示。

```
>>>(1+0.05/2)**2-1
0.05062499999999992
>>>(1+0.051/4)**4-1
0.051983692114066615
```

对于抵押贷款的计算，如果年利率为 5%，按月复利计算，月利率将是 0.41667（0.05/12）。然而，如果给定的利率是 5%每半年复利，什么是相应的有效月利率？要将一个有效利率转换为另一个有效利率，一个年利率转换为另一个年利率，必须执行以下步骤。首先，根据下列公式计算给定年利率 APR 和复利频率的单位时间有效利率。

$$R_m^{effective} = \frac{APR}{m} \tag{3-11}$$

这里，R_m 是单位时间有效利率，APR 是每年复利 m 次的单位时间利率，m 是每年的复利频率。例如，如果一个给定的年利率是 5%，每半年复利，每半年利率为 2.5%。结合公式（3-11）和公式（3-12），有以下等式。

$$\left(1+R_{m_1}^{effective}\right)^{m_1} = \left(1+R_{m_2}^{effective}\right)^{m_2} \tag{3-12}$$

或者可以写出下面的公式。

$$\left(1+\frac{APR_1}{m_1}\right)^{m_1} = \left(1+\frac{APR_2}{m_2}\right)^{m_2} \tag{3-13}$$

在这里，APR_1 和 APR_2 是年利率，m_1 和 m_2 是它们的复利频率。给定 APR_1 和 m_1，我们用以下的公式找出复利频率为 m_2 的单位时间有效利率。

$$R_{m_2}^{effective} = \left(1+\frac{APR_1}{m_1}\right)^{\frac{m_1}{m_2}} - 1 \tag{3-14}$$

假设打算借 30 万美元为期 30 年的贷款买房子。如果银行贷款为 5%的年利率每半年复利，每月支付是多少？从公式（3-4）和公式（3-5），我们知道，因为 PV 为 300 000，n 为 30*12，如果 R 已知，那么可以计算出每月付款（PMT）。通过公式（3-14），得出每月按揭利率为 0.4123915%，代码如下。

```
>>>r=(1+0.05/2)**(2/12)-1
>>>r
```

```
0.0041239154651442345
>>>pv=300000
>>>n=30*12
>>>pmt=pv*r/(1-1/(1+r)**n)
>>>pmt
1601.0720364262665
>>>
```

根据上面的计算，月利率为 0.4123915%，每月支付为 1601.07 美元。本章有几个相关的练习题，参考习题 3.18、3.19 和 3.20。

3.15 连续复利利率

在 3.14 节，复利频率可能是年度（$m=1$），每半年（$m=2$），每季度（$m=4$），每月（$m=12$）或每日（$m=365$）。如果复利频率一步一步加快，可以由小时进而分钟进而秒，达到极限的利率被称为连续复利。以下是连续复利的公式。

$$R_c = m * \ln\left(1 + \frac{APR}{m}\right) \tag{3-15}$$

这里，R_c 为连续复利率，$\ln()$ 是一个自然对数函数，APR 是年利率，m 是每年的复利频率。下面的代码帮助了解如何使用自然对数函数。

```
>>>import math
>>>math.e
2.718281828459045
>>>math.log(math.e)
1.0
```

例如，如果给定的年利率是 5%每半年复利，其相应的连续复利率是 4.9385225%，如下面的代码所示。

```
>>>import math
>>>2*math.log(1+0.05/2)
0.04938522518074283
```

第 4 章中看涨期权的计算公式使用的无风险利率必须是连续复利。

3.16 数据类型：列表

列表是另一种常用的 Python 数据类型。列表类型的变量可以包括不同类型的数据，如字符串、整数、浮点数，甚至一个列表。元组用圆括号来定义，而列表用方括号[和]来定义。

```
>>>record=['John',21,'Engineer',3]
>>>record
['John', 21, 'Engineer', 3]
```

与元组类似，第 1 个数据项的下标为 0。使用 record[1:]列出从下标 1 开始的所有数据项，使用 record[2:]列出从下标 2 开始的所有数据项，如以下代码所示。

```
>>>len(record)
4
>>>record[0]
'John'
>>>record[2:]
['Engineer', 3]
```

元组的内容是不可改变的。与元组不同，列表的内容可以改变。

```
>>>record[0]='Mary'
>>>record[0]
'Mary'
```

3.17 净现值和净现值法则

净现值（net present value，NPV）被定义为所有的收益和成本的现值之间的差额，如以下公式所示。

$$NPV=PV(benefits)-PV(costs) \tag{3-16}$$

假设我们考虑投资一个起始资金 1 亿美元为期 5 年的项目。在未来 5 年每年年底的现金流分别是 2 000 万美元、4 000 万美元、5 000 万美元、2 000 万美元和 1 000 万美元。如果这种类型的投资的折现率是每年 5%，我们是否应该投资这一项目？首先，需要计算项目的净现值。其次，必须应用下面的决策规则（即净现值法则）。

$$\begin{cases} if\ NPV(project) > 0, accept \\ if\ NPV(project) < 0, reject \end{cases} \quad (3\text{-}17)$$

如果直接计算净现值，可以用如下的代码。

```
>>>-100 + 20/(1+0.05)+40/(1+0.05)**2 +50/(1+0.05)**3+20/(1+0.05)**4+10/(1+0.05)**5
22.80998927303707
```

由于项目的净现值为正，所以我们应该接受它。但是，输入每个值相当繁琐。比如，输入 0.05（R 值）5 次。为了减轻我们打字的负担，可以利用一个变量 r，例如：

```
>>>r=0.05
>>>-100 + 20/(1+r)+40/(1+r)**2 +50/(1+r)**3+20/(1+r)**4+10/(1+r)**5
22.80998927303707
```

一个更好的方法是编写一个 NPV 函数，通过输入折现率和所有的现金流，包括今天的支出以及未来的收入来计算 NPV。启动 Python 后，单击 **File|New Window** 命令（或按 **Ctrl+N** 组合键），然后输入以下代码。单击 Run|Run Module 5 命令。注意，如果要求输入一个文件名，可以输入 npv_f.py。

```
def npv_f(rate, cashflows):
    total = 0.0
    for i, cashflow in enumerate(cashflows):
        total += cashflow / (1 + rate)**i
return total
```

在前面的函数里，第 1 行用 def 关键字定义了该函数，取名为 npv_f 而非 npv。如果用 **npv** 作为函数名，当用户以 **npv** 作为变量名时，将不能使用该函数。第 2 行定义了一个名为 total 的变量并初始化它的值为 0。基于首字母的缩进位置，第 3 行和第 4 行可以被认为是同一个区块。for 循环有两个中间变量 i（0~5）和 cashflow（取值为-100、20、40、50、20 和 10）。请注意，cashflow 和 cashflows 是两个不同的变量。Python 的命令 $x\mathrel{+}=v$ 等同于 $x=x+v$。将在第 10 章讨论 for 循环和其他循环的更多细节。如果没有任何出错提示，可以使用 npv_f() 来计算。用 help(enumerate) 来查看有关的 enumerate() 函数的帮助信息。

```
>>>r=0.05
>>>cashflows=[-100,20,40,50,20,10]
>>>npv_f(r,cashflows)
```

```
22.80998927303707
```

为了更便于使用这个函数,可以添加注释来说明这两个输入参数并且给出一个或两个使用范例。

3.18 投资回收期和投资回收期法则

投资回收期(payback period)指我们需要多少年才能收回初始的投资资金。在上面的例子中,需要超过两年但不到3年的时间来收回100亿美元的初始投资,因为两年收回60亿美元,3年收回110亿美元。如果收入在一年内均匀分布,该项目的投资回收期为2.8年,如以下代码所示。

```
>>>40/50+2
2.8
```

投资回收期法则是指,如果项目的预计投资回收期小于临界值(tcritical),我们接受这个项目,否则,就拒绝它,如下所示。

$$\begin{cases} if\ Payback(project) < T_{\text{critical}}, \text{accept} \\ if\ Payback(project) > T_{\text{critical}}, \text{reject} \end{cases} \quad (3\text{-}18)$$

与净现值法则相比,投资回收期法则有很多缺点,比如它忽略了现金的时间价值、临界值的选取比较随意等。它的优点是非常简单。

3.19 内部收益率和内部收益率法则

内部收益率(internal rate of return,IRR)是使得净现值为零的折现率。IRR法则是指,如果项目的内部收益率比资本成本大,就接受这个项目,否则拒绝它,如下所示。

$$\begin{cases} if\ IRR(project) > R_{\text{capital}}, \text{accept} \\ if\ IRR(project) < R_{\text{capital}}, \text{reject} \end{cases} \quad (3\text{-}19)$$

下面的Python代码用来计算IRR。

```
def IRR_f(cashflows,interations=100):
    rate=1.0
    investment=cashflows[0]
```

```
    for i in range(1,interations+1):
        rate*=(1-npv_f(rate,cashflows)/investment)
return rate
```

对于初学者，这个程序显得有些过于复杂。如果不能完全理解，并不会影响对本章其余部分的学习。range（1,100+1）语句给出 1～101 的区间。变量 i 取值为 1～101。换句话说，第 5 行代码将重复执行 101 次。第 5 行基于的假设是，R 和 NPV 是负相关的。换句话说，增加折现率 R 导致较小的 NPV。

为了帮助理解最关键的第 5 行，`rate*=(1-npv_f(rate,cashflows)/investment)`。可以把它简单地看作以下等式。

$$R_{i+1}=R_i*(1-k) \qquad (3-20)$$

如果 R_i 导致正的 NPV 值，k 是一个小的负数，折现率会增加，也就是，R_{i+1} 将比 R_i 大。另一方面，如果 R_i 导致负的 NPV 值，k 是一个小的正数，折现率会减少。下面是当 R 的初始值等于 100%时，第 1 轮循环的结果。

```
>>>cashflows=[-100,20,40,50,20,10]   # cash flows
>>>npv_f(1,cashflows)                # R(1) is 100%
-72.1875                             # negative NPV
>>>cashflows[0]                      # we would reduce R
-100
>>>k=npv_f(1,cashflows)/cashflows[0]
>>>k                                 # k is positive
0.721875
>>>1*(1-k)
0.27812499999999996                  # R(2) will be 0.278
```

以上 `IRR_f()` 函数用到我们之前编写的 `npv_f()` 函数，运行结果如下。

```
>>>cashflows=[-100,20,40,50,20,10]
>>>x=IRR_f(cashflows)
>>>x
0.1360125939440155
```

由此可见，如果资本成本是 5%，我们会接受这个项目。可以把它作为折现率并使用 `npv_f()` 函数验证上述结果，代码如下。

```
>>>npv_f(x,cashflows)
-1.4210854715202004e-14
```

3.20 显示在某个目录下的指定文件

有时候，我们想知道一个特定目录或子目录下有哪些文件。假设 npv_f.py 和 pv_f.py 这两个文件保存在 C:\Python33\ 目录下，可以用下面的代码检查它们是否存在。

```
>>>from os import listdir
>>>listdir("c:\Python33")
```

也可以编写一个名为 dir2() 的函数来模仿 dir() 函数。所不同的是，dir() 函数列出了内存里的变量和函数，而 dir2() 函数显示在一个给定目录中的+文件。因此，dir() 函数不需要输入参数，而 dir2() 函数需要一个输入值，就是需要检查的目录，如以下代码所示。

```
def dir2(path):
    from os import listdir
    print(listdir(path))
```

把文件 dir2.py 保存在 C:\Python33\ 下以后，用下面的命令来检验其目录结构。

```
>>>from dir2 import *
>>>path='c:\python33'
>>>dir2(path)
```

3.21 用 Python 编写一个专业金融计算器

根据本章所学习的内容，最后把 20 多个与金融计算相关的函数放在一个大的文件里，称其为 fin101.py。在调试解除所有的错误后，可以通过 from fin101 import * 命令调用此模块包括的所有程序。以下是创建这样一个 Python 金融计算器的详细步骤。

1. 创建一个名为 fin101.py 的没有内容的 Python 文件并将其保存默认目录下，也就是 C:\Python33\，或其他任何一个目录下。

2. 添加 pv_f() 函数到 fin101.py 文件，并调试程序直到它没有错误。

3. 重复上一步每次添加一个函数到 fin101.py 文件，直到它包括所有函数。

4. 生成一个名为 fin101 函数，用来列出我们编写的全部函数。假设 fin101.py 文件仅有两个函数，可以编写一个很简单的 fin101() 函数，如以下代码所示。

```
def fin101():
    """
    1)Basic functions:
      PV: pv_f,pv_annuity, pv_perpeturity
      FV: fv_f, fv_annuity, fv_annuity_due
    2)How to use pv_f?
       >>>help(pv_f)
    """
```

5. 用以下的代码来调用这个函数。假设 `fin101.py` 文件包括 3 个函数：`pv_f()`、`fv_f()` 和 `fin101()`。

```
>>>from fin101 import *
>>>help(fin101)
```

3.22　将我们的目录加到 Python 的路径上

在前面的讨论中，我们假设所有的程序都保存于默认目录，即 `C:\Python33\` 中。有时候，这样很不方便，比如当我们打算把与某个项目有关的所有 Python 程序保存在一个指定的目录下时。假设所有与投资课程有关的文件都在 `C:\yan\Teaching\Python_for_Finance\ codes_chapters\` 目录里，用下面的 Python 代码将其纳入我们的搜索路径。

```
import sys
myFolder="C:\\Yan\\Teaching\\Python_for_Finance\\codes_chapters"
if myFolder not in sys.path:
        sys.path.append(myFolder)
```

使用 `print(sys.path)` 命令来检查结果，代码如下。

```
>>>import sys
>>>print(sys.path)
['', 'C:\\Python33\\Lib\\idlelib', 'C:\\windows\\system32\\python33.
zip', 'C:\\Python33\\DLLs', 'C:\\Python33\\lib', 'C:\\Python33', 'C:\\
Python33\\lib\\site-packages', 'C:\\Yan\\Teaching\\Python_for_Finance\\
codes_chapters']
```

另一种方法是使用 path 函数，代码如下（仅显示几行，以节省空间）。

```
>>>import os
>>>help(os.path)
```

```
Help on module ntpath:
NAME
    ntpath - Common pathname manipulations, WindowsNT/95 version.
```

表 3-1 列出了 Python 金融计算器的主要功能，该表用到以下符号。

- PV 为现值
- FV 是未来值
- R 是每期有效利率（折现率）
- n 是周期的数目
- C 是一个永久年金或定期年金的每期支付
- PMT 是一个永久年金或定期年金的每期支付（同 C）
- g 是一个增长型永久年金（定期年金）的增长率
- APR 是年利率
- R_C 是连续复利利率
- m 是每年复利次数

需要注意的是 C、R 和 n 应该是一致的，也就是具有相同的频率（或单位时间）。Python 金融计算器用到的公式如下。

表 3-1

$FV = PV(1+R)^n$	$PV = \dfrac{FV}{(1+R)^n}$
$PV(永久年金) = \dfrac{C}{R}$	假设第 1 次现金流量发生在第 1 期的结尾
$PV(增长型永久年金) = \dfrac{c}{R-g}$	假设第 1 次现金流量发生在第 1 期的结尾，并且 $R>g$
$PV(定期年金) = \dfrac{PMT}{R}\left[1 - \dfrac{1}{(1+R)^n}\right]$	假设第 1 次现金流量发生在第 1 期的结尾
$FV(定期年金) = \dfrac{PMT}{R}\left[(1+R)^n - 1\right]$	假设第 1 次现金流量发生在第 1 期的结尾
$PV(前置型永久年金) = PV(永久年馏金)*(1+R)$	前置型：现金流量发生在每一期的开始
$PV(前置型定期年金) = PV(定期年金)*(1+R)$	$FV(前置型定期年金) = FV(定期年金)*(1+R)$

	续表
PV(债券)=PV(每期支付) + PV(面值)	$PV(bond) = \dfrac{c}{R}\left[1 - \dfrac{1}{(1+R)^n}\right] + \dfrac{FV}{(1+R)^n}$
$EAR = \left(1 + \dfrac{APR}{m}\right) - 1$	• EAR：有效年利率 • APR：年利率 • m：每年复利次数
把一个年利率转换为另一个年利率	
例如，已知 APR_1、m_1 和 m_2，求出 APR_2	$\left(1 + \dfrac{APR_1}{m_1}\right)^{m_1} = \left(1 + \dfrac{APR_2}{m_2}\right)^{m_2}$
把一个有效年利率转换为另一个有效年利率	$\left(1 + R^{effective}_{m_1}\right)^{m_1} = \left(1 + R^{effective}_{m_2}\right)^{m_2}$
把一个年利率转换为连续复利利率 R_c	$R_c = m * \ln\left(1 + \dfrac{APR}{m}\right)$
把连续复利利率 R_c 转换为年利率	$APR = m * \left(e^{\frac{R_c}{m}} - 1\right)$

3.23 小结

本章学习了如何编写简单的函数，用来计算未来现金流量的现值、现金的未来价值、年金的现值和年金终值、永久年金的现值、债券的价格、内部收益率（IRR）等。显然，单独调用几十个小函数是困难和费时的。如何把许多小函数集成到一个 Python 文件是本章的重点。我们的目标是创建一个称为 fin101.py 的 Python 模块，并用它作为一个金融计算器。Python 启动后，用 `from fin101 import *` 命令来导入所有函数。阅读本章后，读者应该能够编写 Python 模块来使用企业融资和投资等课程中的所有公式。第 4 章将介绍如何编写 13 行 Python 代码来计算看涨期权的价格。为了便于读者掌握 Python 相关的技巧，我们省略了期权理论中的数学公式。

练习题

1. 如何编写一个不需要保存的 Python 程序？如何编写一个函数来计算输入值的 3 倍数。

2. 如何有效地在 Python 程序中加入注释？

3. 设置输入参数的默认值有什么好处？

4. 在本章中，我们给计算现值的函数取名为 pv_f()。为什么不使用 pv()？

$$PV = \frac{FV}{(1+R)^n}$$

5. 如何调试一个复杂的 Python 程序？

6. 如何有效地测试一个 Python 程序？

7. 为什么缩进格式在 Python 至关重要？

8. 如何在同一个 Python 函数中使用两个数学公式计算并输出结果，比如一个公式计算未来现金流量的现值而另一个公式计算年金的现值？

9. 有多少种类型的注释？如何有效地使用它们？

10. 如何把尽量多的函数放在同一个 fin101.py 文件里，包括 pv_f()、pv_perpetuity()、pv_perpetuity_due()、dpv_annuity()、dpv_annuity_due()、fv_annuity()等？

11. 假设 fin101.py 文件包括若干小函数。调用函数的两个命令：import fin101 和 from fin101 import*，有什么区别？

12. 如何防止输入错误的参数值，比如一个负的利率值？

13. 假设目录 C:\Python33 存在，我们知道以下代码是正确的。

```
>>>from os import listdir
>>>listdir("c:\python33")
```

但是，下列函数却有错误，为什么？

```
def dir3(path):
    from os import listdir
    listdir(path)
```

14. 假设 npv_f.py 和 irr_f.py 这两个文件都存在于 C:\Python32\。下面的代码是否正确？

```
>>>from irr_f import *
>>>import npv_f
```

```
>>>dir()
['IRR_f', ' builtins ', ' doc ', ' name ', ' package ', 'glob', 'npv_f']
>>>IRR_f(0.04,[-100,50,50,50])
Traceback (most recent call last):
File "<pyshell#22>", line 1, in <module> IRR_f(0.04,[-100,50,50,50])
File "C:\Python32\irr_f.py", line 3, in IRR_f investment = cashflows[0]
TypeError: 'float' object is not sub
```

15．编写一个 Python 程序用来计算投资回收期。例如，初始投资为 256 美元，并且在未来 7 年每年年末的收入分别为 34 美元、44 美元、55 美元、67 美元、92 美元、70 美元和 50 美元。该项目的投资回收期是多少年？

16．如果折现率为每年 7.7%，贴现回收期是多少年？注：贴现回收期着眼于如何用未来现金流量的现值之和收回初始投资。

17．假设有一个目录 C:\python33。可以使用以下代码列出该目录下的带有 .py 扩展名的 Python 文件。

```
>>>import glob
>>>glob.glob("c:\python33\*.py")
```

编写一个以字符串变量为输入参数的 Python 函数，称为 dir2()，用来实现这个功能。以命令 dir2("c:\python33*.py") 来调用它。

18．编写一个 Python 程序把给定复利频率的年利率转换为一个有效利率。

$$\left(1+\frac{APR_1}{m_1}\right)^{m_1} = \left(1+\frac{APR_2}{m_2}\right)^{m_2}$$

19．编写 Python 程序结合下面的公式把一个利率转换为另一个有效利率。

$$\left(1+\frac{APR_1}{m_1}\right)^{m_1} = \left(1+\frac{APR_2}{m_2}\right)^{m_2}$$

$$e^{R_c} = \left(1+\frac{APR}{m}\right)^m$$

20．基于以下代码，编写一个 Python 程序，把指定目录添加到搜索路径上，如 addPath('c:\my_project'):

```
>>>import sys
>>>myFolder="C:\\Python_for_Finance\\codes_chapters"
>>>if myFolder not in sys.path:
         sys.path.append(myFolder)
```

21. 假设有 10 个项目文件分别存放在 10 个目录下，如 c:\teaching\python\、c:\projects\python\、c:\projects\portfolio\ 和 c:\projects\ investments\。创建一个 Python 模块，包括 10 个函数，分别以这 10 个目录为默认参数值。运行第 1 个函数后，第 1 个项目的目录将被添加到搜索路径上，以此类推。

第 4 章
编写 Python 程序计算看涨期权价格

期权理论对于许多读者来说就像是高深的火箭科学。为了不让深奥的期权理论成为读者学习的障碍，本章没有详细介绍期权理论及相关的数学公式，而是把重点放在用 13 行 Python 代码计算看涨期权的价格。看涨期权的买方支付期权费，以获得在未来某个指定日期买入股票的权利，而期权的卖方收到期权费并承担把股票卖给期权买方的义务。欧式期权只能在期权到期时行使，而美式期权可以在到期日或之前的任意一天行使。

本章将重点讨论以下内容。

- 计算看涨期权价格的 13 行 Python 代码
- 利用空壳法编写一个复杂的 Python 程序
- 使用注释法编写一个复杂的 Python 程序
- 如何调试他人写的程序

可以用下面 5 行 Python 代码计算欧式看涨期权的价格。

```
from math import *
def bs_call(S,X,T,r,sigma):
    d1 = (log(S/X)+(r+sigma*sigma/2.)*T)/(sigma*sqrt(T))
    d2 = d1-sigma*sqrt(T)
    return S*CND(d1)-X*exp(-r*T)*CND(d2)
```

程序的第 1 行导入 math 模块，使我们可以调用所需的 log()、sqrt()和 exp()函数。看涨期权的价格依赖 5 个参数：S 是目前的股票价格，X 是执行价格（指定价格），T 是到期期限（以年计），r 是连续复利的无风险利率，$sigma$ 是标的证券（如股票）的波动率。以上代码中的 CND 函数用来计算累积标准正态分布函数。由于导入的数学模块不包括累积标准正态分布函数，所以必须自己编写一个相应的 Python 程序。如果可以导入一个包含累积标准正态分布函数的模块，就只用以上的 5 行代码给看涨期权定价！第 6 章将展示如何使用一个叫作 SciPy 的模块来做到这一点。以下是我们编写的 CND 函数。

```
def CND(X):
  (a1,a2,a3,a4,
a5)=(0.31938153,-0.356563782,1.781477937,-1.821255978,1.330274429)
  L = abs(X)
  K=1.0/(1.0+0.2316419*L)
  w=1.0-1.0/sqrt(2*pi)*exp(-L*L/2.)*(a1*K+a2*K*K+a3*pow(K,3)+
a4*pow(K,4)+ a5*pow(K,5))
  if X<0:
       w = 1.0-w
  return w
```

这个累积标准正态分布（CND）函数以 X 为输入参数。第 2 行为 5 个变量 a1、a2、a3、a4 和 a5 赋值。元组用来节省空间。Python 启动之后，单击 File|New Window（或按 Ctrl+N 组合键），然后输入之前的 13 行代码。输入后，保存文件，单击 Run 按钮，然后单击 Run Module F5。如果没有错误，就会看到以下运行结果：

```
>>>===========RESTART ==================
```

现在可以使用刚刚完成的 Python 程序给看涨期权定价。给定一组 S、X、T、r 和 $sigma$ 的参数值，可以很容易地用 Black-Scholes 公式计算看涨期权的价格。以下是根据一组数据值得到的看涨期权价格。

```
>>>bs_call(40,42,0.5,0.1,0.2)
2.2777859030683096
```

到目前为止，我们学习了与看涨期权定价相关的两个函数，一共有 13 行代码。这为我们提供了一个理想的案例来解释如何编写一个相对复杂的 Python 程序。本章的其余部分将介绍编写 Python 程序的两种方法：空壳法和注释法。

4.1　用空壳法编写一个程序

空壳法的流程为：首先生成一个空壳并对其进行测试，然后添加一行再进行测试。如果没有错误，继续添加新的代码并测试。重复此过程直到完成整个程序。以下的例子用 CND 函数来演示空壳法。

1. 启动 Python 后，单击 File|New Window（或按 Ctrl+N 组合键）生成以下空壳。

```
def CND(x):
    return x
```

2. 单击 File|Save，将其保存在名为 cnd.py 的文件中。

3. 单击 Run 按钮，然后单击 Run from module F5。下面这一行会出现：

```
>>>===========RESTART ==================
```

4. 可以输入不同的值来测试这个空壳程序。如果输入 1，则输出为 1。如果输入 5，则输出为 5，如下所示。

```
>>>CND(1)
1
```

5. 在空壳程序中添加如下一行代码。

```
def CND(x):
    (a1,a2,a3,a4,a5)=(0.31938153,-0.356563782,1.781477937,-1.821255978,1.330274429)
    return a1
```

6. 注意返回值是 a1，不是 x。单击 Run 按钮，然后单击 Run from module F5，会看到下面一行。

```
>>>===========RESTART ==================
```

7. 可以输入任意值测试这个程序。例如：

```
>>>CND(1)
0.31938153
```

8. 重复上述步骤，直到完成整个 CND() 函数，代码如下：

```
from math import *
def CND(X):
  (a1,a2,a3,a4,a5)=(0.31938153,-0.356563782,1.781477937,
  -1.821255978,1.330274429)
  L = abs(X)
  K=1.0/(1.0+0.2316419*L)
```

```
    w=1.0-1.0/sqrt(2*pi)*exp(-L*L/2.)*(a1*K+a2*K*K+a3*pow(K,3)
+a4*pow(K,4)+a5*pow(K,5))
    if X<0:
         w = 1.0-w
    return w
```

9．因为我们的 CND()函数使用了包含在数学模块中的 sqrt()函数，所以需要 frommathimport*这一行代码。可以按如下步骤用不同的输入值来测试此函数。

```
>>>CND(0)
0.5000000005248086
>>>CND(-2.3229)
0.010092238515047591
>>>CND(1.647)
0.9502209933627817
```

10．由于一个标准正态分布是对称的，其累积分布在零点的取值为 0.5。其在-2.33 的取值为 1%，而在 1.647 的取值为 95%。所以可以使用 Excel 的 NORMDIST()函数来验证 CND()函数。这个 Excel 函数有 4 个参数：normdist(x, 均值，标准方差，是否为密度函数或累积发布函数)。最后一个参数的取值为 0 代表标准正态分布的概率密度函数，取值为 1 代表标准正态分布的累积分布函数，如图 4-1 所示。

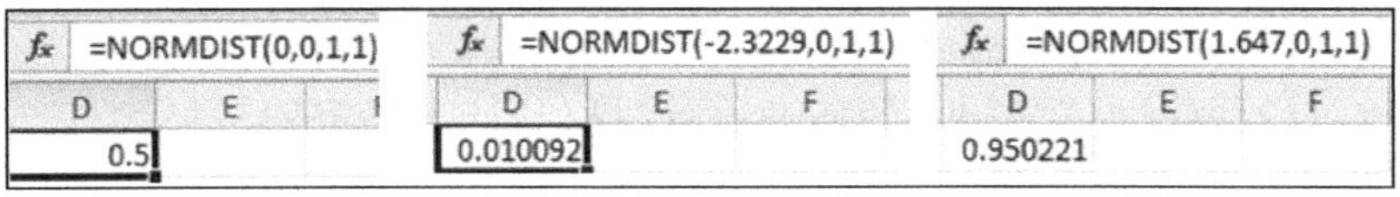

图 4-1

4.2 用注释法编写一个程序

注释法的流程是：输入所有的代码行，把它们全部标记为注释，然后每次释放一条代码并进行调试。以 Black-Scholes 看涨期权公式为例来说明这种方法。

1．启动 Python 后，单击 File|New Window（或按 Ctrl+N 组合键）。输入下面第 3 步中提到的 5 行代码，在其中有意输入几个错误。

2．单击 File|Save 完成保存。

3．利用一对三重引号使得整个程序主体成为注释。由于需要输出值，所以添加一个返回行，如下所示。

```
def bs_call(S,X,T,r,sigma):
    """
    d1 = (lo(S/X)+(r+sigma*sigma/2.)*T)/(sigma*sqrt(T))
    d2 = d1-sigmasqrt(T)
    return S*CND(d1)-X*exp(-r*T)*CND(d2)
    """
    return (X)
```

4. 单击 Run 按钮，然后单击 Run from module F5，将看到以下输出。

```
>>>============RESTART ================
```

5. 使用任意输入值测试这个函数。

```
>>>bs_call(40,40,0.5,0.1,0.2)
40
>>>bs_call(40,42,0.5,0.1,0.2)
42
```

注意输出值等于第 2 个输入变量的值，正如我们设计的那样。

6. 每一次释放一行。如果有错误，做必要的修改。

```
def bs_call(S,X,T,r,sigma):
    d1 = (lo(S/X)+(r+sigma*sigma/2.)*T)/(sigma*sqrt(T))
    """
    d2 = d1-sigmasqrt(T)
    return S*CND(d1)-X*exp(-r*T)*CND(d2)
    """
    return(x)
```

7. 每次调用函数时，都会得到一个错误信息，提示 `lo()` 函数不存在。这让我们意识到，`log(S/X)` 函数被错误地输入为 `lo(S/X)`。

```
>>>bs_call(40,40,0.5,0.1,0.2)
Traceback (most recent call last):
  File "<pyshell#52>", line 1, in <module>
    bs_call(40,40,0.5,0.1,0.2)
  File "<pyshell#49>", line 2, in bs_call
    d1 = (lo(S/X)+(r+sigma*sigma/2.)*T)/(sigma*sqrt(T))
NameError: global name 'lo' is not defined
```

8. 重复步骤 4，直到完成整个程序的编写。

4.3 使用和调试他人编写的程序

在开始为自己的项目编写程序时，我们往往会以已有的程序作为起点。这些程序可能是我们的研究伙伴，其他研究员编写的，也可能来自互联网的开源软件，或者是我们用过的程序。我们首先需要知道这些程序是否包含错误。上述两种方法可以用来检验这些程序。第 2 种方法，即注释法，应当是首选，因为可以帮我们节省一些打字的时间。调试程序的关键在于找出程序错在哪里。这里有一个非常有用的从雅虎财经网站获取数据的 Python 代码文件：http://canisius.edu/~yany/python/ystockquote.txt。初学者可以下载该文件并试一试其中包含的一些小程序。

4.4 小结

本章没有详细介绍期权理论及其相关的数学公式，而是把重点放在解释如何编写 Python 代码以计算看涨期权的价格。因此，在很短的时间内，一个完全不了解期权理论的读者可以用著名的 Black-Scholes-Merton 模型给看涨期权定价。

将在第 5 章正式介绍模块，这是与模块相关的连续 3 章中的第 1 章。模块是由一个或一组专家为特定目的编写的程序集合。比如，第 6 章将演示如何使用包含在 SciPy 模块中的累积标准正态分布函数，从而只需要 5 行代码就可以计算看涨期权的价格，而不是现在所用的 13 行代码。

练习题

1. 编写一个 Python 程序给看涨期权定价。
2. 如何用空壳法编写一个复杂的 Python 程序？
3. 如何用注释法编写一个复杂的 Python 程序？
4. 如何在调试程序时使用返回值？
5. 在写 CND 函数时，可以分别定义 $a1$、$a2$、$a3$、$a4$ 和 $a5$。以下两种方法之间有什么区别？

目前的做法：

```
(a1,a2,a3,a4,
a5)=(0.31938153,-0.356563782,1.781477937,-1.821255978,1.330274429)
```

另一种方法：

```
a1=0.31938153
a2=-0.356563782
a3=1.781477937
a4=-1.821255978
a5=1.330274429
```

6．看涨期权定价模型中，什么是有效的年利率、有效的每半年复利的利率和无风险利率？假设目前每年无风险利率是5%，每半年复利，Black-Scholes看涨期权模型中的无风险利率应采用什么值？

7．给定股价39美元，行权价为40美元，离到期日有3个月，无风险利率为3.5%（连续复利），年回报率的波动率为15%，其看涨期权的价格是多少？

8．如果第7题中的无风险利率仍是每年3.5%，但每半年复利，这个看涨期权的价格是多少？

9．使用他人编写的程序有什么优点和缺点？

10．如何调试他人编写的程序？

11．写一个Python程序将任意给定的每年复利 m 次的年利率（APR）转换为连续复利利率。

12．如何提高累积正态分布函数的精确度？

13．年利率（APR）和连续复利利率（R_C）之间有什么关系？

14．一只股票当前股价为52.34美元。如果行权价和目前的股价相同，离到期日有半年，年回报率的波动率是16%，无风险利率为3.1%（连续复利），它的看涨期权价格是多少？

15．给定一组 S、X、T、r 和 $sigma$，可以使用这13行Python代码计算一个欧式看涨期权的价格。当目前的股价 S 增加，而其他参数值相同，看涨期权的价格将增加还是减少？为什么？

16．以图形方式演示第15题的结论。

17．当行权价 X 变大，看涨期权的价格将减少，这是对的吗？为什么？

18．如果其他参数值保持不变，看涨期权的价格会随着波动率（sigma）增大而变大。这是否准确？为什么？

19*．给定一组 S、X、T、r 和 $sigma$ 的值，可以使用本章提供的代码计算欧式看涨期权的价格，也就是 C。从另一个角度来看，如果我们观察到一个看涨期权的实际成交价格与它相应的 S、X、T 和 r 的值，可以计算它的隐含波动率（sigma）。试着找出一个试错法来粗略估算隐含波动率（如果初学者不知道如何解决这个问题，亦是完全正常的，因为我们将用整整一章的篇幅来讨论如何做到这一点）。

20*．根据所谓的期权平价关系，持有一个看涨期权和适量的现金的组合相当于持有一个看跌期权和标的股票的组合。这里的看涨期权和看跌期权都是欧式期权，具有相同的行使价（X）和到期日（T）。如果股票价格为 10 美元，行使价为 11 美元，在 6 个月之后到期，无风险利率为 2.9%（每半年复利），欧式看跌期权的价格是多少？

注：*表示难度较高的问题。

第 5 章
模块简介

模块是由专家或编程人员为了完成某个具体任务而编写的软件包。了解模块对于理解 Python 并把它应用于金融领域至关重要。我们将在这本书中使用大约十几个模块。

本章将重点讨论以下内容。

- 什么是模块？如何导入模块
- 显示导入的模块包含的所有函数
- 为导入的模块取个简称
- 删除已经导入的模块
- 从模块加载指定的函数
- 找出所有的内置模块和当前所有可用的模块
- 找到特定的但未安装的模块
- 找到已安装的模块的目录位置
- 模块之间的相互依赖性
- 包括许多模块的超级包
- 在网上搜索模块和如何安装模块的视频

5.1 什么是模块

模块是由专家或编程人员为特定目的编写的一个软件包。例如，名为 quant 的 Python 模块可用来完成定量的财务分析，包含与汇率、交易代码、市场、历史价格等相关的应用，结合了 SciPy 模块和 DomainModel 模块。该模块对 Python 而言非常重要。这本书直接或间接地用到十几个模块。我们将详细讨论 5 个模块：第 6 章的 NumPy 模块和 SciPy 模块、第 7 章的 Matplotlib 模块、第 8 章的 Pandas 模块和 Statsmodels 模块。截至 2013 年 11 月 6 日，https://pypi.python.org/pypi?%3Aaction= browse 网页列出 24 955 个 Python 模块。与金融保险相关的有 687 个模块。

5.2 导入模块

假设要计算 $\sqrt{3}$。如果运行以下代码，会得到一个出错信息。

```
>>>sqrt(3)
SyntaxError: invalid syntax
>>>
```

原因在于 sqrt() 函数不是 Python 内置函数。要使用 sqrt() 函数，需要先导入 math 模块如下。

```
>>>import math
>>>x=math.sqrt(3)
>>>round(x,4)
1.7321
```

如果使用 import math 命令导入 math 模块，可以输入 math.sqrt()命令来使用 sqrt()函数。此外，使用命令 dir()后，可以在以下的输出中看到 math 模块。

```
>>>dir()
['__builtins__', '__doc__', '__name__', '__package__', 'math']
```

另外，只有安装一个模块后，才可以使用 import x_module 导入它。math 模块是一个内置模块，已经预先安装了。本章后面部分将说明如何找到所有内置模块。在上面 dir()命令得到的输出中，我们看到__builtins__模块。这个模块不同于其他内置模块，如 math 模块，它包含所有的内置函数。可以使用 dir(__buildins__)列出所有的内置函数，如图 5-1 所示。

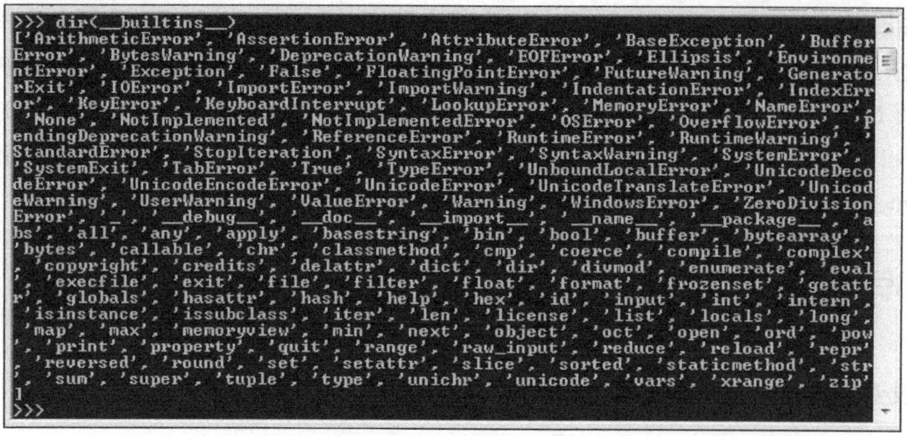

图 5-1

5.2.1 为导入的模块取个简称

有的模块有很长的名称，不方便输入。为了在编程过程中便于输入，可以用 `import x_module as y_name` 命令为模块取个简称，代码如下。

```
>>>import sys as s
>>>import time as tt
>>>import numpy as np
>>>import matplotlib as mp
```

使用模块的简称来调用包含在该模块中的指定函数，比如：

```
>>>import time as tt
>>>tt.localtime()
time.struct_time(tm_year=2013, tm_mon=7, tm_mday=21, tm_hour=22,
tm_min=39, tm_sec=41, tm_wday=6, tm_yday=202, tm_isdst=1)
```

模块的简称可以自由地选择，不过需要遵守一些常见的约定，比如使用 `np` 作为 NumPy 模块的简称和 `sp` 作为 SciPy 模块的简称。使用这些约定的简称可以增强程序的可读性。

5.2.2 显示模块里的所有函数

如果想知道 math 模块包含的所有函数，首先导入它，然后使用 `dir(math)`，代码如下。

```
>>> import math
>>> dir(math)
['__doc__', '__name__', '__package__', 'acos', 'acosh', 'asin', 'asinh',
'atan', 'atan2', 'atanh', 'ceil', 'copysign', 'cos', 'cosh', 'degrees', 'e',
'erf', 'erfc', 'exp', 'expm1', 'fabs', 'factorial', 'floor', 'fmod',
'frexp', 'fsum', 'gamma', 'hypot', 'isinf', 'isnan', 'ldexp', 'lgamma',
'log', 'log10', 'log1p', 'modf', 'pi', 'pow', 'radians', 'sin', 'sinh',
'sqrt', 'tan', 'tanh', 'trunc']
>>>
```

5.2.3 比较 import math 和 from math import *

在前面的章节中已经讨论过这两个命令。为了本章的完整性，这里再学习一次。使用 from math import * 便于简化程序，尤其对于刚开始学习 Python 编程的初学者。我们来看看下面的代码行。

```
>>>from math import *
>>>sqrt(3)
1.7320508075688772
```

这样，math 模块中包含的所有函数都可以直接调用。如果使用 import math，则必须使用 math.sqrt() 而不是 sqrt()。当我们熟悉 Python 之后，使用 import module 命令将会更方便。主要有两个原因。首先，我们明确地知道从哪个模块中调用函数。其次，我们编写的函数可能与另一个模块里的函数有相同的名字，在函数名之前加上模块的名称能将重名的函数区分开来。

```
>>>import math
>>>math.sqrt(3)
1.7320508075688772
```

5.2.4 删除已经导入的模块

del 命令可以用来删除已经导入的模块，代码如下。

```
>>>import math
>>>dir()
['__builtins__', '__doc__', '__name__', '__package__', 'math']
>>>del math
>>>dir()
['__builtins__', '__doc__', '__name__', '__package__']
>>>
```

但是，如果使用 from math import *，就不能用 del math 删除所有函数。

```
>>>from math import *
>>>del math
Traceback (most recent call last):
  File "<pyshell#23>", line 1, in <module>
    del math
NameError: name 'math' is not defined
```

必须单独删除各个函数，以下的代码从内存中删除 sqrt() 函数。我们通常没有理由这样做，仅仅用来说明这是可以的。下面的两行命令首先删除 sqrt() 函数，然后尝试调用它。

```
>>>del sqrt
>>>sqrt(2)
Traceback (most recent call last):
  File "<pyshell#26>", line 1, in <module>
    sqrt(2)
NameError: name 'sqrt' is not defined
```

5.2.5　导入几个指定的函数

第 4 章用到 3 个函数：log()、exp() 和 sqrt() 来计算看涨期权的价格。若要使用这 3 个函数，就需要用 from math import * 命令导入包含这些函数的 math 模块。这个命令发出后，math 模块包含的所有函数都可以调用了，代码如下。

```
from math import *
def bs_call(S,X,T,r,sigma):
    d1 = (log(S/X)+(r+sigma*sigma/2.)*T)/(sigma*sqrt(T))
    d2 = d1-sigma*sqrt(T)
    return S*CND(d1)-X*exp(-r*T)*CND(d2)
```

如果只需要某几个函数，可以在导入命令中指定它们的名字。

```
>>>from math import log, exp, sqrt
>>>round(log(2.3),4)
0.8329
>>>round(sqrt(3.7),4)
1.9235
```

5.2.6 找出所有的内置模块

一个元组类型的字符串变量包含了被编译到 Python 解释器里的所有模块的名字。这些内置模块的名字如图 5-2 所示。

```
>>> import sys as s
>>> s.builtin_module_names
('__builtin__', '__main__', '_ast', '_bisect', '_codecs', '_codecs_cn', '_codecs
_hk', '_codecs_iso2022', '_codecs_jp', '_codecs_kr', '_codecs_tw', '_collections
', '_csv', '_functools', '_heapq', '_hotshot', '_io', '_json', '_locale', '_lspr
of', '_md5', '_multibytecodec', '_random', '_sha', '_sha256', '_sha512', '_sre',
 '_struct', '_subprocess', '_symtable', '_warnings', '_weakref', '_winreg', 'arr
ay', 'audioop', 'binascii', 'cPickle', 'cStringIO', 'cmath', 'datetime', 'errno'
, 'exceptions', 'future_builtins', 'gc', 'imageop', 'imp', 'itertools', 'marshal
', 'math', 'mmap', 'msvcrt', 'nt', 'operator', 'parser', 'signal', 'strop', 'sys
', 'thread', 'time', 'xxsubtype', 'zipimport', 'zlib')
>>>
```

图 5-2

需要注意的是，一个内置模块并不意味着当前可用。比如，图 5-2 显示 `math` 模块是预先内置的。如果要调用 `math` 模块中的一个函数，如 `sin()`，就必须首先导入 `math` 模块。另外，使用 `sys` 模块中的 `modules.keys()` 函数会列出导入的模块，如图 5-3 所示。

```
>>> s.modules.keys()
['heapq', 'functools', 'pyreadline.console.ansi', 'ctypes.os', 'sysconfig', 'log
ging.os', 'ctypes._endian', 'encodings.encodings', 'pyreadline.modes.basemode',
'logging.stat', 'logging.weakref', 'imp', 'collections', 'logging.thread', 'logg
ing.socket', 'pyreadline.py3k_compat', 'zipimport', 'string', 'encodings.utf_8',
 'pyreadline.lineeditor.lineobj', 'logging.logging', 'pyreadline.rlmain', 'signa
l', 'logging.handlers', 'threading', 'pyreadline.keysyms.common', 'ctypes.wintyp
es', 'pyreadline.console.console', 'cStringIO', 'logging.threading', 'locale', '
pyreadline.logger', 'pyreadline.lineeditor.wordmatcher', 'atexit', 'pyreadline.u
nicode_helper', 'encodings', 'logging.traceback', 'pyreadline.console', 'abc', '
ctypes.util', 'pyreadline.modes.notemacs', 're', 'pyreadline.keysyms.keysyms', '
ntpath', 'pyreadline.lineeditor', 'pyreadline.keysyms.winconstants', 'encodings.
ascii', 'math', 'UserDict', '_ctypes', 'fnmatch', 'ctypes', 'pyreadline', 'ctype
s.struct', 'codecs', 'logging.sys', 'struct', '_functools', '_locale', 'logging'
, 'socket', 'thread', 'StringIO', 'traceback', 'weakref', 'itertools', 'os', '__
future__', '_collections', '_sre', 'pyreadline.lineeditor.history', '__builtin__
', 'logging.errno', 'operator', 'logging.re', 'ctypes._ctypes', '_heapq', 'ctype
s.sys', 'encodings.cp437', 'errno', '_socket', 'logging.struct', 'sre_constants'
```

图 5-3

5.2.7 找出所有可用的模块

要找出所有可用的模块，首先需要激活帮助窗口。发出 `help()` 命令后的结果如图 5-4 所示。

然后，在 `help>`提示符下使用 `modules` 命令，得到图 5-5 所示的结果。

输出的最后几行如图 5-6 所示。

```
>>> help()
Welcome to Python 2.7! This is the online help utility.

If this is your first time using Python, you should definitely check out
the tutorial on the Internet at http://docs.python.org/2.7/tutorial/.

Enter the name of any module, keyword, or topic to get help on writing
Python programs and using Python modules. To quit this help utility and
return to the interpreter, just type "quit".

To get a list of available modules, keywords, or topics, type "modules",
"keywords", or "topics". Each module also comes with a one-line summary
of what it does; to list the modules whose summaries contain a given word
such as "spam", type "modules spam".
```

图 5-4

```
ArgImagePlugin          _psutil_mswindows    inspect              sklearn
BaseHTTPServer          _pyio                io                   smtpd
Bastion                 _pytest              isapi                smtplib
BdfFontFile             _random              itertools            sndhdr
Bio                     _sha                 itsdangerous         socket
BioSQL                  _sha256              jinja2               sphinx
BmpImagePlugin          _sha512              json                 spyderlib
BufrStubImagePlugin     _socket              keyring              spyderplugins
CGIHTTPServer           _sqlite3             keyword              sqlalchemy
Canvas                  _sre                 kiva                 sqlite3
ConfigParser            _ssl                 launcher             sre
ContainerIO             _strptime            lib2to3              sre_compile
Cookie                  _struct              linecache            sre_constants
Crypto                  _subprocess          llpython             sre_parse
CurImagePlugin          _symtable            llvm                 ssl
Cython                  _system_path         llvm_array           sspi
DcxImagePlugin          _testcapi            llvm_cbuilder        sspicon
Dialog                  _threading_local     llvmmath             stat
DocXMLRPCServer         _tkinter             llvmpy               statsmodels
EpsImagePlugin          _warnings            locale               statvfs
ExifTags                _weakref             logging              storemagic
FileDialog              _weakrefset          lxml                 string
```

图 5-5

```
_license                htmllib              setuptools           xmllib
_locale                 httplib              sgmllib              xmlrpclib
_lsprof                 idlelib              sha                  xxsubtype
_markerlib              ihooks               shelve               yaml
_md5                    imageop              shlex                zipfile
_msi                    imaplib              shutil               zipimport
_multibytecodec         imghdr               signal               zlib
_multiprocessing        imp                  site                 zmq
_nsis                   importlib            six
_osx_support            imputil              skimage

Enter any module name to get more help. Or, type "modules spam" to search
for modules whose descriptions contain the word "spam".

help>
```

图 5-6

要查找某个特定的模块,只需要输入 modules 和该模块的名字。如果想了解 matplotlib 模块,可以在帮助窗口使用 modules matplotlib。前提条件是,matplotlib 模块已经预装了。如果没有,就会得到一个出错信息。发出 modulesmatplotlib 命令后的结果如图 5-7 所示。

```
help> modules matplotlib
Here is a list of matching modules.  Enter any module name to get more help.
IPython.core.magics.pylab - Implementation of magic functions for matplotlib/pyl
ab support.
IPython.core.pylabtools - Pylab (matplotlib) support utilities.
bokeh.plotting - Command-line driven plotting functions, a la Matplotlib  / Matl
ab / etc.
matplotlib - This is an object-oriented plotting library.
matplotlib._cm - Nothing here but dictionaries for generating LinearSegmentedCol
ormaps.
matplotlib._cntr
matplotlib._delaunay
matplotlib._image
matplotlib._mathtext_data - font data tables for truetype and afm computer moder
n fonts
matplotlib._path
matplotlib._png
matplotlib._pylab_helpers - Manage figures for pyplot interface.
matplotlib._tri
matplotlib._windowing
```

图 5-7

5.2.8　找到一个已安装的模块的目录位置

第 6 章将详细介绍如何下载并安装 NumPy 模块。这里，假定已经安装了一个名为 NumPy 的模块。以下是找到该模块所在目录的 3 种方式。

（1）使用 print(np.file) 命令。

```
>>>import numpy as np
>>>print(np.file)
c:\Anaconda\lib\site-packages\numpy\__init__.py
```

（2）使用 np.file 命令，但不调用 print() 函数。

```
>>>np.file__
'C:\Anaconda\lib\site-packages\numpy\__init__.py'
```

（3）在导入模块后，只需输入 np。

```
>>>np
<module 'numpy' from 'c:\Anaconda\lib\site-packages\numpy\__init__.py'>
```

有些读者可能会问，为什么要关心模块安装的位置。找出 NumPy 模块所在的目录后，可以直接在该目录找到有关这个模块的更多信息。比如，在这个目录下，你会发现一些有趣的子目录，如 doc、random 和 tests。从这些特定的子目录，用户尤其是初学者可以找到许多有用的 Python 程序。如果不小心创建了与现有的模块名字相同的一个模块，知道在哪里可以找到现有的模块便于搜索和调试。当然，最好避免使用相同的名字。

5.2.9 有关模块的更多信息

执行以下步骤来获取有关模块的更多信息。

1．选择 All Programs|Python 3.3|Module Docs，如图 5-8 所示。

2．也可以通过浏览路径找到预先安装的模块。启动 Python 之后，单击 File|Path Browser，如图 5-9 所示。

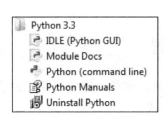

图 5-8

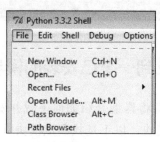

图 5-9

3．单击 Path Browser 之后，会看到一个软件包的列表，也就是模块的列表，如图 5-10 所示。

图 5-10

5.2.10 查找某个未安装的模块

如果想使用 quant 模块来进行定量分析，需要用以下代码导入它。

```
>>>import quant
Traceback (most recent call last):
```

```
    File "<pyshell#0>", line 1, in <module>
        import quant
ImportError: No module named 'quant'
>>>
```

以上出错信息告诉我们 quant 模块没有预先安装。可以执行以下步骤找到该模块。

1. 进入 https://pypi.python.org/pypi 网站的 Python 软件包索引。

2. 在该网站上，浏览所有的软件包。

3．选择编程语言 Python（https://pypi.python.org/pypi?%3Aaction=browse）。

4．选择金融保险业（https://pypi.python.org/pypi?%3Aaction=browse）。

5．单击显示所有（https://pypi.python.org/pypi?:action=browse&c=33&c=214）。

6．用关键字 quant 搜索列表。

7．最后找到该模块，如图 5-11 所示。

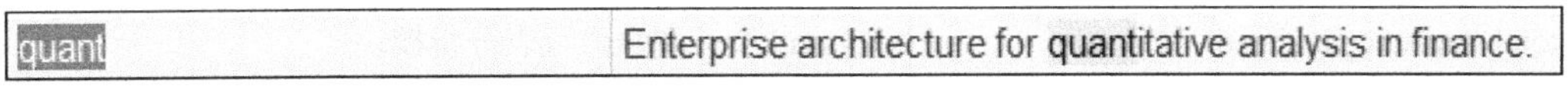

图 5-11

单击 quant 后，我们找到它的相关网页 https://pypi.python.org/pypi/quant/0.8。把这个软件下载到硬盘，并确保 Python 包含该目录路径。

5.3　模块之间的相互依赖性

本书的引言部分指出使用 Python 的优势之一是其包括数百个称为模块的专用软件包。为了避免重复工作并节省开发新模块的时间，后来生成的模块选择使用一些早期模块里的函数，也就是说，它们依赖于早期模块。

模块的优点是显而易见的，开发人员在构建和测试一个新模块时，可以节省大量的时间和精力。然而，一个缺点是安装模块变得困难。为了便于安装，有两种方法。第 1 种方法是把所有模块捆绑在一起成为一个超级包，并确保所有模块配合很好，这样就避免了独立安装若干模块的麻烦。这是理想的情况。模块捆绑的潜在问题是，各个模块的更新可能无法及时体现在超级包中。第 2 种方法是尽量减少相互之间的依赖关系。它使得维护模块较为容易,但如果需要安装好几个模块,可能相当麻烦。Linux 操作系统下有一个好的办法:使用软件包的安装程序。包的发布者可以声明依赖关系并在 Linux 存储库里跟踪它们。SciPy 模块、NumPy 模块和 quant 模块都是这样设立的,非常方便。下一章将讨论两个最重要的模块——NumPy 和 SciPy。单独安装它们并不简单。我们会选择一个称为 Anaconda 的超级包。安装 Anaconda 之后,NumPy 模块和 SciPy 模块都将是可用的。表 5-1 列出了与金融有关的 Python 模块。

表 5-1

模块名	描述
Ystockquote	从雅虎财经网站下载股票价格数据
Quant	金融量化分析的企业级架构
trytond_currency	Trytond 外汇分析模块
Economics	经济数据处理和分析模块
trytond_project	Trytond 项目管理模块
trytond_analytic_account	Trytond 会计和金融图表及包括分析模块
trytond_account_statement	Trytond 会计和金融报表分析模块
trytond_stock_split	Trytond 股票拆分分析模块
trytond_stock_forecast	Trytond 股票预测分析模块
Finance	经过优化的金融风险计算模块
FinDates	金融行业日期处理模块

网页 https://wiki.python.org/moin/UsefulModules 列出一些最常用的 Python 模块的链接。

Python 软件包的索引可在 https://pypi.python.org/pypi 查到。注意必须先注册才能查看完整的列表。

5.4 小结

本章讨论了与模块有关的内容,如查找所有可用的或已安装的模块,以及如何安装一个新的模块。本书将使用几十个模块,因此,理解模块是至关重要的。比如,在第 6 章讨论著名的 Black-Scholes-Merton 期权模型时，会重点讨论一个名为 `matplotlib` 的模块，这对于绘制不同的图表是非常有用的。第 6 章还将介绍最重要的两个模块——NumPy 和 SciPy。这两个模块都广泛用于科学和金融领域的计算。这本书中的许多章节都用到这两个模块，许多其他的模块也依赖于这两个模块。

练习题

1. 什么是模块？
2. 如何知道 `math` 模块包含多少个函数？
3. `import math` 和 `from math import *` 有什么区别？
4. 如何导入某些特定的函数？
5. 在哪里可以找到某个模块的使用手册？
6. 如何删除模块？
7. 如果只需要 `math` 模块里的几个函数，怎么只导入这几个函数？
8. 什么是模块依赖性？为什么安装一个模块时，模块依赖性会是一个问题？
9. 有一个名为 NumPy 的模块，它依赖于多少个模块？
10. 初学者如何编写一个简单的模块？
11. Python 目前包含有多少模块？如何找到一个完整列表？
12. 找出与 `zipimport` 模块相关的主要内容。

第 6 章
NumPy 和 SciPy 模块简介

本章将介绍两个广泛用于科学和金融计算的重要模块——NumPy 和 SciPy。本书用到的许多其他模块都依赖这两个模块。本章主要内容如下。

- NumPy 和 SciPy 模块的安装
- 利用 Anaconda 启动 Python
- 使用 NumPy 和 SciPy 的示例
- 显示 NumPy 和 SciPy 包含的所有函数
- 获取某个函数的更多信息
- 理解列表数据类型
- NumPy 里的矩阵以及矩阵的逻辑关系
- 特殊矩阵：全一矩阵、全零矩阵和单位矩阵
- 执行矩阵运算：+、-、*和/
- x.sum()函数
- 通过循环遍历一个数组
- SciPy 模块的子包列表
- 累积标准正态分布
- 随机数的生成
- SciPy 包含的统计子模块（stats）
- 插值、线性方程组和优化

- 线性回归和资本资产定价模型（CAPM）
- 从外部文本文件读取数据
- 如何独立安装 NumPy 模块
- 数据类型简介

6.1 安装 NumPy 和 SciPy 模块

第 5 章讨论了模块之间的依赖性并提到依赖性可能增加安装一个模块的难度。幸运的是，有些超级软件包，比如 `Anaconda` 和 `Enthought Canoy`，可以同时安装多个模块。这本书用到了 `Anaconda`，因为它同时包含 `NumPy` 和 `SciPy` 这两个模块。执行以下两个步骤来安装它。

1. 访问 `http://continuum.io/downloads`。
2. 根据你的计算机，选择适当的软件下载，如图 6-1 所示。

图 6-1

安装完成后将看到相关的目录，如 c:\Users\yany\AppData\Local\Continuum\Anaconda3\。除了 NumPy 和 SciPy 外，Anaconda 还安装了我们计划在这本书中讨论的其他 3 个模块。可以在 https://docs.continuum.io/anaconda/pkg-docs 看到 Anaconda 包含的模块的完整列表（对应于 Anaconda 4.2.0 和 Python3.5 版本，共计 445 个）。

6.2 从 Anaconda 启动 Python

在 Windows 操作系统下，找到"Python.exe"然后单击它。图 6-2 所示的 Python 窗口将出现：

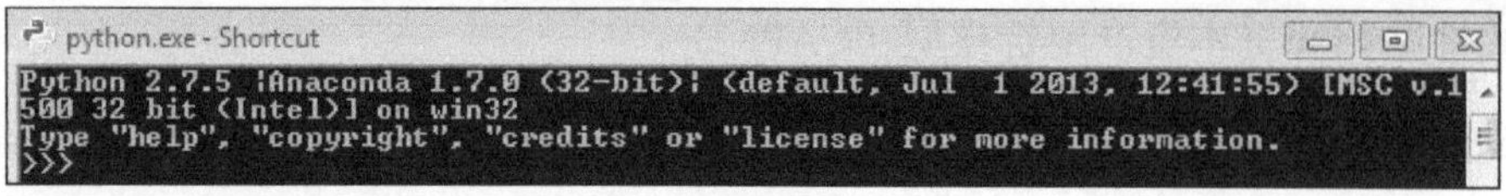

图 6-2

图 6-2 显示安装路径为：c:\Users\yany\AppData\Local\Continuum\Anaconda3\。为了测试是否已经正确安装 NumPy 和 SciPy，需要输入下面的两个命令来导入它们。如果没有出现错误信息，就意味着已经正确安装它们。

```
>>>import numpy as np
>>>import scipy as sp
```

前面几章介绍过，可以用 from numpy import *命令，而不是 import numpy as np 命令来把 NumPy 模块包含的所有函数添加到工作空间中。然而，使用 sp.pv()取代 pv()能够更清楚地表明 pv()函数是包含在一个名为 sp 的模块里。因此大多数开发人员更愿意使用 import numpy as np 命令。从现在开始，我们将遵从这一传统。可以生成一个快捷方式，即将它从上述目录移动到桌面上，生成一个 Python 图标。

6.2.1 使用 NumPy 的示例

在下面的例子中，NumPy 包含的 np.size()函数显示一个数组中的数据个数，np.std()函数用于计算标准方差。

```
>>>import numpy as np
>>>x= np.array([[1,2,3],[3,4,6]])      # 2 by 3 matrix
>>>np.size(x)            # number of data items
6
>>>np.size(x,1)          # show number of columns
3
>>>np.std(x)
1.5723301886761005
>>>np.std(x,1)
Array([ 0.81649658,  1.24721913])
>>>total=x.sum()                          # pay attention to the format
>>>z=np.random.rand(50)# 50 random obs from [0.0, 1]
>>>y=np.random.normal(size=100)          # from standard normal
>>>r=np.array(range(0,100),float)/100    # from 0, .01,to .99
```

NumPy 的数组是一个连续的内存块，直接传递给 LAPACK 进行计算。LAPACK 是数值线性代数的软件库，使 Python 可以非常快地完成矩阵运算。NumPy 的数组就像 MATLAB

的矩阵。与 Python 的列表数据类型不同，数组应当包含相同类型的数据，例如：

```
>>>np.array([100,0.1,2],float)
```

实数的类型是 float64，任意数值变量的默认类型也是 float64。在以上的例子中，可以看到，np.array() 函数把一个包含整数型数值的列表转换为数组。如果想改变数据的类型，可以用第 2 个参数指定数据的类型。

```
>>>x=[1,2,3,20]
>>>y=np.array(x,dtype=float)
>>>y
array([  1.,   2.,   3.,  20.])
```

在以上的例子中，dtype 是指定数据类型的关键字。一个列表可以包含不同类型的数据，而不会引起任何问题。但是，将含有不同数据类型的列表转换成一个数组时，会得到如下的错误信息。

```
>>>x2=[1,2,3,"good"]
>>>x2
[1, 2, 3, 'good']
>>>y3=np.array(x2,float)
Traceback (most recent call last):
  File "<pyshell#25>", line 1, in <module>
    y3=np.array(x2,float)
ValueError: could not convert string to float: 'good'
. ]])
```

6.2.2　使用 SciPy 的示例

以下几个例子用到 SciPy 模块包含的函数。第 1 个例子是有关净现值（NPV）的函数。

```
>>>import scipy as sp
>>>cashflows=[50,40,20,10,50]
>>>x=sp.npv(0.1,cashflows) #estimate NPV
>>>round(x,2)
144.56
```

sp.npv() 函数计算给定的一组现金流的现值。第 1 个输入参数是折现率，第 2 个输入参数是现金流的数组。sp.npv() 函数不同于 Excel 的 NPV 函数。Excel 的 NPV 函数不是一个真正的 NPV 函数，它实际上是一个计算 PV 的函数。它假设第 1 笔未来现金流发生在第 1 个周期的结束。图 6-3 展示如何使用 Excel 中的 NPV() 函数。

图 6-3

假设只有单笔现金流，下面的代码可以说明 sp.npv() 函数的计算结果。

```
>>>c=[100]
>>sp.npv(0.1,c)
100.0
```

基于这个理解，如果有一笔初始的现金支出，金额为 100，结果如下。

```
>>>cashflows=[-100,50,40,20,10,50]
>>>x=sp.npv(0.1,cashflows)
>>>round(x,2)
31.41
```

sp.pmt()函数用来解答以下问题：假定年利率（APR）是 4.5%，每月复利。每个月需要支付多少来偿还一笔为期 30 年，金额为 250 000 美元的按揭贷款？

```
>>>payment=sp.pmt(0.045/12,30*12,250000)
>>>round(payment,2)
-1266.71
```

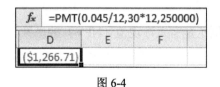

图 6-4

与 sp.npv() 函数类似，sp.pmt()函数模仿 Excel 中的 PMT 函数，如图 6-4 所示。它的输入值包括有效利率、周期的数目和现值。

sp.pv()函数模仿 Excel 中的 PV 函数。调用 sp.pv()的格式是 sp.pv(rate, nper, pmt, fv=0.0, when='end')。*rate* 是贴现率，*nper* 为周期数，*fv* 是未来现金量，其默认值为 0。最后一个输入参数指定现金流是在每个时间段的开始或结束完成；如果缺省，则意味着在每个时间段的结束时支付。调用该函数的命令如下。

```
>>>pv1=sp.pv(0.1,5,0,100)      # pv of one future cash flow
>>>round(pv1,2)
-92.09
```

```
>>>pv2=sp.pv(0.1,5,100)        # pv of annuity
>>>round(pv2,2)
-379.08
```

sp.fv()函数类似于 sp.pv()函数。给定 n 个数值 x_1，x_2，x_3,…，用下面的公式估计算术平均值和几何平均值：

$$\text{算术平均值} = \frac{\sum_{i=1}^{n} x_i}{n} \tag{6-1}$$

$$\text{几何平均值} = \left(\prod_{i=1}^{n} x_i\right)^{1/n} \tag{6-2}$$

假设有 3 个数字 a，b 和 c。它们的算术平均值为 $(a+b+c)/3$，而它们的几何平均值是 $(a*b*c)\wedge(1/3)$。对于 2、3 和 4 这 3 个值，计算这两个平均值的代码如下。

```
>>>(2+3+4)/3.
3.0
>>>geo_mean=(2*3*4)**(1./3)
>>>round(geo_mean,4)   2.8845
```

当有 n 个回报率时，计算其算术平均回报率使用相同的公式，但是其几何平均回报率的计算公式不同，如下所示。

$$\text{算术平均值} = \frac{\sum_{i=1}^{n} R_i}{n} \tag{6-3}$$

$$\text{几何平均值} = \left[\prod_{i=1}^{n}(1+R_i)\right]^{1/n} - 1 \tag{6-4}$$

sp.prod()函数计算所有数据项的乘积。可以用它来计算回报率的几何平均值。

```
>>>import scipy as sp
>>>ret=sp.array([0.1,0.05,-0.02])
>>>sp.mean(ret)      # arithmetic mean 0.04333
>>>pow(sp.prod(ret+1),1./len(ret))-1  # geometric mean 0.04216
```

另外两个有用的函数是 sp.unique()和 sp.median()，代码如下。

```
>>>sp.unique([2,3,4,6,6,4,4])
Array([2,3,4,6])
>>>sp.median([1,2,3,4,5])
3.0
```

Python 的 sp.pv()、sp.fv()和 sp.pmt()函数分别对应 Excel 的 PV()、FV()和 PMT()函数。它们具有相同的符号约定：现值的符号与未来值的符号是相反的。在下面计算现值的例子中，如果输入一个正的未来值，得到的现值将是个负数。

```
>>>import scipy as sp
>>>round(sp.pv(0.1,5,0,100),2)
-62.09
>>>round(sp.pv(0.1,5,0,-100),2)
62.09
```

6.3 显示 NumPy 和 SciPy 包含的所有函数

可以用几种方法找出包含在某一模块中的所有函数。首先，可以查阅相关的手册。其次，可以用下面的代码。

```
>>>import numpy as np
>>>dir(np)
```

为了节省空间，只在图 6-5 显示输出的最初几行。

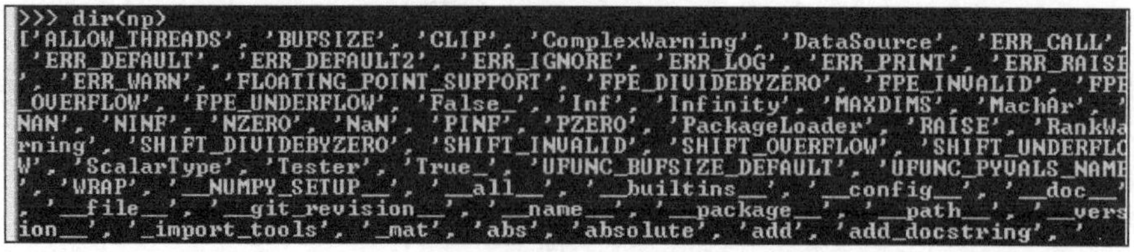

图 6-5

一个更好的方法是把所有函数的名字输出并储存在一个数组中。

```
>>>x=np.array(dir(np))
>>>len(x)          # showing the length of the array 598
>>>x[200:210]      # showing 10 lines starting from 200
```

输出显示如图 6-6 所示。

```
>>> x[200:210]
['disp', 'divide', 'division', 'dot', 'double', 'dsplit', 'dstack', 'dtype', 'e',
'ediff1d']
>>>
```

图 6-6

同样，要找到 SciPy 模块里的所有函数，加载该模块之后，使用 dir()函数得到图 6-7 所示的结果。

```
>>>import scipy as sp
>>>dir(sp)
```

```
>>> dir(sp)
['ALLOW_THREADS', 'BUFSIZE', 'CLIP', 'ComplexWarning', 'DataSource', 'ERR_CALL',
'ERR_DEFAULT', 'ERR_IGNORE', 'ERR_LOG', 'ERR_PRINT', 'ERR_RAISE', 'ERR_WARN',
'FLOATING_POINT_SUPPORT', 'FPE_DIVIDEBYZERO', 'FPE_INVALID', 'FPE_OVERFLOW', 'FPE
_UNDERFLOW', 'False_', 'Inf', 'Infinity', 'MAXDIMS', 'MAY_SHARE_BOUNDS', 'MAY_SH
ARE_EXACT', 'MachAr', 'ModuleDeprecationWarning', 'NAN', 'NINF', 'NZERO', 'NaN',
'PINF', 'PZERO', 'PackageLoader', 'RAISE', 'RankWarning', 'SHIFT_DIVIDEBYZERO',
'SHIFT_INVALID', 'SHIFT_OVERFLOW', 'SHIFT_UNDERFLOW', 'ScalarType', 'Tester',
'TooHardError', 'True_', 'UFUNC_BUFSIZE_DEFAULT', 'UFUNC_PYVALS_NAME', 'VisibleDe
precationWarning', 'WRAP', '_SCIPY_SETUP_', '__all__', '__builtins__', '__cach
ed__', '__config__', '__doc__', '__file__', '__loader__', '__name__', '__numpy_v
```

图 6-7

6.4 关于某个函数的详细信息

使用 `dir(np)` 命令可列出所有函数，其中包括 `std()` 函数。要查找有关 `std()` 函数的信息时，使用 `help(np.std)`。部分输出如图 6-8 所示。

```
>>> import numpy as np
>>> help(np.std)
Help on function std in module numpy.core.fromnumeric:

std(a, axis=None, dtype=None, out=None, ddof=0, keepdims=False)
    Compute the standard deviation along the specified axis.

    Returns the standard deviation, a measure of the spread of a distribution,
    of the array elements. The standard deviation is computed for the
    flattened array by default, otherwise over the specified axis.

    Parameters
    ----------
    a : array_like
        Calculate the standard deviation of these values.
    axis : int, optional
        Axis along which the standard deviation is computed. The default is
        to compute the standard deviation of the flattened array.
```

图 6-8

6.5 理解列表数据类型

第 3 章介绍了元组作为数据类型之一。回顾一下，元组由一对圆括号来定义，如

x=(1,2,3, "Hello")。此外，定义一个元组变量之后，不能改变它的值。与元组一样，列表数据类型可以包含不同类型的数据，而且第 1 下标从 0 开始。以下 Python 命令定义变量 x 为一个列表。

```
>>>x=[1,2,"John", "M", "Student"]
>>>type(x)
<class 'list'>
```

一个列表变量通过一对方括号[]来定义，并且可以包含不同类型的数据。可以用不同的方式来使用某个数据项。调用不同数据项的命令如下。

```
>>>x
[1, 2, 'John', 'M', 'Student']
>>>x[1]
2
>>>x[2:]
['John', 'M', 'Student']
```

与元组数据类型不同的是，可以修改一个列表变量的值。

6.6 使用全一矩阵、全零矩阵和单位矩阵

构建不同矩阵的代码如下。

```
>>>import numpy as np
>>>a=np.zeros(10)                    # array with 10 zeros
>>>b=np.zeros((3,2),dtype=float)     # 3 by 2 with zeros
>>>c=np.ones((4,3),float)            # 4 by 3 with all ones
>>>d=np.array(range(10),float)       # 0,1, 2,3 .. up to 9
>>>e1=np.identity(4)                 # identity 4 by 4 matrix
>>>e2=np.eye(4)                      # same as above
>>>e3=np.eye(4,k=1)                  # 1 start from k
>>>f=np.arange(1,20,3,float)         # from 1 to 19 interval 3
>>>g=np.array([[2,2,2],[3,3,3]])     # 2 by 3
>>>h=np.zeros_like(g)                # all zeros
>>>i=np.ones_like(g)                 # all ones
```

6.7 执行数组操作

我们有时候需要改变一个矩阵或数组的大小。比如把一组 100 个随机数变成一个 20×

5 的矩阵，或执行相反的操作。NumPy 包含的两个函数 flatten() 和 reshape()，可以用来完成这两个操作，具体如下。

```
>>>pv=np.array([[100,10,10.2],[34,22,34]]) # 2 by 3
>>>x=pv.flatten()                # matrix becomes a vector
>>>vp2=np.reshape(x,[3,2])       # 3 by 2 now
```

6.8 数组的加、减、乘、除

数组的加和减运算容易理解。然而，乘法和除法有不同的定义。以乘法为例，$A \times B$ 可以有两个含义：A 和 B 相同位置的数据项相乘（A 和 B 应该具有相同的维数，都为 n 行 m 列）或矩阵乘法（A 的列数等于 B 的行数，也就是说，A 是 $n \times k$ 矩阵而 B 为 $k \times m$ 矩阵）。

6.8.1 进行加减运算

增加或减去两个数组时，它们必须具有相同的大小，也就是，两者的维数都为 $n \times m$。如果它们有不同的大小，将得到一个出错信息。例如，两个现金流数组的和：

```
>>>cashFlows_1=np.array([-100,50,20])
>>>cashFlows_2=np.array([-80,100,120])
>>>cashFlows_1 + cashFlows_2
array([-180, 150, 140])
```

6.8.2 执行矩阵乘法运算

对于矩阵乘法 $A \times B$，矩阵 A 和 B 的维数应该分别是 $n \times k$ 和 $k \times m$。假设矩阵 A 和 B 分别有以下公式。

$$A = \begin{pmatrix} a_{11} & \cdots & a_{1k} \\ \vdots & \ddots & \vdots \\ a_{n1} & \cdots & a_{nk} \end{pmatrix} \quad B = \begin{pmatrix} b_{11} & \cdots & b_{1k} \\ \vdots & \ddots & \vdots \\ b_{n1} & \cdots & b_{nk} \end{pmatrix} \quad (6\text{-}5)$$

$A \times B$ 矩阵的大小将是 $n \times m$：

$$A * B = C = \begin{pmatrix} c_{11} & \cdots & c_{1m} \\ \vdots & \ddots & \vdots \\ c_{n1} & \cdots & c_{nm} \end{pmatrix} \quad (6\text{-}6)$$

其中的各个数据项 C_{ij}，将由以下公式得到。

$$c_{ij} = \sum_{i=1}^{n}\sum_{j=1}^{m}\sum_{i=1}^{k} a_{i,t}b_{t,j}$$

假设有两个矩阵 $X(n \times k)$ 和 $Y(k \times m)$，它们的点积将获得一个 $n \times m$ 矩阵，代码如下。

```
>>>x=np.array([[1,2,3],[4,5,6]],float)      # 2 by 3
>>>y=np.array([[1,2],[3,3],[4,5]],float)    # 3 by 2
>>>np.dot(x,y)                              # 2 by 2
Array([[19., 23.],
[43., 53.]])
```

另外，可以先把数组转换成矩阵，然后用*来计算矩阵乘积，代码如下。

```
>>>x=np.matrix("1,2,3;4,5,6")
>>>y=np.matrix("1,2;3,3;4,5")
>>>x*y
Array([[19., 23.],[43., 53.]])
```

其实，数组与矩阵的转换相当容易，代码如下。

```
>>>x1=np.array([[1,2,3],[4,5,6]],float)
>>>x2=np.matrix(x1)      # from array to matrix
>>>x3=np.array(x2)       # from matrix to array
```

6.8.3 执行逐项相乘的乘法运算

当两个阵列具有相同的维数时，$x*y$ 将执行逐项相乘的乘法运算。当 A 和 B 都具有相同的维数，如 $n \times m$ 时，逐项相乘的乘积将有以下形式。

$$c_{ij} = \sum_{i=1}^{n}\sum_{j=1}^{m} a_{ij}b_{ij} \tag{6-7}$$

例如：

```
>>>x=np.array([[1,2,3],[4,5,6]],float)
>>>y=np.array([[2,1,2],[4,0,5]],float)
>>>x*y
Array([[2., 2., 6., ],[16., 0., 30. ]])
```

6.9　x.sum()函数

变量 x 被定义为一个 NumPy 的数组后，可以使用 x.function()进行相关操作。x.sum()的用法如下。

```
>>>import numpy as np
>>>x=np.array([1,2,3])
>>>x.sum()
6
>>>np.sum(x)
6
```

如果变量 x 是一个 NumPy 的数组，可以用同样方式调用其他点函数，如 x.mean()、x.min()、x.max()、x.var()、x.argmin()、x.clip()、x.copy()、x.diagonal()、x.reshape()、x.tolist()、x.fill()、x.transpose()、x.flatten()以及 x.argmax()。这些点函数方便易用。例如：

```
>>>cashFlows=np.array([-100,30,50,100,30,40])
>>>cashFlows.min()
-100
>>>cashFlows.argmin()
0
```

以上 x.min()函数表示数组的最小值，x.argmin()函数给出最小值在数组中的位置。

6.10　遍历数组的循环语句

用下面的 for 循环语句遍历数组，依次打印数组包含的每一个数值。

```
>>>import numpy as np
>>>cash_flows=np.array([-100,50,40,30,25,-10,50,100])
>>>for cash in cash_flows:
print (x)
```

6.11　使用与模块相关的帮助

可以使用 help()函数来了解 NumPy 和 SciPy 的更多信息，代码如下。

```
>>>help()
help>numpy
```

输出的前几行如图 6-9 所示。

```
help> numpy
Help on package numpy:

NAME
    numpy

DESCRIPTION
    NumPy
    =====

    Provides
      1. An array object of arbitrary homogeneous items
      2. Fast mathematical operations over arrays
      3. Linear Algebra, Fourier Transforms, Random Number Generation

    How to use the documentation
    ----------------------------
    Documentation is available in two forms: docstrings provided
    with the code, and a loose standing reference guide, available from
    `the NumPy homepage <http://www.scipy.org>`_.
```

图 6-9

同样可以在帮助窗口了解 SciPy 的更多信息。

```
>>>help()
help> scipy # to save space, the output is not shown
```

6.12 SciPy 的一系列子函数包

SciPy 大约有十几个子函数包，表 6-1 列出了 SciPy 的子函数包。

表 6-1

子函数包	描述
Cluster	聚类算法
Constants	物理和数学常量
Fftpack	快速傅里叶变换
Integrate	积分和常微分方程
Interpolate	插值和光滑样条函数
Io	输入与输出

子函数包	描述
Linalg	线性代数
Ndimage	N-维图像处理
Odr	基于正交距离测度的回归模型
Optimize	优化和求解方程
Signal	信号处理
Sparse	稀疏矩阵和相关的算法
Spatial	空间数据结构和算法
Special	特殊函数
Stats	概率分布函数和统计分析
Weave	C/C++编程接口

6.13 累积标准正态分布

在第 4 章中，我们自己编写累积标准正态分布函数来给看涨期权定价。SciPy 的一个子模块提供了累积标准正态分布函数。例如，累积标准正态分布函数在零点的取值如下。

```
>>>from scipy.stats import norm
>>>norm.cdf(0) 0.5
```

因此，可以只用 5 行代码给看涨期权定价。以下代码是使用现有模块带来好处的一个典型例子。

```
from scipy import log,exp,sqrt,stats
def bs_call(S,X,T,r,sigma):
    d1=(log(S/X)+(r+sigma*sigma/2.)*T)/(sigma*sqrt(T))
    d2 = d1-sigma*sqrt(T)
    return S*stats.norm.cdf(d1)-X*exp(-r*T)*stats.norm.cdf(d2)
```

现在，输入一组值调用函数 bs-call。

```
>>>price=bs_call(40,40,1,0.03,0.2)
>>>round(price,2)
3.77
```

6.14 与数组相关的逻辑关系

有的数据取值为真(True)或假(False)这两者之一,这种数据类型称为布尔数。

```
>>>import numpy as np
>>>x=np.array([True,False,True,False],bool)
>>>a=any(x)     # if one item is TRUE then return TRUE
>>>b=all(x)     # if all are TRUE then return TRUE
>>>cashFlows=np.array([-100,50,40,30,100,-5])
>>>a=cashFlows>0    # [False,True,True,True,True,False]
>>>np.logical_and(cashFlows>0, cashFlows<60)
Array([False,True,True,False,False],dtype=bool)
```

有些逻辑函数,如 `logical_and()`、`logical_or()` 和 `logical_not()` 函数,可以对每个数据项进行比较。另外,可以保存逻辑比较的结果,为后面的代码所用。

```
>>>cashFlows=np.array([-100,50,40,30,100,-5])
>>>index=(cashFlows>0)      # index is a Boolean variable
>>>cashFlows[index]         # retrieve positive cash flows
Array([50., 40., 30., 100. ])
```

6.15 SciPy 的统计子模块(stats)

SciPy 包含一个统计子模块,即 stats 模块,值得特别关注。该模块帮助我们解答许多金融问题。用以下代码找到该模块包含的所有函数。

```
>>>from scipy import stats
>>>dir(stats)
```

为了节省空间,图 6-10 只显示了最初的几行。

从 `dir(stats)` 的输出中,可以找到一个 `ttest_1samp()` 函数(不过该函数没有显示在图 6-10 中)。随机生成服从标准正态分布的 100 个随机数,然后使用 ttest_1samp() 函数进行单样本 t-检验,以测试均值是否为 0。基于 t 值(1.18)和 p 值(0.24),不能拒绝零假设,这说明我们的样本来自均值为 0 的分布。代码如下。

```
>>>import numpy as np
>>>from scipy import stats
```

```
>>>np.random.seed(124)   # get the same random values
>>>x=np.random.normal(0,1,100) # mean=0,std=1
>>>skew=stats.skew(x)      # skewness is -0.2297
>>>stats.ttest_1samp(x,0)  # if mean is zero
(array(1.176), 0.24228)    # T-value/P-value
```

图 6-10

利用 NumPy 的函数，可以获得符合若干分布的随机数。

```
>>>import numpy as np
>>>s=np.random.standard_t(10, size=1000) # from standard-T,df=10
>>>x=np.random.uniform(low=0.0,high=1.0,size=100) # uniform
>>>stocks=np.random.random_integers(1,500,20)
>>>stocks
array([371, 15, 158, 468, 299, 470, 257, 481, 76, 196, 355, 386, 438,
484, 41, 39, 222, 377, 455, 46])
```

以上代码在 1～500 中随机挑选了 20 个数。

6.16　SciPy 模块的插值方法

在下面的代码里，x 是横坐标，其值为 0～10，而 $y=\exp(-x/3)$ 作为纵坐标。我们打算采用两种方法在 y 值之间进行线性插值和立方插值。SciPy 的参考手册提供下面的代码来计算插值。

```
>>>import numpy as np
>>>import matplotlib.pyplot as plt
>>>from scipy.interpolate import interp1d
>>>x = np.linspace(0, 10, 10)
>>>y = np.exp(-x/3.0)
```

```
>>>f = interp1d(x, y)
>>>f2 = interp1d(x, y, kind='cubic')
>>>xnew = np.linspace(0, 10, 40)
>>>plt.plot(x,y,'o',xnew,f(xnew),'-', xnew, f2(xnew),'--')
>>>plt.legend(['data', 'linear', 'cubic'], loc='best')
>>>plt.show()
```

以上代码使用 np.linspace() 函数来生成 0～10 均匀间隔的 40 个值。相关的输出如图 6-11 所示。

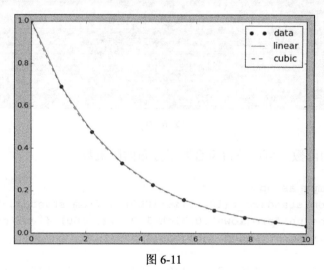

图 6-11

6.17 使用 SciPy 求解线性方程

假设有以下 3 个方程：

$$\begin{cases} x+2y+5z=10 \\ 2x+5y+z=8 \\ 2x+3y+8z=5 \end{cases} \tag{6-8}$$

定义 A 和 B 如下。

$$A = \begin{pmatrix} 1 & 2 & 5 \\ 2 & 5 & 1 \\ 2 & 3 & 8 \end{pmatrix} \qquad B = \begin{pmatrix} 10 \\ 8 \\ 5 \end{pmatrix} \tag{6-9}$$

以下公式给出该方程组的答案。

$$A = \begin{pmatrix} 1 & 2 & 5 \\ 2 & 5 & 1 \\ 2 & 3 & 8 \end{pmatrix} \quad B = \begin{pmatrix} 10 \\ 8 \\ 5 \end{pmatrix} \quad (6\text{-}10)$$

$$\begin{pmatrix} x \\ y \\ z \end{pmatrix} = A^{-1} * b \quad (6\text{-}11)$$

计算答案的 Python 代码如下。

```
>>>import scipy as sp
>>>import numpy as np
>>>A=sp.mat('[1 2 5; 2 5 1; 2 3 8]')
>>>b = sp.mat('[10;8;5]')
>>>A.I*b
Matrix([-22.45, 10.09, 2.45]
>>>np.linalg.solve(A,b)   # offer the same solution
```

6.18 利用种子（seed）生成可重复的随机数

期权理论的一个主要假设是，股票价格服从对数正态分布，因而回报率服从正态分布。例如：

```
>>>importscipy as sp
>>>x=sp.random.rand(10)      # 10 random numbers from [0,1]
>>>y=sp.random.rand(5,2) # random numbers 5 by 2 array
>>>z=sp.random.rand.norm(100)  # from a standard normal
>>>
```

以上代码随机生成一组数字。不过，有时需要一组固定的随机数，用来重复测试我们的模型和代码，教学时尤其如此。以下代码利用一个给定的种子来产生可以重复获得的随机数。

```
>>>importscipy as sp
>>>sp.random.seed(12456)
>>>sp.random.rand(5)
[0.89286586  0.6185652   0.58873523  0.76137601  0.74499103]
```

SciPy 模块提供大约二十几个模拟随机数的函数，包括二项分布、卡方分布、指数分布、F 分布、伽玛分布、几何分布、对数正态分布、泊松分布、均匀分布、韦伯分布。使用 help(np.random)可以得到图 6-12 所示的输出（仅是所有输出的一部分）。

```
Univariate distributions
========================
beta                 Beta distribution over ``[0, 1]``.
binomial             Binomial distribution.
chisquare            :math:`\chi^2` distribution.
exponential          Exponential distribution.
f                    F (Fisher-Snedecor) distribution.
gamma                Gamma distribution.
geometric            Geometric distribution.
gumbel               Gumbel distribution.
hypergeometric       Hypergeometric distribution.
laplace              Laplace distribution.
logistic             Logistic distribution.
lognormal            Log-normal distribution.
logseries            Logarithmic series distribution.
negative_binomial    Negative binomial distribution.
noncentral_chisquare Non-central chi-square distribution.
noncentral_f         Non-central F distribution.
normal               Normal / Gaussian distribution.
pareto               Pareto distribution.
poisson              Poisson distribution.
power                Power distribution.
rayleigh             Rayleigh distribution.
triangular           Triangular distribution.
uniform              Uniform distribution.
vonmises             Von Mises circular distribution.
wald                 Wald (inverse Gaussian) distribution.
weibull              Weibull distribution.
zipf                 Zipf's distribution over ranked data.
```

图 6-12

6.19 在导入的模块里查找函数

可以把 NumPy 模块包含的所有函数赋值给一个变量如 x，然后用循环语句查找和输出某些函数。

```
>>>import numpy as np
>>>x=np.array(dir(np))
>>>for k in x:
        if (k.find("uni")!=-1):
            print (k)
Unicode
unicode0
unicode_
union1d
unique
```

6.20 优化算法简介

在金融领域，许多问题需要用优化算法来解决，比如给定目标函数和一组约束条件选择最佳投资组合。可以使用 SciPy 模块包含的名为 scipy.optimize 的优化子模块来解决这些问题。假设要计算满足方程 $y=3+x^2$ 并且使 y 取最小值的 x 值。很显然，正确答案是当 x 等于 0 时 y 达到最小值。

```
>>>import scipy.optimize as optimize
>>>def my_f(x):
      return 3 + x**2
>>>optimize.fmin(my_f,5)    # 5 is initial value
     Optimization terminated successfully
     Current function values: 3:000000
     Iterations: 20
     Function evaluations: 40
Array([ 0. ])
```

使用 help(optimize.fmin) 命令查找 fmin() 函数的所有输入参数及其含义。使用 dir(optimize) 命令列出包含在 scipy.optimize 模块的所有函数。

6.21 线性回归和资本资产定价模型（CAPM）

根据著名的 CAPM 模型，单只股票的回报率和市场的回报率线性相关。通常情况下，我们考虑股票的超额回报率与市场的超额回报率之间的关系。

$$R_i - R_f = a + \beta_i(R_{mkt} - R_f) \tag{6-12}$$

这里，R_i 是该股票的回报率，β_i 是斜率（用于量度市场风险），R_{mkt} 是市场的回报率，R_f 为无风险利率。前面的公式可改写为：

$$y = \alpha + \beta * x \tag{6-13}$$

下面是估计这个线性回归模型的一个示例。

```
>>>from scipy import stats
>>>stock_ret = [0.065, 0.0265, -0.0593, -0.001,0.0346]
>>>mkt_ret   = [0.055, -0.09, -0.041,0.045,0.022]
>>>beta, alpha, r_value, p_value, std_err =
```

```
stats.linregress(stock_ret,mkt_ret)
>>>print beta, alpha
0.507743187877    -0.00848190035246
>>>print "R-squared=", r_value**2
R-squared =0.147885662966
>>>print "p-value =", p_value
0.522715523909
```

6.22 从文本文件(.txt)输入数据：loadtxt()和 getfromtxt() 函数

从外部数据文件输入数据时，得到的变量将是一个列表。

```
>>>f=open("c:\\data\\ibm.csv","r")
>>>data=f.readlines()
>>>type(data)
<class 'list'>
```

以下显示输入文件的前几行。第 7 章将讨论如何从雅虎财经网站获取这个数据文件。

```
>>>Date,Open,High,Low,Close,Volume,Adj Close
2013-07-26,196.59,197.37,195.00,197.35,2485100,197.35
2013-07-25,196.30,197.83,195.66,197.22,3014300,197.22
2013-07-24,195.95,197.30,195.86,196.61,2957900,196.61
2013-07-23,194.21,196.43,194.10,194.98,2863800,194.98
2013-07-22,193.40,195.79,193.28,194.09,3398000,194.09
2013-07-19,197.91,197.99,193.24,193.54,6997600,193.54
```

列表变量 data 的前两个值显示如下。

```
>>>data[1]
'2013-07-26,196.59,197.37,195.00,197.35,2485100,197.35\n'
>>>data[2]
'2013-07-25,196.30,197.83,195.66,197.22,3014300,197.22\n'
```

NumPy 模块包含的 loadtxt()函数可以用来读取文本或 CSV 文件，代码如下。

```
>>>import numpy as ny
>>>ny.loadtxt("c:/temp/test.csv",delimiter=',')
```

genfromtxt()函数功能更强大，但是速度较慢。与 loadtxt()相比，该函数的优点是自动把不能识别的值，如 3.5%设置为 NA（Python 的缺失代码）。

6.23 独立安装 NumPy 模块

执行以下两个步骤来独立安装 NumPy 模块。

1. 访问网页 http://www.lfd.uci.edu/~gohlke/pythonlibs/#numpy。
2. 选择合适的软件包下载和安装，如 numpy-MKL-1.7.1.win32-py3.3.exe。

6.24 数据类型简介

大部分的数据类型如表 6-2 所示。

表 6-2

数据类型	描述
Bool	布尔数(True 或 False)，一字节存储
int	机器整数（通常 32 位或 64 位存储）
int8	8 位整数（取值范围为–128～127）
int16	16 位整数（取值范围为–32 768～32 767）
int32	32 位整数（取值范围为–2 147 483 648～2 147 483 647）
int64	64 位整数(取值范围为 9 223 372 036 854 775 808～9 223 372 036 854 775 807)
unit8	无符号 8 位整数（取值范围为 0～255）
unit16	无符号 16 位整数（取值范围为 0～65 535）
unit32	无符号 32 位整数（取值范围为 0～4 294 967 295）
unit64	无符号 64 位整数（取值范围为 0～18 446 744 073 709 551 615）
float	64 位浮点数
float32	单精度 32 位浮点数
float64	64 位浮点数

续表

数据类型	描述
`complex`	128 位复数
`complex64`	64 位复数；两个 32 位浮点数分别代表实部和虚部
`complex128`	128 位复数；两个 64 位浮点数分别代表实部和虚部

6.25 小结

本章介绍了 NumPy 和 SciPy 模块，这是两个广泛用于科学和金融领域最重要的模块。NumPy 模块注重数值方法，SciPy 模块可以被视为 NumPy 模块的扩展。本书的许多章节需要用到这两个模块。此外，许多其他模块依赖于这两个模块，包括第 7 章将介绍的用于绘图的 `matplotlib` 模块和第 8 章将介绍的用于统计/金融建模的 `statsmodels` 模块。`matplotlib` 模块是实现可视化的一个非常有用的工具，在解释期权定价理论时将频繁使用这个模块。

练习题

1. 什么是模块依赖性？
2. 为什么独立安装 NumPy 比较困难？
3. 编写一个依赖于其他模块的模块有何好处和不利之处？
4. 使用超级软件包同时安装多个模块有何好处？
5. 如何才能找到包含在 NumPy 和 SciPy 模块的所有函数？
6. 以下命令哪里错了？

```
>>>x=[1,2,3]
>>>x.sum()
```

7. 如何打印给定数组中的所有数据项？
8. 以下命令哪里错了？

```
>>>import np
```

```
>>>x=np.array([True,false,true,false],bool)
```

9. 如何遍历一个数组？

10. 编写一个 Python 程序使用 SciPy 模块的累积标准正态分布函数给欧式看涨期权定价。比较你的代码和第 4 章中的代码。

11. 找出 SciPy 模块的 `skewtest()` 函数的用法，并且给出一个使用该函数的例子。

12. 如何找到 SciPy 和 NumPy 模块里的所有函数？

13. 有以下的联立方程，x，y 和 z 分别等于多少？

$$\begin{cases} 2x - y + 2.5z = 2.3 \\ x + 3.4y - z = 4.2 \\ -x + 2.9y + 1.8z = 3.1 \end{cases}$$

14. 调试以下代码来计算一组给定的回报率的几何平均值。

```
>>>import scipy as sp
>>>ret=np.array([0.05,0.11,-0.03])
>>>pow(np.prod(ret+1),1/len(ret))-1
```

15. 写一个 Python 程序来计算一组给定回报率的算术平均值和几何平均值。

16. 使用回报率的标准差来衡量证券或投资组合的风险水平。根据雅虎财经网站上最近 5 年的每日股票价格，计算 IBM 的风险水平。需要注意的是，用下面的公式把日回报率的方差转化为年回报率的方差。

$$\sigma_{annual}^2 = 252\sigma_{daily}^2$$

17. 找出 SciPy 模块的 zscore()函数的用法，并给出一个使用该函数的例子。

18. IBM 在 2010 年的市场风险（贝塔值）是多大？（提示：可以用雅虎财经网站的数据）

19. 以下命令哪里错了？

```
>>>c=20
>>>npv=np.npv(0.1,c)
```

20. NumPy 模块的相关系数函数是 `np.corrcoef()`。了解这个函数，并用它计算 IBM、

DELL 和 WMT（Walmart）之间的相关系数。

21．为什么 SciPy 模块的 sn.npv()函数和 Excel 的 NPV()函数不同？

22．编写一个与 Excel 的 NPV()函数相同的函数。

23．夏普比率用来衡量风险和收益之间的关系。

$$sharpe = \frac{\bar{R} - \bar{R}_f}{\sigma}$$

$\bar{R}$ 是单只股票的预期回报的均值，$\bar{R}_f$ 是无风险利率的均值。σ 是该股票回报率的标准方差，也称为波动率。利用最近 5 年的月度回报率，计算 IBM、DELL、Citi 和 WMT（Walmart）的夏普比率。

第 7 章
用 matplotlib 模块绘制与金融相关的图形

图表等视觉表现方式越来越多地被用来解释许多复杂的金融概念、公式和交易策略。本章将讨论如何用 matplotlib 模块来创建不同类型的图形。此外，将在第 9 章使用此模块讨论著名的 Black-Scholes-Merton 期权模型和期权交易策略。matplotlib 模块用来制作高质量的图形和图像，与第 6 章介绍的 NumPy 和 SciPy 模块密切相关，并且有多种输出格式，如 PDF、Postscript、SVG 和 PNG 等。本章将介绍以下内容。

- 安装 matplotlib 模块的几种方式
- 使用 matplotlib 模块的简单例子
- 净现值（NPV）的图示、杜邦等式、股票收益率和直方图
- 整体风险、市场风险和非系统风险
- 股票之间的联动度和相关系数
- 分散投资风险
- 绘制交易量和价格变动的图形
- 几只股票的回报率和风险坐标图
- 使用 matplotlib 模块的复杂例子

7.1 通过 ActivePython 安装 matplotlib 模块

安装 matplotlib 模块的第 1 个办法是使用 ActivePython 软件。首先安装 ActivePython 软件，然后安装 matplotlib 模块。在安装 matplotlib 模块的过程中，NumPy 模块会自动安装，因为 matplotlib 模块依赖于 NumPy 和 SciPy 这两个模块。整个过程有如下 4 个步骤。

1．转到 http://www.activestate.com/activepython/downloads。

2．选择适合的可执行文件进行下载。

3．在 Windows 操作系统下，单击所有程序|附件，然后单击命令提示符，会看到图 7-1 所示的窗口。

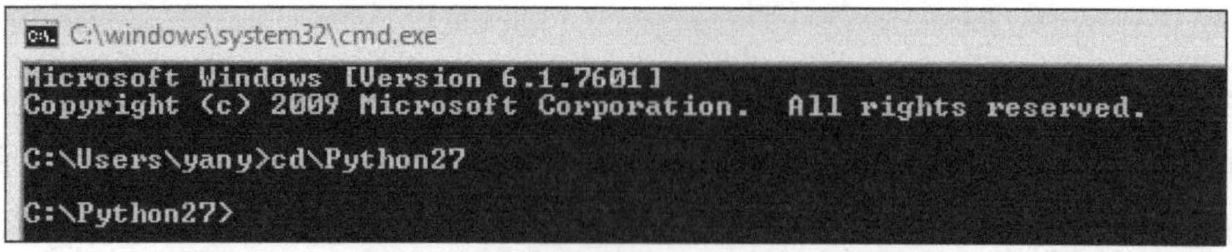

```
C:\windows\system32\cmd.exe
Microsoft Windows [Version 6.1.7601]
Copyright (c) 2009 Microsoft Corporation.  All rights reserved.

C:\Users\yany>cd\Python27

C:\Python27>
```

图 7-1

4．来到 Python 的安装目录 `C:\Python27` 下，按照图 7-2 所示输入 `pypm install matplotlib` 命令。

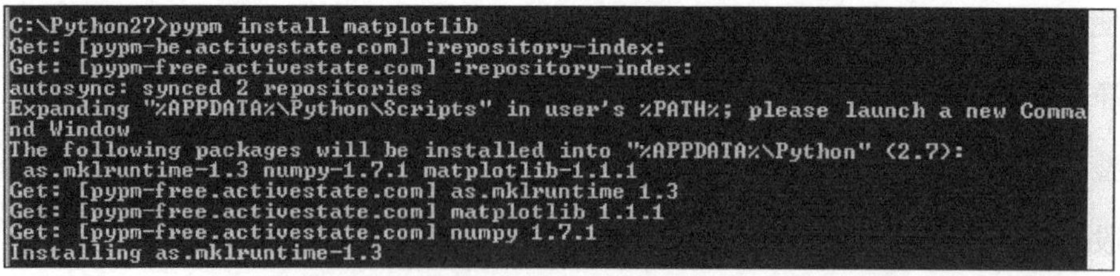

```
C:\Python27>pypm install matplotlib
Get: [pypm-be.activestate.com] :repository-index:
Get: [pypm-free.activestate.com] :repository-index:
autosync: synced 2 repositories
Expanding "%APPDATA%\Python\Scripts" in user's %PATH%; please launch a new Comma
nd Window
The following packages will be installed into "%APPDATA%\Python" (2.7):
 as.mklruntime-1.3 numpy-1.7.1 matplotlib-1.1.1
Get: [pypm-free.activestate.com] as.mklruntime 1.3
Get: [pypm-free.activestate.com] matplotlib 1.1.1
Get: [pypm-free.activestate.com] numpy 1.7.1
Installing as.mklruntime-1.3
```

图 7-2

`matplotlib` 模块需要 `NumPy` 和 `SciPy` 这两个模块。安装 `matplotlib` 模块时，NumPy 模块将自动安装。不过，需要另行安装 `SciPy` 模块，如图 7-3 所示。

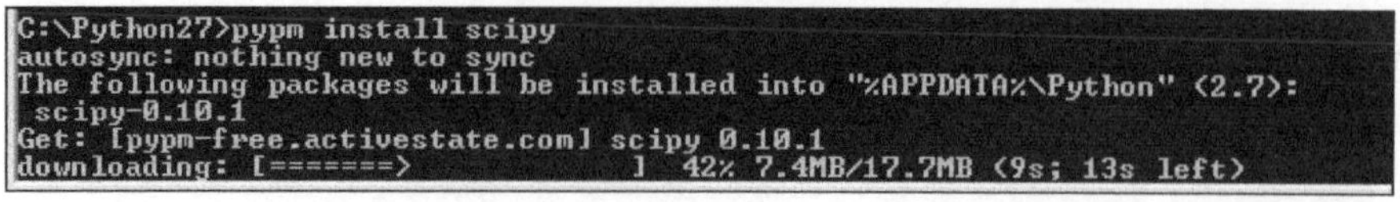

```
C:\Python27>pypm install scipy
autosync: nothing new to sync
The following packages will be installed into "%APPDATA%\Python" (2.7):
 scipy-0.10.1
Get: [pypm-free.activestate.com] scipy 0.10.1
downloading: [=======>              ]  42% 7.4MB/17.7MB (9s; 13s left)
```

图 7-3

要启动 Python，单击所有程序|ActivateStateActivePython，然后单击 IDLE（PythonGUI），如图 7-4 所示。为方便起见，可以生成一个置于桌面上的快捷方式。

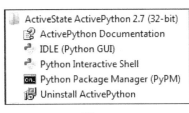

图 7-4

7.2　通过 Anaconda 安装 matplotlib 模块

在第 6 章讨论了模块的相互依赖性。独立安装一个模块可能比较困难，因为它可能会依赖其他许多模块。可使用超级软件包来克服这个困难。一个超级软件包会同时安装我们需要的大部分模块。这里选择 Anaconda 超级软件包，并按照以下两个步骤安装它。

1. 转到 `http://continuum.io/downloads`。
2. 选择合适的包下载并安装。

7.3　matplotlib 模块简介

通过学习一些例子可以很快掌握如何使用 matplotlib 模块。首先举一个可能是最简单的例子，因为它仅有 3 行 Python 代码。这个例子的任务是在二维坐标图上绘制给定的几个点之间的连线。默认情况下，matplotlib 模块假定 x 轴的起点为 0，单位为 1。下面的命令行利用了 matplotlib 模块的默认情况。

```
>>>from matplotlib.pyplot import *
>>>plot([1,2,3,10])
>>>show()
```

输入 show()命令后按回车键，会打开一个图形窗口并显示绘制的图形，如图 7-5 所示。

图形窗口的上部有一排图标，可以用它们调整图形和完成其他功能，比如把图形保存在文件里。关闭图形窗口，就返回到 Python 提示符。另外，如果再次发出 show()命令，什么都不会发生。为重新得到之前的图形，必须发出 plot([1,2,3,10])和 show()两个命令。

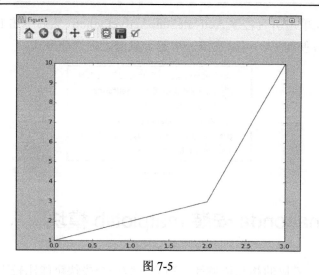

图 7-5

用下面的命令为 x 轴和 y 轴添加标签。

```
>>>from matplotlib.pyplot import *
>>>plot([1,2,3,10])
>>>xlabel("x- axis")
>>>ylabel("my numbers")
>>>title("my figure")
>>>show()
```

结果如图 7-6 所示。

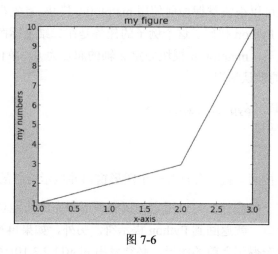

图 7-6

下面这个示例用到了正弦和余弦函数。

```
>>>from pylab import *
>>>x = np.linspace(-np.pi, np.pi, 256,endpoint=True)
>>>C,S = np.cos(x), np.sin(x)
>>>plot(x,C),plot(x,S)
>>>show()
```

以上用到的 linspace()函数有 4 个输入参数：start、stop、num 和 endpoint。在这个例子里，选取-3.1415916～3.1415926 的 256 个数，包括两个端点在内。通常情况下，num 的默认值是 50。两个三角函数的图形如图 7-7 所示。

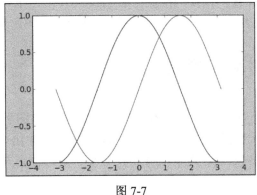

图 7-7

下面的例子绘制一个散点图。首先，np.random.normal()函数产生两组随机数。由于 n 是 1 024，所以有 1 024 对 x 和 y 的坐标值，并用 scatter()命令完成图 7-8 所示的散点图。

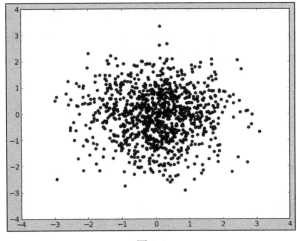

图 7-8

```
>>>from pylab import *
>>>n = 1024
>>>X = np.random.normal(0,1,n)
>>>Y = np.random.normal(0,1,n)
>>>scatter(X,Y)
>>>show()
```

可以通过散点图来观察两只股票之间的相关性。假设 x 坐标和 y 坐标分别代表两只股票 A 和 B 在同一时期的回报率。如果这两只股票的回报率是强烈正相关的，也就是说，当股票 A 的回报低时，股票 B 的回报同样低；而当股票 A 的回报高时，股票 B 的回报也非常高。那么在图 7-8 上代表 A 和 B 的回报率的散点就会沿着倾角向上的直线分布。

7.4 了解简单利率和复利利率

简单利率不考虑利息的利息，而复利利率考虑。简单的图示可以帮助加深理解简单利率和复利利率之间的区别。假如我们今天借 1 000 美元为期 10 年，每年支付 8%的利息。当 8%是简单利率或复利利率时，未来值分别是多少？对应简单利率的未来值的计算公式如下。

$$FV(简单利率)=PV(1+R\times n) \qquad (7\text{-}1)$$

对应的复利利率的未来值的计算公式如下：

$$FV(复利利率)=PV(1+R)^n \qquad (7\text{-}2)$$

这里，PV 是今天的负债额，即当前值，R 是单位周期利率，n 是周期数。因此，这个例子里的未来值将分别是 1 800 美元和 2 158.93 美元。下面的代码用来绘制分别代表本金、简单利率下的未来值和复利利率下的未来值的曲线。

```
import numpy as np
from matplotlib.pyplot import *
from pylab import *
pv=1000
r=0.08
n=10
t=linspace(0,n,n)
y1=np.ones(len(t))*pv # this is a horizontal line
y2=pv*(1+r*t)
y3=pv*(1+r)**t
```

```
title('Simple vs. compounded interest rates')
xlabel('Number of years')
ylabel('Values')
xlim(0,11)
ylim(800,2200)
plot(t, y1, 'b-')
plot(t, y2, 'g--')
plot(t, y3, 'r-')
show()
```

在上述代码中，xlim()函数给出 x 轴上的取值范围，ylim()函数给出 y 轴上的取值范围。plot()函数的第 3 个输入参数给出颜色和线条形状。字母 b 代表黑色，g 代表绿色，r 代表红色。以上代码绘制的曲线图如图 7-9 所示。

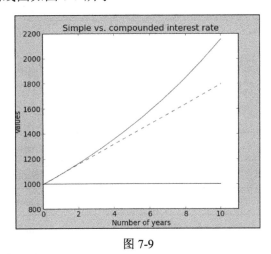

图 7-9

7.5 为图形添加文字

下面的例子展示如何简单地在图形上添加文字。注意 figtext()函数中 x 和 y 的取值范围为 0~1。

```
>>>from pylab import *
>>>x = [0,1,2]
>>>y = [2,4,6]
>>>plot(x,y)
>>>figtext(0.2, 0.7, 'North & West')
>>>figtext(0.7, 0.2, 'East & South')
```

```
>>>show()
```

以上代码生成的图形如图 7-10 所示。

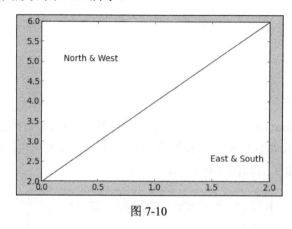

图 7-10

从美国国家经济研究署的网页 http://www.nber.org/cycles.html 上，可以找到过去 20 年的经济周期的数据，如表 7-1 所示。

表 7-1

Turning PointDate	Peak orTrough	AnnouncementDate
June 1, 2009	Trough	September 20,2010
December 1,2007	Peak	December 1,2008
November 1,2001	Trough	July 17,2003
March 1,2001	Peak	November 26,2001
March 1,1991	Trough	December 22,1992
July 1,1990	Peak	April 25,1991
November 1,1982	Trough	July 8,1983
July 1,1981	Peak	June 1, 1982
July 1,1980	Trough	July 8,1981
January 1,1980	Peak	June 3, 1980

7.6 杜邦等式的图示

在金融领域，人们从公司的财务报表，如年度损益表、资产负债表和现金流量表，发掘有用的信息。比率分析是常用的工具之一，常常用来比较不同企业之间以及同一公司历年来的表现。杜邦等式（DuPont Identity）是比率分析的一种。杜邦等式把股本回报率（ROE）分为 3 个比率：毛利率、资产周转率和权益乘数。

$$ROE = \frac{Net\ Income}{Sales} \times \frac{Sales}{Total\ Assets} \times \frac{Total\ Assets}{Book\ value\ of\ Equity} \tag{7-3}$$

下面的代码将使用不同的颜色显示这 3 个比率。表 7-2 给出 3 家公司的财务信息。

表 7-2

股票代码	会计年末	股本回报率	毛盈利率	资产转手率	股本乘数
IBM	December 31, 2012	0.8804	0.1589	0.8766	6.3209
DELL	February 1, 2013	0.2221	0.0417	1.1977	4.4513
WMT	January 31, 2013	0.2227	0.0362	2.3099	2.6604

使用如下的 Python 代码来绘制与比率分析相关的图形。

```
import numpy as np
import pandas as pd
import matplotlib.pyplot as plt
#
ticker='Ticker'
name1='profitMargin'
name2='assetTurnover'
name3='equitMultiplier'
scale=7  # scale the 1st ratio
#
raw_data = {ticker: ['IBM', 'DELL', 'WMT'],
      name1: [0.1589*scale, 0.0417*scale, 0.036*scale],
      name2: [0.8766, 1.1977, 2.31],
```

```
            name3: [6.32,  4.45,2.6604]}
    df = pd.DataFrame(raw_data, columns = [ticker, name1,name2,name3])
    f, ax1 = plt.subplots(1, figsize=(10,5))
    w= 0.75
    x= [i+1 for i in range(len(df[name1]))]
    #
    tick_pos = [i+(w/2.) for i in x]
    ax1.bar(x,df[name1], width=w,label=name1, alpha=0.5, color='blue')
    ax1.bar(x,df[name2],  width=w,bottom=df[name1],  label=name2, alpha=0.5,
color='red')
    ax1.bar(x,df[name3], width=w,bottom=[i+j for i,j in zip(df[name1],
    df[name2])],label=name3, alpha=0.5, color='green')
    plt.xticks(tick_pos,df[ticker])
    plt.ylabel("Dupoint Identity")
    plt.xlabel("Different tickers")
    plt.legend(loc='upper right')
    plt.title("DuPont Identity for 3 firms")
    plt.xlim([min(tick_pos)-w, max(tick_pos)+w])
    plt.show()
```

在上面的代码中，plt.figtext(x,y,"文本")函数在 x-y 位置添加了文字，x 和 y 两者的取值范围均为 0～1。plt.bar()函数用来生成 3 个柱状图，如图 7-11 所示。

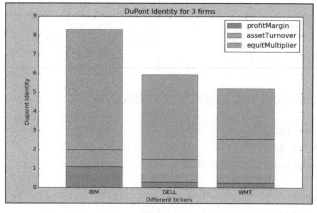

图 7-11

7.7 净现值图示曲线

人们越来越多地用图表等视觉方式来解释复杂的金融概念、公式和交易策略。净现值

（NPV）曲线描述一个项目的净现值和折现率（或资本成本）之间的关系。对于一个常见的项目（这里是指一个项目的现金支出发生在其现金收入之前），其净现值将是折现率的递减函数。原因是，当折现率增加时，未来现金收入的现值将减少，而且越远期的现金收入的现值降低得越多。净现值由以下公式定义。

$$NPV = PV（所有现金收入） - PV（所有现金支出）$$

下面的代码用来展示净现值和折现率之间的负相关关系。

```
import scipy as sp
from matplotlib.pyplot import *
cashflows=[-200,80,90,100]
rate=[]
npv=[]
x=(0,0.7)
y=(0,0)
for i in range(1,70):
    rate.append(0.01*i)
    npv.append(sp.npv(0.01*i,cashflows))
  #
plot(rate,npv)
plot(x,y)
show()
```

这段代码绘制图 7-12 中的两条线：位于纵轴零点处的直线和净现值曲线。净现值曲线展示净现值和折现率是负相关的。

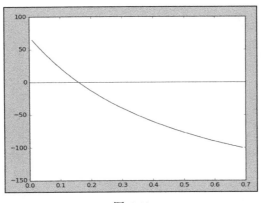

图 7-12

内部收益率（IRR）定义为使净现值等于 0 的折现率。图 7-13 显示，这个例子只有一个 IRR。但是，对于现金收入发生在现金支付之前的项目，或现金流量的方向多次变化的项目，我们不知道是否只有一个内部收益率。以下代码说明有时可能出现多于一个内部收益率。

```
>>> import scipy as sp
>>> cashflows=[-100,50,60,70]
>>> rate=0.1
>>> npv=sp.npv(rate,cashflows)
>>> round(npv,2)
47.63
```

正如我们在第6章中讨论的那样，SciPy 模块的 NPV() 函数模仿 Excel 的 NPV 函数，它实际上类似于用以下代码完成现值的计算。

```
>>>import scipy as sp
>>>import matplotlib.pyplot as plt
>>>cashflows=[504,-432,-432,-432,832]
>>>rate=[]
>>>npv=[]
>>>x=[0,0.3]
>>>y=[0,0]
>>>for i in range(1,30):
    rate.append(0.01*i)
    npv.append(sp.npv(0.01*i,cashflows))
>>>plt.plot(x,y)
>>>plt.plot(rate,npv)
>>>plt.show()
```

该代码的输出如图 7-13 所示。

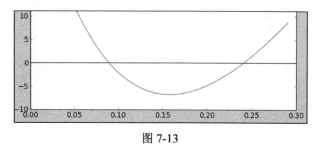

图 7-13

图 7-13 显示这个例子有两个内部收益率，而 NumPy 模块的 irr() 函数只能找到其中的一个。

```
>>>import numpy as np
```

```
>>>cashflows=[504,-432,-432,-432,832]
>>>np.irr(cashflows)
 0.08949087
```

7.7.1 有效地使用颜色

使用不同的颜色可以使图形或线条更加抢眼。假设从雅虎财经获得沃尔玛和戴尔这两家公司在 4 年里的每股收益（EPS，扣除非经常性项目的每股收益）。可以使用下面的代码通过不同的颜色来比较它们的每股收益。

```
import matplotlib.pyplot as plt
import numpy as np
A_EPS = (5.02, 4.54,4.18, 3.73)
B_EPS = (1.35, 1.88, 1.35, 0.73)
ind = np.arange(len(A_EPS))    # the x locations for the groups
width = 0.40                    # the width of the bars
fig, ax = plt.subplots()
A_Std=B_Std=(2,2,2,2)
rects1 = ax.bar(ind, A_EPS, width, color='r', yerr=A_Std)
rects2 = ax.bar(ind+width, B_EPS, width, color='y', yerr=B_Std)
ax.set_ylabel('EPS')
ax.set_xlabel('Year')
ax.set_title('Diluted EPS Excluding Extraordinary Items ')
ax.set_xticks(ind+width)
ax.set_xticklabels( ('2012', '2011', '2010', '2009') )
ax.legend( (rects1[0], rects2[0]), ('W-Mart', 'DELL') )
def autolabel(rects):
    for rect in rects:
        height = rect.get_height()
        ax.text(rect.get_x()+rect.get_width()/2., 1.05*height,
'%d'%int(height), ha='center', va='bottom')
autolabel(rects1)
autolabel(rects2)
plt.show()
```

`np.arange(3)` 命令得到 0～3 这 4 个值，而 `ax.set_xtickers()` 生成刻度值。相应的输出如图 7-14 所示。

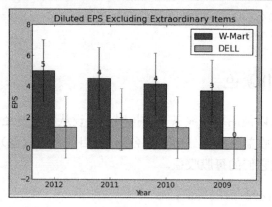

图 7-14

在图 7-14 中，红色代表沃尔玛的每股收益，黄色代表戴尔的每股收益。分别代表不同颜色的 8 个字母如表 7-3 所示。

表 7-3

字母	颜色	字母	颜色
'b'	Blue（蓝色）	'm'	Magenta（品红色）
'g'	Green（绿色）	'y'	Yellow（黄色）
'r'	Red（红色）	'k'	Black（黑色）
'c'	Cyan（青色）	'w'	White（白色）

7.7.2 使用不同形状

可以使用不同的形状使图形更加抢眼。代表不同线条形状的字符如图 7-4 所示。

表 7-4

字符	说明	字符	说明
''-''	实线	'''3'''	三角菱形向左
''--''	虚线	'''4'''	三角菱形向右
''-.''	点划线	'''s'''	正方形
''.''	虚点线	'''p'''	五角形
''.''	点标记	'''*'''	星形

续表

字符	说明	字符	说明
","	像素标记	"h"	六边形1号
"o"	圈	"H"	六边形2号
"v"	三角向下	"+"	加号
"^"	三角向上	"x"	交叉
"<"	三角向左	"D"	钻石形
">"	三角向右	"d"	小钻石形
"1"	三菱向下	"|"	垂直线
"2"	三菱向上	"_"	水平线

7.8 图形演示分散投资的效果

可以把不同的股票包含在投资组合里来降低公司特有风险。首先,看一个例子,两只股票在5年里的年收益如表7-5所示。

表7-5

年份	股票A	股票B
2009	0.102	0.1062
2010	−0.02	0.23
2011	0.213	0.045
2012	0.12	0.234
2013	0.13	0.113

考虑这两只股票以等权重构成的投资组合。使用NumPy模块的mean()和std()函数,计算这个组合的均值、标准差和相关系数。

```
>>>import numpy as np
>>>ret_A=np.array([0.102,-0.02, 0.213,0.12,0.13])
>>>ret_B=np.array([0.1062,0.23, 0.045,0.234,0.113])
>>>port_EW=(ret_A+ret_B)/2
```

```
>>>round(np.mean(ret_A),3),round(np.mean(ret_B),3),round(np.mean(port_EW),3)
(0.109, 0.146, 0.127)
>>>round(np.std(ret_A),3),round(np.std(ret_B),3),round(np.std(port_EW),3)
(0.0745, 0.074, 0.027)
```

这个组合的波动率（标准方差）为 2.7%，比这两只个股（股票 A 7.5%，股票 B 7.4%）的波动率小得多。用图 7-15 来表示这样的效果。

```
import numpy as np
import matplotlib.pyplot as plt
year=[2009,2010,2011,2012,2013]
ret_A=np.array([0.102,-0.02, 0.213,0.12,0.13])
ret_B=np.array([0.1062,0.23, 0.045,0.234,0.113])
#
port_EW=(ret_A+ret_B)/2
plt.figtext(0.2,0.65,"Stock A")
plt.figtext(0.15,0.4,"Stock B")
plt.xlabel("Year")
plt.ylabel("Returns")
plt.plot(year,ret_A,lw=2)
plt.plot(year,ret_B,lw=2)
plt.plot(year,port_EW,lw=2)
plt.title("Indiviudal stocks vs. an equal-weighted 2-stock portflio")
plt.annotate('Equal-weighted Portfolio', xy=(2010, 0.1),
xytext=(2011.,0),arrowprops=dict(facecolor='black',shrink=0.05),)
plt.ylim(-0.1,0.3)
plt.show()
```

这段代码绘制的图形如图 7-15 所示。

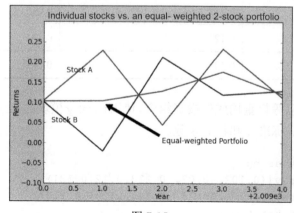

图 7-15

调用 annotate()函数添加一个箭头指出哪一条线对应两只股票的投资组合。参数 XY=(2010,0.1)给出箭头终点的坐标值,参数 xytext=(2011,0)给出箭头起点的坐标值。箭头的颜色为黑色。可以输入 `import matplotlib.pyplot as plt` 和 `help(plt.annotate)`来获得有关该函数的详细信息。从图 7-15 中,看到投资组合的波动率,即不确定性或风险,比个股要小得多。还可以估算它们的均值、标准方差和相关系数。下面的代码得出这两只股票之间的相关系数为-0.75,这意味着它们各自的特有风险在资产组合里可以互相抵消。

```
>>>import scipy as sp
>>>sp.corrcoef(ret_A,ret_B)
array([[ 1.,        -0.74583429],
       [-0.74583429,  1.        ]])
```

7.9 股票的数目和投资组合风险

众所周知,通过增加投资组合中的股票数目可以利用多元化减低公司的特有风险对组合的影响。但需要多少只股票才能把大部分的公司特有风险消除呢?Statman(1987)认为,需要至少 30 只股票。他发表的论文题目就是"多元化的投资组合需要多少只个股?"下面的图 7-16 以股票数目为 x 轴,以组合标准差与单一股票的标准差的比为 y 轴。表 7-6 中的值摘自 Statman(1987),其中 n 是投资组合中的股票数目,$\bar{\sigma}_p$ 是投资组合的年收益的标准差,$\bar{\sigma}_1$ 是单只股票的标准方差。

表 7-6

n	$\bar{\sigma}_p$	$\dfrac{\bar{\sigma}_p}{\bar{\sigma}_1}$	n	$\bar{\sigma}_p$	$\dfrac{\bar{\sigma}_p}{\bar{\sigma}_1}$
1	49.236	1.00	14	22.670	0.46
2	37.358	0.76	16	22.261	0.45
4	29.687	0.60	18	21.939	0.45
6	26.643	0.54	20	21.677	0.44
8	24.983	0.51	25	21.196	0.43
10	23.932	0.49	30	20.870	0.42
12	23.204	0.47	35	20.634	0.42

n	$\bar{\sigma}_p$	$\dfrac{\bar{\sigma}_p}{\bar{\sigma}_1}$	n	$\bar{\sigma}_p$	$\dfrac{\bar{\sigma}_p}{\bar{\sigma}_1}$
40	20.456	0.42	500	19.265	0.39
45	20.316	0.41	600	19.347	0.39
50	20.203	0.41	700	19.233	0.39
75	19.860	0.40	800	19.224	0.39
100	19.686	0.40	900	19.217	0.39
200	19.432	0.39	1000	19.211	0.39
300	19.336	0.39	∞	19.158	0.39
400	19.292	0.39			

以下是我们的代码。

```
from matplotlib.pyplot import *
n=[1,2,4,6,8,10,12,14,16,18,20,25,30,35,40,45,50,75,100,200,300,400,500,
600,700,800,900,1000]
port_sigma=[0.49236,0.37358,0.29687,0.26643,0.24983,0.23932,0.23204,
0.22670,0.22261,0.21939,0.21677,0.21196,0.20870,0.20634,0.20456,0.20316,
0.20203,0.19860,0.19686,0.19432,0.19336,0.19292,0.19265,0.19347,0.19233,
0.19224,0.19217,0.19211,0.19158]
xlim(0,50)
ylim(0.1,0.4)
hlines(0.19217, 0, 50, colors='r', linestyles='dashed')
annotate('', xy=(5, 0.19), xycoords = 'data',xytext = (5, 0.28),
textcoords = 'data',arrowprops = {'arrowstyle':'<->'})
annotate('', xy=(30, 0.19), xycoords = 'data',xytext = (30, 0.1),
textcoords = 'data',arrowprops = {'arrowstyle':'<->'})
annotate('Total portfolio risk', xy=(5,0.3),xytext=(25,0.35),
arrowprops=dict(facecolor='black',shrink=0.02))
figtext(0.15,0.4,"Diversiable risk")
figtext(0.65,0.25,"Nondiversifiable risk")
plot(n[0:17],port_sigma[0:17])

title("Relationship between n and portfolio risk")
xlabel("Number of stocks in a portfolio")
ylabel("Ratio of Portfolio std to std of one stock")
```

```
show()
```

xlim()和 ylim()分别设定 x 轴和 y 轴的取值范围，结果如图 7-16 所示。

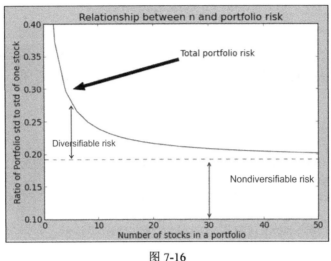

图 7-16

7.10 从雅虎财经网站下载历史价格数据

以上的例子使用虚构的股票回报率。那么现实中的 IBM 和沃尔玛是怎么样的呢？首先，必须知道如何从雅虎财经中获取股票的历史价格数据。matplotlib 模块中的 quotes_historical_yahoo_ochl()函数可用来从雅虎财经下载历史价格数据。用以下 4 行 Python 代码来下载 IBM 在 2012 年 1 月 1 日至 2012 年 12 月 31 日期间每日的价格数据。

```
>>>from matplotlib.finance import quotes_historical_yahoo_ochl
>>>date1=(2012, 1, 1)
>>>date2=(2012, 12,31)
>>>price=quotes_historical_yahoo('IBM', date1, date2)
```

要下载到今天为止的 IBM 的历史价格数据，可以使用日期时间 date.today()函数。

```
>>>import datetime
>>>import matplotlib.finance as finance
>>>import matplotlib.mlab as mlab
>>>ticker = 'IBM'
>>>d1 = datetime.date(2013,1,1)
```

```
>>>d2 = datetime.date.today()
>>>price = finance.fetch_historical_yahoo_ochl(ticker,d1,d2)
>>>r = mlab.csv2rec(price)
>>>price.close()
>>>r.sort()
```

因为雅虎财经的原始数据是按降序排列的，所以用 r.sort() 函数按升序重新排列。要知道有多少观测值，可以使用 len() 函数。用 r[0] 和 r[-1] 来查看第一个和最后一个观测值，结果如下。

```
>>>len(r) 989
>>>r[0:4]
rec.array([ (datetime.date(2013, 1, 2), 194.09, 196.35, 193.8, 196.35,
4234100, 192.61),
       (datetime.date(2013, 1, 3), 195.67, 196.29, 194.44, 195.27,
3644700, 191.55),
       (datetime.date(2013, 1, 4), 194.19, 194.46, 192.78, 193.99,
3380200, 190.3),
       (datetime.date(2013, 1, 7), 193.4, 193.78, 192.34, 193.14,
2862300, 189.46)],
       dtype=[('date', 'O'), ('open', '<f8'), ('high', '<f8'), ('low',
'<f8'), ('close', '<f8'), ('volume', '<i4'), ('adj_close', '<f8')])
>>>
```

7.10.1　用直方图显示收益率分布

用历史回报率的均值来估计期望收益，用历史回报率的标准差来估计收益的风险。直方图可以用来显示这两个量。分布的峰值位于右侧的股票具有较高的预期收益，分布的分散度表示风险水平，分布越广意味着风险越高。下面的代码绘制一个直方图。

```
from matplotlib.pyplot import *
from matplotlib.finance import quotes_historical_yahoo_ochl
import numpy as np
import matplotlib.mlab as mlab

ticker='IBM'
begdate=(2013,1,1)
enddate=(2013,11,9)
p = quotes_historical_yahoo_ochl(ticker, begdate, enddate,asobject=True,
adjusted=True)
ret = (p.aclose[1:] - p.aclose[:-1])/p.aclose[1:]
[n,bins,patches] = hist(ret, 100)
```

```
mu = np.mean(ret)
sigma = np.std(ret)

x = mlab.normpdf(bins, mu, sigma)
plot(bins, x, color='red', lw=2)
title("IBM return distribution")
xlabel("Returns")
ylabel("Frequency")
show()
```

以上代码的输出结果如图 7-17 所示。

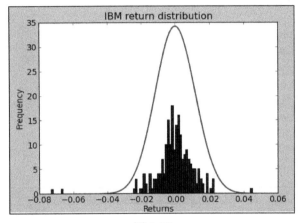

图 7-17

下一段代码使得交易日较均匀地分布。

```
from __future__ import print_function
import numpy as np
import matplotlib.pyplot as plt
import matplotlib.mlab as mlab
import matplotlib.cbook as cbook
import matplotlib.ticker as ticker
import datetime
import matplotlib.finance as finance
#
myticker = 'IBM'
begdate = datetime.date(2017,1,1)
#enddate = datetime.date.today()
enddate = datetime.date(2017,2,27)
begdate = datetime.date(2013,1,1)
price = finance.fetch_historical_yahoo(myticker, begdate, enddate)
```

```
r = mlab.csv2rec(price); price.close()
r.sort()
r = r[-30:] # get the last 30 days fig,
ax = plt.subplots()
plt.plot(r.date, r.adj_close, 'o-')
plt.title('Fig. 1: IBM last 30 days with gaps on weekends')
#fig.autofmt_xdate()
N = len(r)
ind = np.arange(N) # the evenly spaced plot indices
def format_date(x, pos=None):
    thisind = np.clip(int(x+0.5), 0, N-1)
    return r.date[thisind].strftime('%Y-%m-%d')
#
fig, ax = plt.subplots()
plt.plot(ind, r.adj_close, 'o-')
plt.xlabel("Every Monday shown")
ax.set_title('Fig 2: IBM last 30 days evenly spaced plot indices')
ax.xaxis.set_major_formatter(ticker.FuncFormatter(format_date))
fig.autofmt_xdate()
plt.show()
```

绘制的第二张图如图 7-18 所示。

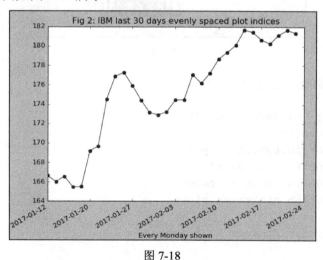

图 7-18

7.10.2　比较单只股票的收益和市场收益

以下的代码从雅虎财经下载一只股票的每日价格数据和代表市场的标准普尔 500 指数的数值，计算它们各自的回报率，然后绘制它们的图形。

```
from matplotlib.pyplot import *
from matplotlib.finance import quotes_historical_yahoo_ochl
import numpy as np
def ret_f(ticker,begdate,enddate):
    p = quotes_historical_yahoo_ochl(ticker, begdate, enddate,
asobject=True, adjusted=True)
    return((p.aclose[1:] - p.aclose[:-1])/p.aclose[:-1])

begdate=(2013,1,1)
enddate=(2013,2,9)
ret1=ret_f('IBM',begdate,enddate)
ret2=ret_f('^GSPC',begdate,enddate)
n=min(len(ret1),len(ret2))

s=np.ones(n)*2
t=range(n)
line=np.zeros(n)
plot(t,ret1[0:n], 'ro',s )
plot(t,ret2[0:n], 'bd',s)
plot(t,line,'b',s)
figtext(0.4,0.8,"Red for IBM, Blue for S&P500")
xlim(1,n)
ylim(-0.04,0.07)
title("Comparions between stock and market retuns")
xlabel("Day")
ylabel("Returns")
show()
```

代码的输出如图 7-19 所示。

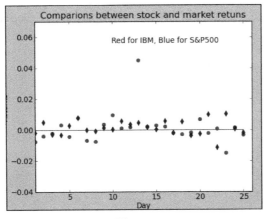

图 7-19

7.11 了解现金的时间价值

我们知道,今天收到 100 美元比一年后收到 100 美元更有价值。以下代码绘制大小不一的圆圈来形象地表达现金的时间价值。

```
from matplotlib.pyplot import *
fig1 = figure(facecolor='white')
ax1 = axes(frameon=False)
ax1.set_frame_on(False)
ax1.get_xaxis().tick_bottom()
ax1.axes.get_yaxis().set_visible(False)
x=range(0,11,2)
x1=range(len(x),0,-1)
y = [0]*len(x);
#
v0="Today's value of $100 received today"
v2="Today's value of $100 received in 2 years"
v6="received in 6 years"
v10="received in 10 years"
c="black"
#
annotate(v0,xy=(0,0),xytext=(2,0.1),arrowprops=dict(facecolor=c,shrink=0.02))
annotate(v2,xy=(2,0.005),xytext=(3.5,0.08),arrowprops=dict(facecolor=c,shrink=0.02))
annotate(v6,xy=(4,0.00005),xytext=(5.3,0.06),arrowprops=dict(facecolor=c,shrink=0.02))
annotate(v10,xy=(10,-0.00005),xytext=(4,-0.06),arrowprops=dict(facecolor=c,shrink=0.02))
s = [50*2.5**n for n in x1];
title("Time value of money ")
xlabel("Time (number of years)")
scatter(x,y,s=s);
show()
```

输出如图 7-20 所示。

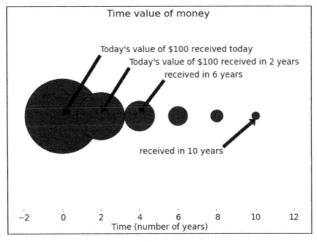

图 7-20

7.12 用烛台图展示 IBM 的每日收盘价

可以用一根蜡烛来代表每日的开盘价、日内最高价、日内最低价和收盘价。垂直线代表日内最低价和最高价的区间，中间的矩形条代表开盘价和收盘价的区间。当收盘价高于开盘价时，矩形条是黑色的，反之是红色的。下面的代码用来绘制烛台图。

```
import matplotlib.pyplot as plt
import numpy as np
from matplotlib.dates import DateFormatter, WeekdayLocator, HourLocator,
DayLocator, MONDAY
from matplotlib.finance import quotes_historical_yahoo_ochl, _candlestick,
    plot_day_summary_oclh
#
date1 = ( 2013, 10, 20)
date2 = ( 2013, 11, 10 )
ticker='IBM'
mondays = WeekdayLocator(MONDAY)        # major ticks on the mondays
alldays = DayLocator()                  # minor ticks on the days
weekFormatter = DateFormatter('%b %d')  # e.g., Jan 12
dayFormatter = DateFormatter('%d')      # e.g., 12
quotes = quotes_historical_yahoo_ochl(ticker, date1, date2)
if len(quotes) == 0:
    raise SystemExit
#
```

```
fig, ax = plt.subplots()
fig.subplots_adjust(bottom=0.2)
ax.xaxis.set_major_locator(mondays)
ax.xaxis.set_minor_locator(alldays)
ax.xaxis.set_major_formatter(weekFormatter)
ax.xaxis.set_minor_formatter(dayFormatter)
plot_day_summary_oclh(ax, quotes, ticksize=3)
_candlestick(ax,quotes, width=0.6)
ax.xaxis_date()
ax.autoscale_view()
plt.setp( plt.gca().get_xticklabels(), rotation=80,
horizontalalignment= 'right')
plt.figtext(0.35,0.45, '10/29:  Open,   High,   Low,   Close')
plt.figtext(0.35,0.42, '        177.62, 182.32, 177.50, 182.12')
plt.figtext(0.35,0.32, 'Black ==> Close > Open ')
plt.figtext(0.35,0.28, 'Red ==> Close < Open ')
plt.title('Candlesticks for IBM from 10/20/2013 to 11/10/2013')
plt.ylabel('Price')
plt.xlabel('Date')
plt.show()
```

输出的图形如图 7-21 所示。

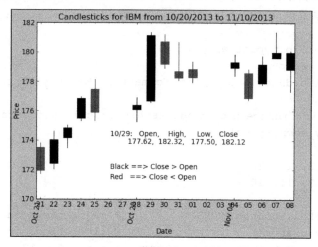

图 7-21

7.13 用图形展示价格变化

可以显示从第 1 个日期到第 2 个日期之间股票价格的变化。下面的代码用到 3 个参数值:ticker(股票代号)、begdate(起始日期)和 enddate(终止日期)。

```
import datetime
import matplotlib.pyplot as plt
from matplotlib.dates import MonthLocator,DateFormatter
from matplotlib.finance import quotes_historical_yahoo_ochl as getData
#
ticker='AAPL'
begdate= datetime.date( 2012, 1, 2 )
enddate = datetime.date( 2013, 12,4)
months = MonthLocator(range(1,13), bymonthday=1, interval=3)
# every 3rd month
monthsFmt = DateFormatter("%b '%Y")
x = getData(ticker, begdate, enddate)
#
if len(x) == 0:
    print ('Found no quotes')
    raise SystemExit
dates = [q[0] for q in x]
closes = [q[4] for q in x]
fig, ax = plt.subplots()
ax.plot_date(dates, closes, '-')
ax.xaxis.set_major_locator(months)
ax.xaxis.set_major_formatter(monthsFmt)
ax.autoscale_view()
ax.grid(True)
fig.autofmt_xdate()
plt.show()
```

输出的图形如图 7-22 所示。

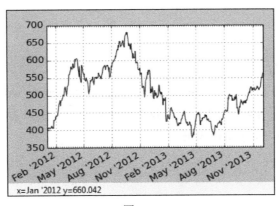

图 7-22

可以观察在任意给定的时间区间内的股票价格变动，比如从 2009 年 1 月至今。首先，看看日内价格变化趋势。下面的代码将在第 8 章解释。

```python
import numpy as np
import pandas as pd
import datetime as datetime
import matplotlib.pyplot as plt
ticker='AAPL'
path='http://www.google.com/finance/getprices?q=ttt&i=60&p=1d&f=d,o,h,l,c,v'
p=np.array(pd.read_csv(path.replace('ttt',ticker),skiprows=7,header=None))
#
date=[]
for i in np.arange(0,len(p)):
    if p[i][0][0]=='a':
        t= datetime.datetime.fromtimestamp(int(p[i][0].replace('a','')))
        date.append(t)
    else:
        date.append(t+datetime.timedelta(minutes =int(p[i][0])))
#
final=pd.DataFrame(p,index=date)
final.columns=['a','Open','High','Low','Close','Vol']
del final['a']
#
x=final.index
y=final.Close
#
plt.title('Intraday price pattern for ttt'.replace('ttt',ticker))
plt.xlabel('Price of stock')
plt.ylabel('Intro-day price pattern')
plt.plot(x,y)
plt.show()
```

显示结果如图 7-23 所示。

可以在 http://matplotlib.org/examples/pylab_examples/finance_work2.html 找到一个绘制日价格图形的更复杂的代码。与之相比，我们的代码较为简单。为了节省空间，这里省略了生成图 7-24 所示图形的 Python 代码。

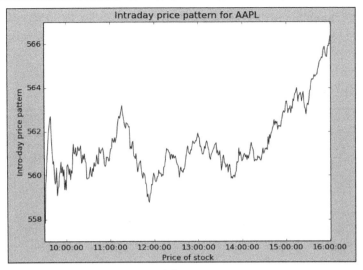

图 7-23

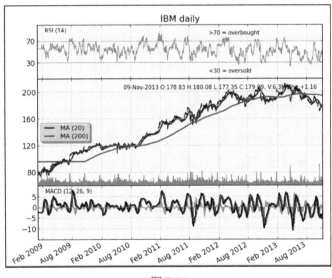

图 7-24

7.14　同时展示收盘价和交易量

有时候，想同时查看价格走势和交易量。下面的代码可以做到这一点。

```
import matplotlib.pyplot as plt
import pandas_datareader.data as getData
```

```
df = getData.DataReader("IBM", 'yahoo')
plots = df[['Adj Close', 'Volume']].plot(subplots=True, figsize=(10, 10))
plt.show()
```

显示结果如图 7-25 所示。

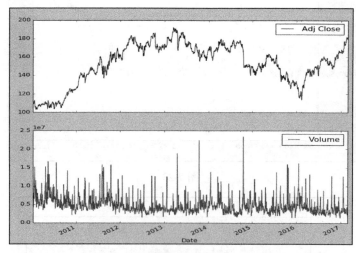

图 7-25

7.14.1 在图形上添加数学公式

金融计算经常用到许多数学公式。有时候，需要把一个数学公式添加到图形上。下面的代码利用 matplotlib 模块来实现计算看涨期权价格的数学公式。

```
import numpy as np
import matplotlib.mathtext as mathtext
import matplotlib.pyplot as plt
import matplotlib
#
m1=r'$c=S_0N(d_1)-Ke^{-rT}N(d_2)$'
m3=r'$d_1=\frac{ln(S_0/K)+(r+\sigma^2/2)T}{\sigma\sqrt{T}}$'
m2=r'$d_2=\frac{ln(S_0/K)+(r-\sigma^2/2)T}{\sigma\sqrt{T}}=d_1-\sigma\sqrt{T}$'
#
matplotlib.rc('image', origin='upper')
parser = mathtext.MathTextParser("Bitmap")
r1,depth1=parser.to_rgba(m1,color='red',fontsize=12, dpi=200)
r2,depth2=parser.to_rgba(m2,color='blue', fontsize=12, dpi=200)
r3,depth3=parser.to_rgba(m3,color='blue',fontsize=14, dpi=200)
```

```
#
fig = plt.figure()
fig.figimage(r1.astype(float)/255., 100, 100)
fig.figimage(r2.astype(float)/255., 100, 200)
fig.figimage(r3.astype(float)/255., 100, 300)
plt.show()
```

这段代码的关键在于使用了一个高品质的排版格式 LaTeX。它是特别针对技术和科学文献的出版而设计的。根据 http://latex-project.org/ 网站，LaTex 是科学文献出版的标准软件。上一段代码的输出如图 7-26 所示。

$$c = S_0 N(d_1) - Ke^{-rT} N(d_2)$$

$$d_1 = \frac{ln(S_0/K) + (r + \sigma^2/2)T}{\sigma\sqrt{T}}$$

$$d_2 = \frac{ln(S_0/K) + (r - \sigma^2/2)T}{\sigma\sqrt{T}} = d_1 - \sigma\sqrt{T}$$

图 7-26

7.14.2　在图形上添加简单的图像

假设把 Python 的标志保存在 c:\temp 目录下。下面的代码可以在 http://canisius.edu/~yany/python_logo.png 网站下载该标志：

```
>>>import matplotlib.pyplot as plt
>>>import matplotlib.cbook as cbook
>>>image_file = cbook.get_sample_data('c:/temp/python_logo.png')
>>>image = plt.imread(image_file)
>>>plt.imshow(image)
>>>plt.axis('off')
>>>plt.show()
```

cbook 模块是一些实用函数和类的集合，许多来自 Python cookbook 这本书。因此，它被命名为 cbook。图 7-27 为绘制的结果。

图 7-27

7.14.3　保存图形文件

如果打算把生成的图形保存为.pdf 文件，可以使用下面的代码。

```
>>>from matplotlib.pylab import *
>>>plot([1,1,4,5,10,11])
>>>savefig("c:/temp/test.pdf")
```

绘制的图形如图 7-28 所示。

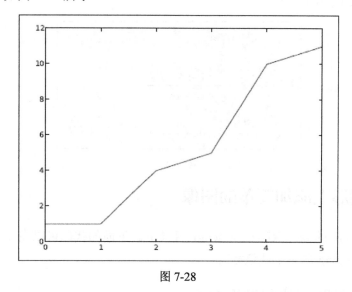

图 7-28

如果代码不指定一个特定的路径，这一图形文件将在当前工作目录下，通常是 c:\python27。

```
>>>savefig("test.pdf")
```

7.15　比较个股的表现

下面的代码比较几只股票在 2013 年的回报率。

```
import numpy as np
import matplotlib.pyplot as plt
import matplotlib.pyplot as plt; plt.rcdefaults()
from matplotlib.finance import quotes_historical_yahoo_ochl as getData
#
```

```
stocks = ('IBM', 'DELL', 'WMT', 'C', 'AAPL')
begdate=(2013,1,1)
enddate=(2013,11,30)
#
def ret_annual(ticker):
    x = getData(ticker, begdate, enddate,asobject=True,adjusted=True)
    logret = np.log(x.aclose[1:]/x.aclose[:-1])
    return(np.exp(sum(logret))-1)
#
performance = []
for ticker in stocks:
    performance.append(ret_annual(ticker))
#
y_pos = np.arange(len(stocks))
plt.barh(y_pos, performance, left=0, alpha=0.3)
plt.yticks(y_pos, stocks)
plt.xlabel('Annual returns ')
plt.title('Performance comparisons (annual return)')
plt.show()
```

绘制的柱状图如图 7-29 所示。

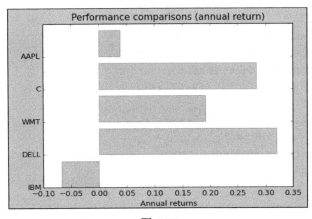

图 7-29

7.16　比较多只股票的收益率与波动率

以下代码显示 5 只股票在收益率与波动率图上的位置。

```
import numpy as np
```

```python
import matplotlib.pyplot as plt
from matplotlib.finance import quotes_historical_yahoo_ochl as getData
#
plt.rcdefaults()
stocks = ('IBM', 'GE', 'WMT', 'C', 'AAPL')
begdate=(2013,1,1)
enddate=(2013,11,30)
#
def ret_vol(ticker):
    x = getData(ticker,begdate,enddate,asobject=True,adjusted=True)
    logret =np.log(x.aclose[1:]/x.aclose[:-1])
    return(np.exp(sum(logret))-1,np.std(logret))
#
ret=[]
vol=[]
for ticker in stocks:
    r,v=ret_vol(ticker)
    ret.append(r)
    vol.append(v*np.sqrt(252))
#
labels = ['{0}'.format(i) for i in stocks]
color=np.array([ 0.18, 0.96, 0.75, 0.3, 0.9])
#
fig, ax = plt.subplots()
ax.scatter(vol, ret, marker = 'o', c=color,s = 1000)
for i, txt in enumerate(stocks):
    ax.annotate(txt, (vol[i]+0.02,ret[i]+0.01))
#
plt.xlabel('Volatility (annualized)')
plt.ylabel('Annual return')
plt.title('Return vs. volatility')
plt.subplots_adjust(bottom = 0.1)
plt.show()
```

图 7-30 中的每个点代表一只股票的年度收益率和年度波动率。每只股票用不同的颜色表示，使画面更加醒目。

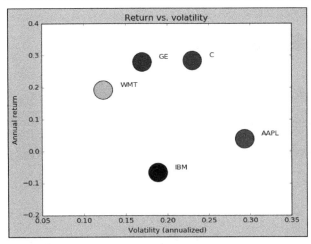

图 7-30

7.17 查找学习手册、示例和有关视频

我们建议在开始编写自己的应用程序之前,应该好好学习和参考网页上给出的例子。网页 http://matplotlib.org/examples/index.html 提供了许多 Python 编程的例子。以下网页与 matplotlib 模块有关。

- http://matplotlib.org/users/
- http://scipy-lectures.github.io/intro/matplotlib/matplotlib.html

下面两个网页给出了超过 5 000 个例子。

- http://matplotlib.org/examples/index.html
- http://www.youtube.com/watch?v=OfumUp3hZmQ

下面的网页介绍如何安装 ActivePython 和 matplotlib 模块。

- http://www.activestate.com/activepython/python-financial-scientific-modules (5m, 37s)

下面的视频介绍如何通过视觉方式分析财务报表。

- http://www.youtube.com/watch?v=OfumUp3hZmQ

7.18 独立安装 matplotlib 模块

通过两个步骤来安装该模块。

1. 转到 http://matplotlib.org/downloads.html。
2. 选择合适的软件包并下载，如 matplotlib-1.2.1.win-amd64-py3.2.exe。

7.19 小结

本章介绍了如何使用 matplotlib 模块通过图形、图片、颜色和大小来生动地解释许多金融概念，比如在一个二维图里展示股票的收益率和波动率的关系、净现值曲线、多个内部收益率，以及分散投资对投资组合风险的作用。下一章首先介绍如何从几个公开的数据网站，包括雅虎财经、谷歌财经、美联储的数据库和 KennethFrench 教授的数据库中获取历史数据。然后，讨论各种统计检验，比如 T 检验、F 检验和正态性检验。此外，编写 Python 代码来应用资本资产定价模型（CAPM）、应用 Fama-French 三因子模型、计算 Roll（1984）的价差模型、估计单只股票的在险价值（VaR）、估计 Amihud（2002）的反流动性指标，以及 Pastor 和 Stambaugh（2003）的投资组合的流动性指标。检测股票超额回报率是否存在一月效应。对于高频数据，介绍如何从 TORQ 数据库和 TAQ 数据库检索数据并研究日内价格走势。

练习题

1. matplotlib 模块的潜在用途是什么？
2. 如何安装 matplotlib 模块？
3. matplotlib 模块是否依赖于 NumPy 模块？是否依赖于 SciPy 模块？
4. 编写一个 Python 函数用来绘制一组给定现金流的净现值曲线。
5. 编写一个 Python 函数从雅虎财经网站下载股票的每日成交价。
6. 有两只股票在 6 年里的回报率，打算构建一个简单的等权重的投资组合。解释下面的 Python 代码，并说明投资组合。

```
>>>A=[0.09,0.02, -0.13,0.20,-0.09,-0.03]
>>>B=[0.10,-0.3, -0.02,0.14,-0.13,0.23]
>>>C=[0.08,-0.16, 0.033,-0.24,0.053,-0.39]
>>>port_EW=(A+B)/3.
```

7. IBM、DELL、WMT、C 和 GE 在 2011 年的股票日回报率的标准差各是多少？

8. 如何计算给定的一组股票的滑动时间窗口里的贝塔值？

9. 如何用 IBM 的日回报率绘制直方图？可以用雅虎财经网站上最近 5 年的日回报率来计算。

10. IBM、DELL 和 WMT 中哪一对个股是最紧密的互相关联？如何证明你的答案？可以用从雅虎财经获得的最近 5 年的数据来支持你的结论。

11. 什么是资本市场线？如何以视觉方式展示这个概念？

12. 什么是证券市场线？如何以视觉方式展示这个概念？

13. 你是否能找到历史数据来支持或反驳 Statman（1987）的结论：将大部分公司特定风险消除掉的投资组合至少应该持有 30 只股票？

14. 从雅虎财经下载十只股票的数据来构建一个投资组合的有效边界。可以使用每月或每日数据。

15. 如何展示风险和回报率之间的关系？

16. 美国股市和加拿大股市之间的相关系数是多少？美国股市和日本股市之间的关系呢？可以选择 S&P500（雅虎财经的代号为^GSPC）代表美国股市。要搜索市场指数，先找 finance.yahoo.com，在搜索栏中输入^，然后按回车，出现如图 7-31 所示的页面。

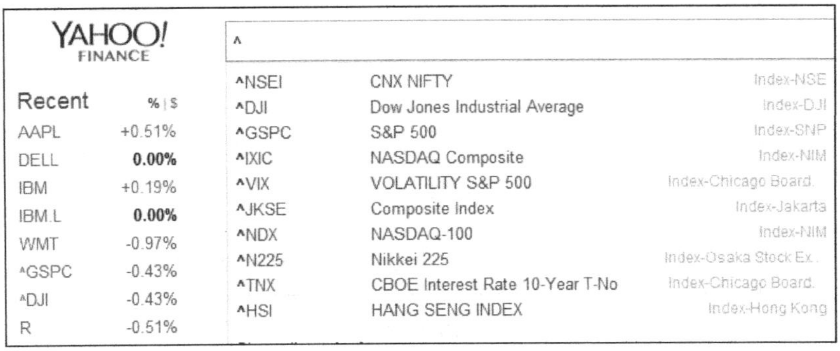

图 7-31

17. 如何从 100 个股票代码中随机地选择 10 只股票？

18. 从雅虎财经下载 5 年的每日价格数据并绘制 10 只股票的投资组合的有效边界。

19. 如何把三维图形用在金融教学上？

20. 查找关于以视觉方式表现金融概率的更多信息，并谈谈你的看法。

21. 找出下面代码中的错误并改正。

```
>>>import scipy as sp
>>>import matplotlib.pyplot as plt
>>>cashflows=[100,-50,-50,-50,60]
>>>rate=npv=[]
>>>x=[0,0.8]
>>>y=[0,0]
>>>for i in range(1,30): rate.append(0.01*i)
npv.append(sp.npv(0.01*i,cashflows[1:])+cashflows[0])
>>>plt.plot(x,y),plt.plot(rate,npv)
>>>plt.show()
```

22. 本章讨论了有关杜邦等式的一些问题。戴尔和沃尔玛这两家公司的净资产收益率 ROE 同为 0.22。然而，图 7-32 中对应的柱状图却有不同的高度。原因是净资产收益率 ROE 是 3 个量的乘积，而不是求和。找到一个方法来解决这个问题，使得代表这两家公司的柱状图有相同的高度。

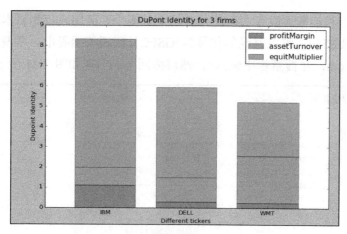

图 7-32

第 8 章
时间序列的统计分析

时间序列分析在金融领域有广泛而且非常重要的应用。本章将讨论许多与之相关的课题，如下载历史数据、计算回报率、整体风险、市场风险、股票之间的相关性、不同类型的投资组合、不同的国家或市场之间的相关性、投资组合的方差-协方差矩阵、构建有效的投资组合和寻找投资组合的有效边界，以及估算 Roll(1984)的买卖价差模型、Amihud(2002)的反流动性指标、Pastor 和 Stambaugh（2003）的流动性指标。本章主要用到 Pandas 和 statsmodels 这两个 Python 模块。本章主要内容如下。

- 安装 Pandas 和 statsmodels 模块
- 使用 Pandas 和 statsmodels 模块
- 开源数据，从 Excel、txt、csv 和 MATLAB 文件输入数据，以及从网站查询数据
- date 类型、Data Frame 类型和按日期合并不同的数据集
- 利率的期限结构
- 基于 52 周最高和最低的交易策略
- 计算回报率以及从日回报率得到月回报率或年回报率
- 各种统计检验，如 Durbin-Watson 检验、T-检验和 F-检验
- 资本资产定价模型（CAPM）和 Fama-MacBeth 回归模型
- 滚动时间窗口的波动率、相关系数、构建 n 只股票的投资组合、方差-协方差矩阵、有效投资组合和投资组合的有效边界
- Roll（1984）买卖价差模型、Amihud（2002）反流动性指标、Pastor 和 Stambaugh（2003）流动性指标

- 个股和投资组合的在险价值（VaR）
- 一月效应、规模效应和工作日效应
- 从谷歌金融和 TORQ 数据库获取高频数据

8.1 安装 pandas 和 statsmodels 模块

上一章用到 `ActivePython` 包含的 `pypm` 命令来安装 Pandas 模块，不过 `pypm` 命令不能安装 statsmodels 模块。幸运的是，我们可以使用第 4 章介绍过的 Anaconda 软件包。Anaconda 软件包有两大优点：第一，它包括 `NumPy`、`SciPy`、`matplotlib`、`Pandas` 和 `statsmodels` 等常用的模块；第二，它提供一个非常优秀的编辑器 Spyder。执行以下两个步骤来安装 Anaconda：

1. 转到 `http://continuum.io/downloads`。
2. 根据你的机器，选择一个合适的包，如 Windows 版本 Anaconda-1.8.0-Windows-x86.exe。

有几种方法来运行 Python。单击开始|所有程序，搜索 Anaconda，结果如图 8-1 所示。

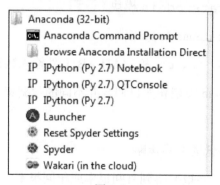

图 8-1

将在接下来的三节内容来说明如何以不同的方式运行 Python。

8.1.1 在 Anaconda 命令提示符下启动 Python

执行下列步骤在 Anaconda 命令提示符下启动 Python。

1. 单击开始|所有程序，搜索 Anaconda，然后选择 Anaconda Command Prompt，转到包含了 Python 的可执行文件 `python.exe` 的目录下。

2．不同的安装可能会在不同的路径下。如图 8-2 的第 1 行所示，输入 python 命令来启动 Python。为了测试 `Pandas` 和 `statsmodels` 模块是否可用，试着导入这两个模块。如果没有错误，就表示它们已经正确安装。

```
C:\Users\yany\AppData\Local\Continuum\Anaconda>python
Python 2.7.5 |Anaconda 1.8.0 (32-bit)| (default, Jul  1 2013, 12:41:55) [MSC v.1500 32 bit (Intel)] on win32
Type "help", "copyright", "credits" or "license" for more information.
>>>
```

图 8-2

8.1.2 使用 DOS 窗口启动 Python

可以从任何目录运行 Python。执行下列步骤把 Python 可执行文件的安装目录添加到搜索路径上。

1．通过 Anaconda Command Prompt（参见第 8.1.1 节的步骤）打开命令窗口，然后复制完整的路径。第 8.1.1 节的例子里，路径是 `C:\Users\yany\AppData\Local\Continuum\Anaconda`。

2．单击开始|控制面板|查看高级系统设置，单击环境变量，找到路径，再粘贴以上得到的完整路径（仅适用于 Windows）。

3．现在可以从任何目录或子目录运行 Python。点击开始后，在搜索程序和文件文本框中输入 cmd，然后按回车键，出现一个 DOS 窗口。只需在 DOS 窗口输入 python 就可以启动 Python。假设 `C:\temp` 目录下有一个包含两行 Python 代码的程序文件 `test01.py`。该文件中的两行代码分别是 `x=10` 和 `print x`。

4．再一次点击开始，在搜索程序和文件文本框中输入 cmd，然后按回车键。如图 8-3 所示，在出现的 DOS 窗口，进入到 `C:\temp` 目录。使用 `type test01.py` 显示该程序文件。使用 `python test01.py` 运行该程序。

```
C:\windows\system32\cmd.exe
Microsoft Windows [Version 6.1.7601]
Copyright (c) 2009 Microsoft Corporation.  All rights reserved.

C:\Users\yany>cd\temp

C:\temp>type test01.py
x=10
print x
C:\temp>python test01.py
10

C:\temp>
```

图 8-3

8.1.3 使用 Spyder 启动 Python

一个更好的运行 Python 的方式是使用 Anaconda 自带的编辑器 Spyder。在 Windows 操作系统下，可以执行以下步骤。

1. 点击开始|所有文件|Anaconda|Spyder，打开一个包含 3 个面板的软件窗口，如图 8-4 所示。左侧的面板显示一个名为 `temp.py` 的默认程序文件。

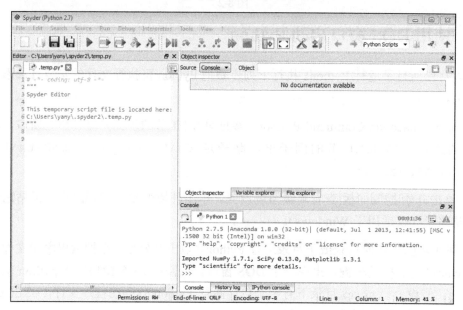

图 8-4

2. 尝试着写一个简单的 Python 程序。在左侧面板内，输入 `x=10`，按回车键，然后输入 `Print x`。在输入这两行代码之前，可以删除该窗口的内容。换句话说，这个新的程序只有以下两行。

```
x=10
print(x)      # for Python2.7 print x
```

3. 单击菜单栏上的绿色运行按钮后，首先提示需要保存该文件。然后运行结果显示在右下角的控制台内，如图 8-5 所示。

```
>>> runfile('C:/temp/test01.py', wdir=r'C:/temp')
10
>>>
```

图 8-5

图 8-5 的第 1 行显示运行程序的名称和其所在的工作目录（wdir）。左侧面板可以用来打开程序并且修改它们。它的一个很好的功能是可以同时打开多个 Python 程序。

8.2 Pandas 和 statsmodels 模块简介

这一节给出多个使用 Pandas 和 statsmodels 模块的简单例子。我们将在接下来的几章里频繁使用这两个模块。Pandas 模块主要用于数据处理，statsmodels 模块主要用于统计分析。

8.2.1 如何使用 Pandas 模块

以下的代码生成从 2013 年 1 月 1 日起的两个时间序列，分别命名为 A 和 B。

```
>>>import numpy as np
>>>import pandas as pd
>>>dates=pd.date_range('20130101',periods=5)
>>>np.random.seed(12345)
>>>x=pd.DataFrame(np.random.rand(5,2),index=dates,columns=('A','B'))
```

第 1 行和第 2 行分别加载 NumPy 和 Pandas 两个模块。pd.date_range() 函数生成一个用于索引的数组 dates。pd.DataFrame() 函数生成一个以数组 dates 作为索引的 x 变量。将在本章详细讨论 pd.DataFrame() 函数。Columns() 参数给出每一列的名称。因为 np.random.seed() 为随机数设定了一个固定的种子，每一次运行这段代码都可以获得相同的结果。以下代码显示使用 describe() 函数可以得到这两列数的基本统计信息，包括平均值和标准方差。

```
>>>x
                   A         B
2013-01-01  0.929616  0.316376
2013-01-02  0.183919  0.204560
2013-01-03  0.567725  0.595545
2013-01-04  0.964515  0.653177
2013-01-05  0.748907  0.653570
>>>x.describe()
               A         B
count   5.000000  5.000000
mean    0.678936  0.484646
std     0.318866  0.209761
min     0.183919  0.204560
25%     0.567725  0.316376
```

```
50%       0.748907   0.595545
75%       0.929616   0.653177
max       0.964515   0.653570
>>>
```

如果想用时间序列的平均值来代替序列中的默认值（NAN），可以用 mean() 和 fillna() 这两个函数来实现，代码如下。

```
>>>import pandas as pd
>>>import numpy as np
>>>x=pd.Series([0.1,0.02,-0.03,np.nan,0.130,0.125])
>>>x
0    0.100
1    0.020
2   -0.030
3      NaN
4    0.130
5    0.125
dtype: float64
>>>m=np.mean(x)
>>>round(m,4)
0.069
>>>y=x.fillna(m)
>>>y

0    0.100
1    0.020
2   -0.030
3    0.069 # nan is replaced with the mean
4    0.130
5    0.125
dtype: float64
>>>
```

8.2.2　statsmodels 模块示例

在统计学中，普通最小二乘法（OLS）是用于估计线性回归模型参数的一个常用方法。它的目标是选取参数使得观测值和模型的预测值之间的差值的平方之和最小。线性回归模型在金融领域应用很广。假设有如下的等式，其中 y 是 n 维列向量，x 是 n 行 $m+1$ 列的矩阵，其中 m 列包含回报率，另外一列的值全部是 1。n 是观测值的数目，m 是独立变量的个数。

$$y = \alpha + \beta \times x + \varepsilon_t \qquad (8\text{-}1)$$

以下代码在给 x 和 y 变量赋值后，运行 OLS() 函数估计线性回归模型的参数 β。最后一行只是用来打印参数的估计值。

```
>>>import numpy as np
>>>import statsmodels.api as sm
>>>y=[1,2,3,4,2,3,4]
>>>x=range(1,8)
>>>x=sm.add_constant(x)
>>>results=sm.OLS(y,x).fit()
>>>print(results.params)
```

输出显示如下。

```
>>>[ 1.28571429   0.35714286]
```

8.3 开源数据

本章的重点是分析时间序列的统计特性，因此需要一些可以用来分析的数据。可以利用免费的经济、金融和会计领域的数据。每个用户都可以免费获取这些数据，便于学习。表 8-1 列出了一些免费数据的来源。

表 8-1

名称	网页
雅虎金融	http://finance.yahoo.com
	股票现价、历史数、公司财务包表等
谷歌金融	http://www.google.com/finance
	股票现价、历史数、公司财务包表等
联邦储备银行数字图书馆	http://www.federalreserve.gov/releases/h15/ data.htm
	利率的历史数据，评价为 AAA、BBB、CCC 债卷的收益率
Russell 指数	http://www.russell.com
	Russell 指数

续表

名称	网页
French 教授的数据库	http://mba.tuck.dartmouth.edu/pages/faculty/ken.french/data_library.html Fama-French 因子历史数据、无风险利率，及不同行业的历史收益率
人口普查局	http://www.census.gov/ http://www.census.gov/compendia/statab/hist_stats.html 美国人口普查数据
美国财政部	http://www.treas.gov 美国国库券数据
美国劳工部	http://download.bls.gov/ http://www.bls.gov/ 通货膨胀数据、失业率、商业周期、重要统计数据

我们很容易从这些来源下载时间序列。比如，执行以下几个步骤可以从雅虎财经下载 IBM 的每日历史价格。

1. 转到雅虎财经的网址 http://finance.yahoo.com。
2. 在搜索框中输入 IBM。
3. 单击历史价格。
4. 选择开始和结束日期后单击"获取价格"按钮。
5. 转到页面底部，单击"下载到电子表格"。

以下给出下载的电子表格的开始和结尾的几行数据记录。

```
Date,Open,High,Low,Close,Volume,Adj Close
2013-07-26,196.59,197.37,195.00,197.35,2485100,197.35
2013-07-25,196.30,197.83,195.66,197.22,3014300,197.22
2013-07-24,195.95,197.30,195.86,196.61,2957900,196.61
2013-07-23,194.21,196.43,194.10,194.98,2863800,194.98

1962-01-09,552.00,563.00,552.00,556.00,491200,2.43
1962-01-08,559.50,559.50,545.00,549.50,544000,2.40
1962-01-05,570.50,570.50,559.00,560.00,363200,2.44
```

```
1962-01-04,577.00,577.00,571.00,571.25,256000,2.49
1962-01-03,572.00,577.00,572.00,577.00,288000,2.52
1962-01-02,578.50,578.50,572.00,572.00,387200,2.50
```

8.4 用 Python 代码输入数据

我们需要掌握如何输入数据，然后才能编写 Python 程序处理及分析数据。下面介绍从不同渠道获取数据的方法，比如从剪贴板、雅虎财经网站、外部 txt 文本或 csv 文件、网页和 MATLAB 数据集。

8.4.1 从剪贴板输入数据

我们经常使用记事本、Microsoft Word 或 Excel 处理数据。一个常用的操作是复制和粘贴。Pandas 模块的 pd.read_clipboard()函数可以完成类似的操作。比如，在记事本输入以下内容。

```
x y
1 2
3 4
5 6
```

然后，用鼠标选取这几行，单击鼠标右键，选择"复制"。在 Python 控制台窗口运行下面两行代码。

```
>>>import pandas as pd
>>>data=pd.read_clipboard()
>>>data
    x   y
    1   2
    3   4
    5   6
```

用同样的方法可以复制 Word 和 Excel 中的数据。

8.4.2 从雅虎财经网站下载历史价格数据

执行下面 5 行代码可以从雅虎财经网站获取 DELL 的历史价格数据。

```
>>>from matplotlib.finance import quotes_historical_yahoo_ochl
```

```
>>>ticker='DELL'
>>>begdate=(2013,1,1)
>>>enddate=(2013,11,9)
>>>p=quotes_historical_yahoo_ochl(ticker, begdate, enddate,asobject=True,
adjusted=True)
```

可以使用 type() 和 size() 函数来进一步了解变量 p 的属性。图 8-6 为它开始和结尾的几行。p[0] 代表数组的第 1 个观测值，P[-1] 则是最后一个。

```
>>>type(p)
<class 'numpy.core.records.recarray'>
>>>size(p) 209
```

```
>>> p[0:3]
rec.array([ (datetime.date(2013, 1, 2), 2013, 1, 2, 734870.0, 10.146067415730338, 10.5, 10.5196
62921348315, 10.126404494382024, 26421700.0, 10.5),
       (datetime.date(2013, 1, 3), 2013, 1, 3, 734871.0, 10.435557586837295, 10.75, 11.13322669
1042047, 10.406078610603291, 38131300.0, 10.75),
       (datetime.date(2013, 1, 4), 2013, 1, 4, 734872.0, 10.740692798541476, 10.78, 10.87826800
3646307, 10.622771194165907, 18706400.0, 10.78)],
      dtype=[('date', 'O'), ('year', '<i2'), ('month', 'i1'), ('day', 'i1'), ('d', '<f8'), ('op
en', '<f8'), ('close', '<f8'), ('high', '<f8'), ('low', '<f8'), ('volume', '<f8'), ('aclose', '
<f8')])
>>>
```

图 8-6

图 8-6 显示变量 p 的数据类型是数组。通过观察，我们了解到数据集按日期从远到近排序。这与雅虎财经网站上以最近的日期作为第 1 个值正好相反。这个数组包含 7 个变量：日期、开盘价、收盘价、日内最高价、日内最低价、成交量和调整后的收盘价。调整后的收盘价依据拆股、配股和分红等事件对原始收盘价加以调整。

8.4.3 从 txt 文件输入数据

Pandas 模块有多个函数可以从外部 txt 文件导入数据，如 read_table()、read_fwf()、read_hdf() 和 IO() 等。我们不可能在本章详细介绍所有这些函数，只能集中讨论几个广泛使用的函数。假设需要输入 Fama-French 因子的每月回报率。到 French 教授的网页 http://mba.tuck.dartmouth.edu/pages/faculty/ ken.french/ data_library.html，单击 Fama-French 因子，下载该压缩文件，解压缩文件，删除年回报率的部分，然后命名文本文件为 ff_monthly.txt。以下为该文件的前几行，数据项从第 5 行开始，第 4 行给出每列数据的名称。

```
This file was created by CMPT_ME_BEME_RETS using the 201209 CRSP database.
The 1-month TBill return is from Ibbotson and Associates, Inc.
[this is a blank line]
```

```
          Mkt-RF      SMB       HML       RF
192607     2.62      -2.16     -2.92     0.22
192608     2.56      -1.49      4.88     0.25
192609     0.36      -1.38     -0.01     0.23
```

下面的代码使用 read_table() 函数来输入这些数据。

```
>>>import pandas as pd
>>>x=pd.read_table("c:/temp/ff_monthly.txt",skiprows=4)
```

使用 help(read_table) 命令可以得到关于这个函数的更多信息，如下所示。

```
>>>import pandas as pd
>>>help(pd.read_table)
Help on function read_table in module pandas.io.parsers:

read_table(filepath_or_buffer, sep='\t', dialect=None, compression=None,
doublequote=True, escapechar=None, quotechar='"', quoting=0,
skipinitialspace=False, lineterminator=None, header='infer', index_
col=None, names=None, prefix=None, skiprows=None, skipfooter=None,
skip_footer=0, na_values=None, true_values=None, false_values=None,
delimiter=None, converters=None, dtype=None, usecols=None, engine='c',
delim_whitespace=False, as_recarray=False, na_filter=True, compact_
ints=False, use_unsigned=False, low_memory=True, buffer_lines=None,
warn_bad_lines=True, error_bad_lines=True, keep_default_na=True,
thousands=None, comment=None, decimal='.', parse_dates=False, keep_
date_col=False, dayfirst=False, date_parser=None, memory_map=False,
nrows=None, iterator=False, chunksize=None, verbose=False, encoding=None,
squeeze=False)
    Read general delimited file into DataFrame

    Also supports optionally iterating or breaking of the file
    into chunks.
```

read_table() 函数最重要的参数包括 skiprows、sep、index_col 和 doublequote。本章的后面会对它们做进一步解释。

8.4.4 从 Excel 文件输入数据

假设一个 Excel 文件只有两行数据记录，该文件名为 test.xlsx，并且保存在 C:\temp\ 目录下。这两行数据都在该文件的工作表 Sheet1 中，如图 8-7 所示。

	A	B	C
1	1/1/2013	0.1	0.3
2	1/2/2013	0.2	0.4

图 8-7

以下代码从 Excel 文件直接读入这些数据。

```
>>>infile=pd.ExcelFile("c:/temp/test.xlsx")
>>>x=infile.parse('Sheet1',header=None)
>>>x
                     0    1    2
0 2013-01-01 00:00:00  0.1  0.3
1 2013-01-02 00:00:00  0.2  0.4
>>>
```

8.4.5 从 csv 文件输入数据

可以用 `read_csv()` 或 `read_table()` 函数来读取 csv 文件。假设已经从雅虎财经下载数据到 ibm.csv 文件中,存放在 C:\temp\ 目录下。读入文件后,只需输入命令 `f[1:2]` 就可以看到第 1 和第 2 行。

```
>>>import pandas as pd
>>>f=pd.read_csv("c:\\temp\\ibm.csv")
>>>f[1:2]
        Date     Open    High     Low   Close   Volume  Adj Close
1  2013-07-25  196.30  197.83  195.66  197.22  3014300     197.22
2  2013-07-24  195.95  197.30  195.86  196.61  2957900     196.61
```

注意,以上代码使用 `pd.read_csv("c:\\temp\\ibm.csv")` 命令从外部 CSV 文件读取数据。也可以用 `pd.read_csv("c:/temp/ibm.csv")` 命令来完成这个任务。

8.4.6 从网页下载数据

也可以用 `pd.read_csv()` 函数从雅虎财经网站直接获取股票的价格数据。

```
>>>import pandas as pd
>>>x=pd.read_csv("http://chart.yahoo.com/table.csv?s=IBM")
>>>type(x)
<class 'pandas.core.frame.DataFrame'>
>>>
```

以上代码的最后一个命令显示 x 的数据类型。输入 x.describe()，即可获得这个变量的详细信息。

```
>>> x.describe()
              Open          High           Low         Close        Volume
count  13837.000000  13837.000000  13837.000000  13837.000000  1.383700e+04
mean     189.818740    191.410751    188.325548    189.843647  4.877258e+06
std      131.696341    132.478594    131.027731    131.703142  4.565025e+06
min       41.000000     41.750000     40.625000     41.000000  0.000000e+00
25%       97.750000     98.750000     96.687500     97.720001  1.195600e+06
50%      128.625000    129.750000    127.625000    128.625000  4.148000e+06
75%      262.750000    264.750000    261.000000    262.875000  6.943700e+06
max      649.000015    649.875031    645.500031    649.000015  6.944470e+07

          Adj Close
count  13837.000000
mean      42.316260
std       51.321150
min        1.209637
25%        5.854636
50%       15.980850
75%       70.854336
max      193.603554
>>>
>>>x[0:5]
         Date        Open        High         Low       Close    Volume
0  2016-12-16  168.970001  169.110001  166.059998  166.729996   6679200
1  2016-12-15  168.009995  169.850006  167.779999  168.020004   3363200
2  2016-12-14  168.369995  169.889999  167.449997  168.509995   3957600
3  2016-12-13  165.679993  169.949997  165.679993  168.289993   5838700
4  2016-12-12  166.720001  166.789993  165.070007  165.500000   3389200

    Adj Close
0  166.729996
1  168.020004
2  168.509995
3  168.289993
4  165.500000
>>>
```

Pandas 模块的 read_csv() 函数用来从外部文件读取数据。如果只需要分析两个变量，日期和调整后的收盘价,可以用 usecols 参数来选取它们。因为共有 7 列,其中日期在第 1 列而调整后的价格在最后一列,所以它们的列编号分别为 0 和 6。

```
>>>import pandas as pd
>>>url='http://chart.yahoo.com/table.csv?s=IBM'
>>>x=pd.read_csv(url,usecols=[0,6])
>>>x[0:5]
        Date    Adj Close
0  2016-12-16   166.729996
1  2016-12-15   168.020004
2  2016-12-14   168.509995
3  2016-12-13   168.289993
4  2016-12-12   165.500000
>>>
```

8.4.7 从 MATLAB 数据文件输入数据

从 http://canisius.edu/~yany/ibm.mat 下载 MATLAB 数据文件 ibm.mat,并保存在 C:\temp\。可以使用 SciPy 模块的 loadmat() 函数来加载。

```
from __future__ import print_function
import scipy.io as sp
matData = sp.loadmat('c:/temp/ibm.mat')
matData2=list(matData)
print(matData2[0:2])
```

8.5 几个重要的函数

这里介绍几个在其他章节用到的重要函数。Pandas 模块包含的 series() 函数可以用来构建时间序列。因为日期是时间序列分析中最重要的变量之一,对其需要多加了解。DataFrame 数据类型在 Python 和其他语言(包括 R)中广泛应用。

8.5.1 使用 pd.Series() 生成一维时间序列

可以很方便地使用 pd.Series() 函数来生成时间序列,代码如下。

```
>>> import pandas as pd
>>> import scipy as sp
>>> x = pd.date_range('1/1/2013', periods=252)
>>> data = pd.Series(sp.randn(len(x)), index=x)
```

```
>>> data.head()
2013-01-01    0.776670
2013-01-02    0.128904
2013-01-03   -0.064601
2013-01-04    0.988347
2013-01-05    0.459587
Freq: D, dtype: float64
>>>data.tail()
2013-09-05   -0.167599
2013-09-06    0.530864
2013-09-07    1.378951
2013-09-08   -0.729705
2013-09-09    1.414596
Freq: D, dtype: float64
>>>
```

8.5.2 使用日期变量

可以使用 Pandas 模块的 `read_csv()` 和 `read_table()` 函数更好地处理时间序列数据。比如，可以使用 `parse_dates` 或 `date_parse` 参数来指定某一列作为日期索引。以下代码使用第 1 列作为日期索引。

```
>>>import pandas as pd
>>>url='http://chart.yahoo.com/table.csv?s=IBM'
>>>x=pd.read_csv(url,index_col=0,parse_dates=True)
>>>x.head()
>>>
                  Open        High         Low       Close    Volume
Date
2016-12-16   168.970001  169.110001  166.059998  166.729996   6679200
2016-12-15   168.009995  169.850006  167.779999  168.020004   3363200
2016-12-14   168.369995  169.889999  167.449997  168.509995   3957600
2016-12-13   165.679993  169.949997  165.679993  168.289993   5838700
2016-12-12   166.720001  166.789993  165.070007  165.500000   3389200

              Adj Close
Date
2016-12-16   166.729996
2016-12-15   168.020004
2016-12-14   168.509995
2016-12-13   168.289993
```

2016-12-12   165.500000
>>>

8.5.3 使用 DataFrame 数据类型

第 1 个例子生成只有 1 列的 DataFrame 数据。

```
>>>import pandas as pd
>>>import scipy as sp
>>>df=pd.DataFrame(sp.random.rand(8, 1),columns = ['A'],dtype='float32')
>>>df
          A
0 -0.581377
1 -1.790758
2 -0.418108
3  1.122045
4 -0.402717
5  0.694823
6  0.035632
7  0.919457
>>>
```

因为没有使用 np.rand.seed() 函数,上述代码每次运行的结果都会不同。使用 read_csv() 或 read_table() 函数从外部文本文件输入数据时,得到的数据就是 DataFrame 类型。

```
>>>import pandas as pd
>>>import scipy as sp
>>>index = pd.date_range('1/1/2013', periods=8)
>>>cc=['A','B', 'C']
>>>df = pd.DataFrame(sp.random.randn(8,3),index=index,columns=cc)
>>>df
                   A         B         C
2013-01-01 -1.185345 -0.422447 -0.610870
2013-01-02 -1.507653 -0.295807 -0.636771
2013-01-03  1.686858 -2.013024 -0.980905
2013-01-04  0.372631 -1.580834  0.515045
2013-01-05 -0.322729 -0.677587 -1.053555
2013-01-06 -0.518918 -0.952527  0.000124
2013-01-07  0.482760  2.049442  1.833976
2013-01-08  0.313321  0.162334  0.662253
```

如果希望下载雅虎财经上 IBM 的历史数据，而且只对日期和调整后的收盘价这两个变量感兴趣，其中日期作为索引变量，就可以使用以下代码。

```
>>>import pandas as pd
>>>x=pd.read_csv('http://chart.yahoo.com/table. csv?s=IBM',
usecols=[0,6], index_col=0)
>>>type(x)
<class 'pandas.core.frame.DataFrame'>
>>>x.head()

Date      Adj Close
2013-11-21   184.13
2013-11-20   185.19
2013-11-19   185.25
2013-11-18   184.47
2013-11-15   183.19
```

要查找有关 pd.DataFrame()函数的更多信息，可以使用 help(pd.DataFrame)命令。

```
>>>help(pd.DataFrame)
Help on class DataFrame in module pandas.core.frame:

class DataFrame(pandas.core.generic.NDFrame)
    Two-dimensional size-mutable, potentially heterogeneous tabular
datastructure with labeled axes (rows and columns). Arithmetic
operationsalign on both row and column labels. Can be thought of as a dict-like
container for Series objects. The primary pandas data structure

    Parameters
    ----------
    data : numpy ndarray (structured or homogeneous), dict, or DataFrame
Dict can contain Series, arrays, constants, or list-like objects
    index : Index or array-like
        Index to use for resulting frame. Will default to np.arange(n) if
no indexing information part of input data and no index provided
    columns : Index or array-like Will default to np.arange(n) if not
column labels provided
    dtype : dtype, default None Data type to force, otherwise infer
copy : boolean, default False
    Copy data from inputs. Only affects DataFrame / 2d ndarray input
```

8.6 计算回报率

可以用价格数据来计算回报率（也称为收益率），有时需要将日收益率转换为每周或每月收益率，或者将月收益率转换为季度或年度收益率。因此，了解如何计算回报率和它们之间的转换是非常重要的。假设有如下 4 个价格。

```
>>>import numpy as np
>>>p=np.array([1,1.1,0.9,1.05])
```

了解这些价格的排序方式很重要。如果第 1 个价格在第 2 个价格之前发生，第 1 个回报率应该是（1.1-1）/1=10%。接下来，学习如何从一个 n 维数组检索前 $n-1$ 和最后 $n-1$ 个记录。使用 p[:-1] 列出前 $n-1$ 个价格，使用 p[1:] 列出最后 $n-1$ 个价格。

```
>>>print(p[:-1])
[ 1.   1.1  0.9]
>>>print(p[1:])
[ 1.1 0.9 1.05]
```

使用下面的代码计算回报率：

```
>>>ret=(p[1:]-p[:-1])/p[:-1]
>>>print ret
[ 0.1        -0.18181818  0.16666667]
```

然而，如果价格的顺序是相反的，也就是说，第 1 个价格是最近发生的，而最后一个价格是最早的，那么必须通过不同的方式来计算回报率。

```
>>>ret=(p[:-1]-p[1:])/p[1:]
>>>print ret
[-0.09090909  0.22222222 -0.14285714]
>>>
```

下面的代码从雅虎财经网站下载每日价格数据和计算日回报率。

```
from matplotlib.finance import quotes_historical_yahoo_ochl as getData
ticker='IBM'
begdate=(2013,1,1)
enddate=(2013,11,9)
x = getData(ticker, begdate, enddate,asobject=True, adjusted=True)
```

```
ret=(x.aclose[1:]-x.aclose[:-1])/x.aclose[:-1]
```

第 1 行从 matplotlib.finance 模块加载一个函数。使用元组类型的数据来给出序列的开始和结束日期。下载的历史数据赋值给变量 *x*。可以显示一些价格和回报率，然后手动计算一个或两个回报率，加以验证。

```
>>>x.date[0:3]
array([datetime.date(2013, 1, 2), datetime.date(2013, 1, 3),
       datetime.date(2013, 1, 4)], dtype=object)
>>>x.aclose[0:3]
array([ 192.61,   191.55,   190.3 ])
>>>ret[0:2]
array([-0.00550335, -0.00652571])
>>>(191.55-192.61)/192.61
-0.005503348735787354
>>>
```

结果验证我们得到的第 1 个回报率是正确的。

8.6.1 从日回报率计算月回报率

可以用以下方法来把日回报率转换为每月或每年回报率。首先，计算一天的对数回报率。然后，把一个月内所有天的对数回报率加起来，得到的总数即是相应的该月的对数回报率。最后把对数回报率转换成百分比回报率。假设有价格数据 P_0, P_1, P_2, …, P_{20}，其中，P_0 为上个月最后一个交易日的收盘价，P_1 是这个月第一个交易日的收盘价，依次为每个交易日的收盘价，而 P_{20} 是这个月最后一个交易日的收盘价。计算这个月的回报率的公式如下。

$$R_{\text{monthly}} = \frac{P_{20} - P_0}{P_0} \tag{8-2}$$

这个月的对数回报率的定义如下。

$$\text{log\_return}_{\text{monthly}} \log\left(\frac{P_{20}}{P_0}\right) \tag{8-3}$$

百分比回报率和对数回报率之间的关系如下。

$$R_{\text{monthly}} = \exp(\text{log\_return}) - 1 \tag{8-4}$$

类似地,可以定义日对数回报率如下。

$$\text{log\_return}_i^{\text{daily}} = \log\left(\frac{p_i}{p_{i-1}}\right) \tag{8-5}$$

然后,对数回报率的总和如下。

$$\text{log\_return}_{\text{monthly}} = \log\left(\frac{p_{20}}{p_0}\right) = \sum_{i=1}^{20} \text{log\_return}_i^{\text{daily}} \tag{8-6}$$

以下代码根据前面的步骤把日回报率转换为月回报率。

```
import numpy as np
import pandas as pd
from matplotlib.finance import quotes_historical_yahoo_ochl as getData
ticker='IBM'
begdate=(2013,1,1)
enddate=(2013,11,9)
x = getData(ticker, begdate, enddate,asobject=True, adjusted=True)
logret = np.log(x.aclose[1:]/x.aclose[:-1])
yyyymm=[]
d0=x.date
for i in range(0,np.size(logret)):
    yyyymm.append(''.join([d0[i].strftime("%Y"),d0[i].strftime("%m")]))
y=pd.DataFrame(logret,yyyymm,columns=['ret_monthly'])
ret_monthly=y.groupby(y.index).sum()
```

上面的代码从 Yahoo! Finance 网页下载指定股票代码在给定的开始日期和结束日期之间的每日价格数据。用调整后的收盘价来计算对数回报率。以公式(8-6)来计算日对数回报率,而不是日百分比回报率。然后,生成一个名为 `yyyymm` 的日期变量来代表月份,它的前几个值如图 8-8 所示。

```
>>>
>>> yyyymm[0:5]
['201301', '201301', '201301', '201301', '201301']
>>>
>>>
```

图 8-8

可以用这个日期变量把数据分组。以 `d0[0]` 为例来说明如何用 `join()` 函数生成这个日期变量。

```
>>>d0[0]
datetime.date(2013, 1, 2)
>>>d0[0].strftime("%Y")
'2013'
>>>d0[0].strftime("%m")
'01'
>>>''.join([d0[0].strftime("%Y"),d0[0].strftime("%m")])
'201301'
>>>
```

显示月回报率的几个值如下。

```
>>>ret_monthly
        ret_monthly
201301      0.043980
201302     -0.006880
201303      0.045571
201304     -0.061913
201305      0.050327
201306     -0.088366
201307      0.023441
201308     -0.057450
201309      0.013031
201310     -0.039109
201311      0.009602
>>>
```

8.6.2 从日回报率计算年回报率

用类似的方法，把日回报率转换为年回报率的代码如下。

```
from matplotlib.finance import quotes_historical_yahoo_ochl as getData
import numpy as np
import pandas as pd
ticker='IBM'
begdate=(1990,1,1)
enddate=(2012,12,31)
x=getData(ticker,begdate,enddate,asobject=True,adjusted=True)
logret = np.log(x.aclose[1:]/x.aclose[:-1])
date=[]
d0=x.date
for i in range(0,np.size(logret)):
```

```
        date.append(d0[i].strftime("%Y"))
y=pd.DataFrame(logret,date,columns=['ret_annual'])
ret_annual=np.exp(y.groupby(y.index).sum())-1
```

用 Pandas 模块的 head() 和 tail() 函数显示以上代码的计算结果的最前和最后几个数值。

```
print(ret_annual.head())
      ret_annual
1990    0.197704
1991   -0.157614
1992   -0.411504
1993    0.186896
1994    0.301357

print(ret_annual.tail())
      ret_annual
2008   -0.150813
2009    0.546113
2010    0.134778
2011    0.284651
2012    0.045452
```

8.7 按日期合并数据集

通常用日回报率来计算贝塔值，以衡量一家公司的市场风险。以 IBM 为例，需要 IBM 的价格、市场回报率和无风险利率来估计资本资产定价模型（CAPM）。以下的代码用来下载这些数据。

```
from matplotlib.finance import quotes_historical_yahoo_ochl as getData
import numpy as np
import pandas as pd
ticker='IBM'
begdate=(1990,1,1)
enddate=(2012,12,31)
x=getData(ticker,begdate,enddate,asobject=True,adjusted=True)
logret = np.log(x.aclose[1:]/x.aclose[:-1])
date=[]
d0=x.date
for i in range(0,np.size(logret)):
    date.append(d0[i].strftime("%Y"))
```

```
y=pd.DataFrame(logret,date,columns=['ret_annual'])
ret_annual=np.exp(y.groupby(y.index).sum())-1
```

图 8-9 显示了其中一部分数据。

```
>>> final.head()
         IBM_adjClose   Mkt_Rf     SMB      HML    Rf
20131001       184.37   0.0091   0.0039  -0.0013    0
20131002       182.97  -0.0010  -0.0036   0.0004    0
20131003       181.88  -0.0087  -0.0017   0.0020    0
20131004       182.12   0.0074   0.0000   0.0010    0
20131007       180.05  -0.0095  -0.0026   0.0006    0
>>> final.tail()
         IBM_adjClose   Mkt_Rf     SMB      HML    Rf
20131025       174.95   0.0033  -0.0035   0.0022    0
20131028       175.44   0.0009  -0.0005  -0.0002    0
20131029       180.16   0.0054  -0.0016  -0.0015    0
20131030       178.21  -0.0061  -0.0072   0.0040    0
20131031       177.28  -0.0034  -0.0008  -0.0036    0
>>>
```

图 8-9

图 8-9 显示有 5 列数据，包含价格和回报率两类数据。第 1 列是价格，其余的列则包含回报率。这样做其实没有什么实际意义，只是为了展示如何通过日期变量把价格序列和回报率序列合并起来。

8.8 构建 n 只股票的投资组合

以下的代码生成一个包含 S&P500 指数和 3 只股票的回报率的数据集。

```
from scipy.stats import stats
import numpy as np
import pandas as pd
tickers=['IBM','dell','wmt']
mkt='http://chart.yahoo.com/table.csv?s=^GSPC'
final=pd.read_csv(mkt,usecols=[0,6],index_col=0)
final.columns=['^GSPC']
path='http://chart.yahoo.com/table.csv?s=ttt'
for ticker in tickers:
    print ticker
    x = pd.read_csv(path.replace('ttt',ticker),usecols=[0,6],index_col=0)
    x.columns=[ticker]
```

```
final=pd.merge(final,x,left_index=True,right_index=True)
```

用 head()和 tail()函数显示结果的最前和最后几个数值。

```
>>>final.head()
                ^GSPC       IBM     dell     wmt
Date
2013-10-18      1744.50    172.85   13.83   75.71
2013-10-17      1733.15    173.90   13.85   75.78
2013-10-16      1721.54    185.73   13.85   75.60
2013-10-15      1698.06    183.67   13.83   74.37
2013-10-14      1710.14    185.97   13.85   74.68
>>>final.tail()
                ^GSPC       IBM     dell     wmt
Date
1988-08-23      257.09     17.38    0.08    2.83
1988-08-22      256.98     17.36    0.08    2.87
1988-08-19      260.24     17.67    0.09    2.94
1988-08-18      261.03     17.97    0.09    2.98
1988-08-17      260.77     17.97    0.09    2.98
>>>
```

8.9 T-检验和 F-检验

金融领域常用 t-统计量来检验某个零假设。当零假设成立时，t-统计量服从 t 分布。以下的代码生成 1 000 个服从标准正态分布的随机数，然后进行两个检验。第 1 个检验的零假设是均值为 0.5，第 2 个检验的零假设是均值为 0。

```
from scipy import stats
import scipy as sp
sp.random.seed(1235)
x =stats.norm.rvs(size=10000)
print("T-value    P-value (two-tail)")
print(stats.ttest_1samp(x,0.5))
print(stats.ttest_1samp(x,0))


T-value    P-value (two-tail)
Ttest_1sampResult(statistic=-49.763471231428966, pvalue=0.0)
Ttest_1sampResult(statistic=-0.26310321925083019,
pvalue=0.79247644375164861)
```

第 1 个检验结果推翻了均值为 0.5 的零假设，因为 t 值是-49.8 而对应的 p 值是 0。第 2

个检验结果接受了均值为 0 的零假设，因为 t 值接近–0.26 而对应的 p 值是 0.79。以下的代码测试 IBM 在 2013 年的平均日回报率是否等于 0。

```
from scipy import stats
import scipy as sp
from matplotlib.finance import quotes_historical_yahoo_ochl as getData
ticker='ibm'
begdate=(2013,1,1)
enddate=(2013,11,9)
p=getData(ticker,begdate,enddate,asobject=True, adjusted=True)
ret=p.aclose[1:]/p.aclose[:-1]-1

print('        Mean and    T-value,    P-value    ')
print(round(sp.mean(ret),5),stats.ttest_1samp(ret,0))

       Mean,               T-value,         P-value
(-0.00024, Ttest_1sampResult(statistic=-0.29626061209695081,
pvalue=0.7673170344956195))
```

以上结果显示 IBM 的平均日回报率为 0.024%，t 值是–0.30 而 p 值是 0.77。因此，统计检验的结果支持平均日回报率等于 0。

8.9.1 检验方差是否相等

接下来，检验 IBM 和 DELL 在 2013 年的方差是否相等。sp.stats.bartlett()函数采用 Bartlett 方法来检验多个样本集的方差是相等的这个零假设，通常称为 F-检验，该函数输出 t 值和 p 值。

```
import scipy as sp
from matplotlib.finance import quotes_historical_yahoo_ochl as getData
begdate=(2013,1,1)
enddate=(2013,11,9)

def ret_f(ticker,begdate,enddate):
    p =getData(ticker,begdate,enddate,asobject=True,adjusted=True)
    return  p.aclose[1:]/p.aclose[:-1]-1

y=ret_f('IBM',begdate,enddate)
x=ret_f('DELL',begdate,enddate)
print(sp.stats.bartlett(x,y))
BartlettResult(statistic=5.8376610955189028,
```

pvalue=0.015686665501265368)

由于 t 值为 5.84 而 p 值为 1.6%，依据 5% 的显著水平，我们的结论是这两只股票在 2013 年的日回报率具有不同的方差。

8.9.2 测试"一月效应"

本节使用 IBM 的数据来检验"一月效应"。一月效应是指股票在一月份的回报率不同于其他月份。首先从雅虎财经网站下载 IBM 的每日价格，然后把每日回报率转换为月回报率。之后，把月回报率分为两组：一月份的回报率和其他月份的回报率来测试这两组的均值是否相等。

```
from matplotlib.finance import quotes_historical_yahoo_ochl as getData
import pandas as pd
import scipy as sp
from datetime import datetime

ticker='IBM'
begdate=(1962,1,1)
enddate=(2013,11,22)
x =getData(ticker, begdate, enddate,asobject=True, adjusted=True)
logret = sp.log(x.aclose[1:]/x.aclose[:-1])
date=[]
d0=x.date
for i in range(0,sp.size(logret)):
    t1=''.join([d0[i].strftime("%Y"),d0[i].strftime("%m")])
    date.append(datetime.strptime(t1,"%Y%m"))

y=pd.DataFrame(logret,date,columns=['logret'])
retM=y.groupby(y.index).sum()
ret_Jan=retM[retM.index.month==1]
ret_others=retM[retM.index.month!=1]
print(sp.stats.bartlett(ret_Jan.values,ret_others.values))
BartlettResult(statistic=1.1772679367828081, pvalue=0.27791289192008017)
```

由于 t 值是 1.18，p 值是 0.28，我们认为 IBM 的回报率不存在一月效应。因为这个结论仅仅针对 IBM 一只股票，我们不应该一概而论。同样的方法可以用来测试其他类似的效应是否存在。

8.10 金融研究和实战的应用举例

本节将讨论几个有用的金融领域的应用举例，如基于 52 周最高价和最低价的交易策略，估计 Roll（1984）买卖价差模型、Amihud（2002）反流动性指标模型、Pastor 和 Stambaugh（2003）流动性指标模型、资本资产定价模型、Fama-French 三因素模型和 Fama-MacBeth 回归分析，以及计算滚动时间窗口的贝塔值和在险价值 VaR，等等。

8.10.1 基于 52 周最高价和最低价的交易策略

一些投资者/研究人员建议采用基于 52 周最高价和最低价的交易策略，当某只股票今天的价格接近过去 52 周达到的最高价格，卖出该股票；当其今天的价格接近过去 52 周达到的最低价格，则买入该股票。下面的 Python 程序输出这 52 周的价格范围和今天价格的相对位置。

```
from matplotlib.finance import quotes_historical_yahoo_ochl as getData
from datetime import datetime
from dateutil.relativedelta import relativedelta
import numpy as np

ticker='IBM'
enddate=datetime.now()
begdate=enddate-relativedelta(years=1)
p = getData(ticker, begdate, enddate,asobject=True, adjusted=True)
x=p[-1]
y=np.array(p.tolist())[:,-1]
high=max(y)
low=min(y)
print("    Today,                        Price     High     Low,  % from low ")
print(x[0], x[-1], high, low,round((x[-1]-low)/(high-low)*100,2))
```

相应的输出如图 8-10 所示。

```
Today,     Price    High      Low,    % from low
(datetime.date(2017, 2, 3), 175.820007, 178.660004, 114.68367, 95.56)
```

图 8-10

结果显示，根据 52 周最高价和最低价的交易策略，我们应该卖出 IBM 的股票。

8.10.2 用 Roll（1984）模型来估算买卖价差

流动性是指如何能以很小的代价迅速转让资产。买卖价差是衡量流动性的一个常用指标，但是需要高频交易数据来精确估计买卖价差。我们将在本章后面展示如何利用高频交易数据直接计算买卖价差。Roll（1984）给出了一种方法，可以利用日回报率的自相关系数来间接地估计买卖价差。

$$S = 2\sqrt{-\text{cov}(\Delta P_t, \Delta P_{t-1})} \qquad (8\text{-}7)$$

$$\%\text{spread} = \frac{S}{p} \qquad (8\text{-}8)$$

这里，S 为买卖价差，P_t 为股票在第 t 天的收盘价，P 是在一段时间内每日收盘价的平均值。Roll 的方法有一个缺陷，某些股票在一定时间内的自相关系数可能是正的，这样等式（8-7）中的平方根号下的数值是负的。在这种情况下，需要把 S 设置为 0。可以用下面的代码来估计 P_t 和 P_{t-1} 之间的协方差。下面的 Python 代码从雅虎财经下载 DELL 这只股票在最近一年 252 个交易日的日回报率，并利用 Roll 的方法来估计 DELL 的买卖价差。

```
from matplotlib.finance import quotes_historical_yahoo_ochl as getData
import scipy as sp

ticker='IBM'
begdate=(2013,9,1)
enddate=(2013,11,11)
data=getData(ticker, begdate, enddate,asobject=True,adjusted=True)
p=data.aclose
d=sp.diff(p)
cov_=sp.cov(d[:-1],d[1:])
if cov_[0,1]<0:
    print("Roll spread for ",ticker,'is',round(2*sp.sqrt(-cov_[0,1]),3))
else:
    print("Cov is positive for ",ticker,'positive', round(cov_[0,1],3))
```

相应的输出如图 8-11 所示。

('Roll spread for ', 'IBM', 'is', 1.136)

图 8-11

Roll 模型得到这个时间段内的买卖价差是 1.136。Roll 模型的主要假设是 P_t 和 P_{t-1} 之间的协方差为负。当它的值为正时，Roll 的模型无法给出买卖价差的估计值。在运用实际数据时，这个假设通常是对的。当假设不成立时，也就是当价差为负时，可以考虑使用其他方法来估算价差。

8.10.3 用 Amihud（2002）模型来估算反流动性指标

Amihud（2002）认为流动性反映的是一系列订单对价格的影响。它的反流动性指标定义如下。

$$\text{illiq}_t = \frac{|R_t|}{P_t \times V_t} \tag{8-9}$$

这里，R_t 为第 t 日的日回报率，P_t 为第 t 日的收盘价，而 V_t 是第 t 日的交易金额。反流动性是流动性的对立面，反流动性指标越低意味着流动性越高。首先，用以下代码来进行两个数组的逐项除法。

```
>>>x=np.array([1,2,3],dtype='float')
>>>y=np.array([2,2,4],dtype='float')
>>>np.divide(x,y)
array([ 0.5 ,  1.  ,  0.75])
>>>
```

以下的代码利用 2013 年 10 月的交易数据来估计 IBM 这只股票的 Amihud 反流动性指标，得到的数值为 $1.165 * 10^{-11}$。这是一个相当小的数值。实际上，数值的绝对大小没有多大的意义，相对大小更能说明问题。如果估计 DELL 在同一时期的反流动性指标，就会得到 $0.638 * 10^{-11}$。由于 1.165 比 0.638 大，所以认为 IBM 比 DELL 流动性差。

```
import numpy as np
import statsmodels.api as sm
from matplotlib.finance import quotes_historical_yahoo_ochl as getData
begdate=(2013,10,1)
enddate=(2013,10,30)
ticker='IBM'

data= getData(ticker, begdate, enddate,asobject=True, adjusted=True)
p=np.array(data.aclose)
dollar_vol=np.array(data.volume*p)
ret=np.array(p[1:]/p[:-1]-1)
illiq=np.mean(np.divide(abs(ret),dollar_vol[1:]))
print("Aminud illiq=", illiq)
```

('Aminud illiq=', 1.2093824232748857e-11)

8.10.4 Pastor 和 Stambaugh（2003）流动性指标

根据 Campbell、Grossman 和 Wang(1993)的方法和实证分析的结果，Pastor 和 Stambaugh（2003）提出了如下的模型来衡量个股的流动性和市场流动性。

$$y_t = \alpha + \beta_1 x_{1,t-1} + \beta_2 x_{2,t-1} \in_t \qquad (8\text{-}10)$$

这里，y_t 是超额股票回报率，$x_{1,t}$ 是市场回报率，$x_{2,t}$ 是带符号的美元交易额（$x_{2,t}=sign(R_t-R_{f,t})\times p_t \times volume_t$），$R_t$ 为股票第 t 天的回报率，$R_{f,t}$ 为无风险利率，P_t 是股票价格，$volume_t$ 是交易额。这个回归模型用每个月的日回报率来估计，也就是说，每个月得到一个 β_2 的估计值。Pastor 和 Stambaugh（2003）把 β_2 作为流动性指标。

以下的代码估计 IBM 的流动性。首先，下载 IBM 和 S&P500 每天的价格数据，计算它们的日回报率，并将它们合并。

```
from matplotlib.finance import quotes_historical_yahoo_ochl
import numpy as np
import pandas as pd
import statsmodels.api as sm ticker='IBM' begdate=(2013,1,1) enddate=(2013,1,31)
data = quotes_historical_yahoo_ochl(ticker, begdate, enddate,asobject=True, adjusted=True)
ret = (data.aclose[1:]-data.aclose[:-1])/data.aclose[:-1] dollar_vol=np.array(data.aclose[1:])*np.array(data.volume[1:]) date=[]
d0=data.date
for i in range(0,size(ret)):
    date.append(''.join([d0[i].strftime("%Y"),d0[i].strftime("%m"),d0[i].strftime("%d")])) tt=pd.DataFrame(ret,np.array(date,dtype=int64),columns=['ret'])
tt2=pd.DataFrame(dollar_vol,np.array(date,dtype=int64),columns=['doll ar_vol'])
ff=load('c:/temp/ffDaily.pickle') tt3=pd.merge(tt,tt2,left_index=True,right_index=True) final=pd.merge(tt3,ff,left_index=True,right_index=True) y=final.ret[1:]-final.Rf[1:]
x1=final.Mkt_Rf[:-1]
x2=sign(np.array(final.ret[:-1]-final.Rf[:-1]))*np.array(final.dollar_vol[:-1])
x3=[x1,x2] n=size(x3)
```

```
x=np.reshape(x3,[n/2,2]) x=sm.add_constant(x) results=sm.OLS(y,x).fit()
print results.params
```

在上面的代码中，y 为 IBM 在时间 $t+1$ 的超额回报率，x_1 为在时间 t 的市场超额回报率，而 x_2 是在时间 t 的带符号的美元交易量。x_2 之前的系数是 Pastor 和 Stambaugh 的流动性指标。相应的输出如图 8-12 所示。

```
const    2.702020e-03
x1      -1.484492e-13
x2       6.390822e-12
dtype: float64
```

图 8-12

假设要利用从雅虎财经下载的每日数据来估计 IBM 的市场风险（贝塔值）。下面的线性回归定义了贝塔值。

$$R_{i,t} = R_f + \beta_i(R_{mkt,t} - R_{f,t}) + \epsilon_t \qquad (8\text{-}11)$$

这里，$R_{i,t}$ 是股票 i 的回报率，R_f 是无风险利率，R_{mkt} 是市场回报率，β_i 是股票 i 的贝塔值。由于无风险利率对贝塔值的影响非常小，所以可以用下面的公式来近似。

$$R_{i,t} = \alpha + \beta_i R_{mkt,t} + \varepsilon_t \qquad (8\text{-}12)$$

下面的 Python 代码下载 IBM 和 S&P500 每天的价格数据和估计 IBM 在 2013 年的贝塔值。

```
import numpy as np
import statsmodels.api as sm
from matplotlib.finance import quotes_historical_yahoo_ochl as getData

begdate=(2013,1,1)
enddate=(2013,11,9)

def ret_f(ticker,begdate, enddate):
    p = getData(ticker, begdate, enddate,asobject=True, adjusted=True)
    return p.aclose[1:]/p.aclose[:-1]-1

y=ret_f('IBM',begdate,enddate)
x=ret_f('^GSPC',begdate,enddate)
x=sm.add_constant(x)
```

```
model=sm.OLS(y,x)
results=model.fit()
print(results.summary())
```

以上代码使用前面讨论过的 **matplotlib** 模块，特别是调用函数 `quote_historical_yahoo_ochl()` 来从雅虎财经下载 IBM 和 S&P500（股票代码^GSPC）的每日价格数据。使用调整后的收盘价来估计回报率。估计回报率的公式用到 `p.aclose[:-1]`。

```
>>>x=np.array([1,2,3,4,10])
>>>x[1:]
array([ 2,  3,  4, 10])
>>>x[:-1]
array([1, 2, 3, 4])
```

输出结果如图 8-13 所示。

```
                            OLS Regression Results
==============================================================================
Dep. Variable:                      y   R-squared:                       0.190
Model:                            OLS   Adj. R-squared:                  0.187
Method:                 Least Squares   F-statistic:                     50.30
Date:                Sun, 05 Feb 2017   Prob (F-statistic):           1.90e-11
Time:                        14:30:20   Log-Likelihood:                 672.71
No. Observations:                 216   AIC:                            -1341.
Df Residuals:                     214   BIC:                            -1335.
Df Model:                           1
Covariance Type:            nonrobust
==============================================================================
                 coef    std err          t      P>|t|      [95.0% Conf. Int.]
------------------------------------------------------------------------------
const         -0.0009      0.001     -1.237      0.217        -0.002     0.001
x1             0.7411      0.105      7.092      0.000         0.535     0.947
==============================================================================
Omnibus:                      202.261   Durbin-Watson:                   1.819
Prob(Omnibus):                  0.000   Jarque-Bera (JB):             7289.720
Skew:                          -3.379   Prob(JB):                         0.00
Kurtosis:                      30.646   Cond. No.                         142.
==============================================================================

Warnings:
[1] Standard Errors assume that the covariance matrix of the errors is correctly specified.
```

图 8-13

图 8-13 显示 IBM 的贝塔值为 0.74，这意味着，如果市场风险溢价上升 1%，IBM 的风

险溢价将增加 0.74%。2013 年共有 216 个观察值，调整后的 R^2 是 18.7%。另外，细心的读者会发现更多的信息，比如 Durbin-Watson 统计量和 Jarque-Bera 统计量，等等。在讨论如何运行 Fama-French 三因素模型前，介绍如何把 Fama-French 数据保存在一个特殊格式的数据集里。每一个 Pandas 对象都有内联函数，它把数据以 Pickle 模块的数据结构形式按照给定的名称保存到指定的目录下，代码如下。

```
>>>import pandas as pd
>>>import numpy as np
>>>np.random.seed(1234)
>>>a = pd.DataFrame(randn(6,5))
>>>a.to_pickle('c:/temp/a.pickle')
>>>k=load("c:/temp/a.pickle")
```

在以上代码中，如果只需要产生任意一组 6 行 5 列的随机数，就不需要 np.random.seed(1234)。使用这个函数保证每次运行上述代码，都可以获得同样的一组随机数。另外，输出文件的扩展名不一定是.pickle，任何扩展名都可以（即使没有扩展名也可以）。

```
>>>print(k)
>>>        0          1          2          3          4
0    0.471435  -1.190976   1.432707  -0.312652  -0.720589
1    0.887163   0.859588  -0.636524   0.015696  -2.242685
2    1.150036   0.991946   0.953324  -2.021255  -0.334077
3    0.002118   0.405453   0.289092   1.321158  -1.546906
4   -0.202646  -0.655969   0.193421   0.553439   1.318152
5   -0.469305   0.675554  -1.817027  -0.183109   1.058969
>>>
```

8.10.5 Fama-French 三因子模型

资本资产定价模型 CAPM 是一个单因子模型。Fama-French 三因子模型把它扩展到 3 个因子。根据该模型，IBM 的回报率满足以下等式。

$$R_{\text{IBM}} = R_f + \beta_m(R_m - R_f) + \beta_{SMB} \times SMB + \beta_{HML} \times HML + \varepsilon_t, \qquad (8\text{-}13)$$

这里，R_{IBM} 是 IBM 的回报率，R_f 为无风险收益率，R_M 是市场收益率，SMB 是小型股投资组合的收益率减去大型股投资组合的收益率，HML 是高账面市值股投资组合的收益率减去低账面市值股投资组合的收益率。下面的程序读入 Fama-French 三因子的月回报率，并生成 pickle 格式的数据集。

```
>>>import pandas as pd
>>>file=open("c:/temp/ff_monthly.txt","r")
>>>data=file.readlines()
>>>f=[]
>>>index=[]
>>>for i in range(4,size(data)):
     t=data[i].split()
     index.append(int(t[0]))
     for j in range(1,5):
         k=float(t[j])
         f.append(k/100)
>>>n=len(f)
>>>f1=np.reshape(f,[n/4,4])
>>>ff=pd.DataFrame(f1,index=index,columns=['Mkt_Rf','SMB','HML','Rf'])
>>>ff.to_pickle("c:/temp/ffMonthly.pickle")
>>>ff.head()
         Mkt_Rf      SMB      HML      Rf
192607    0.0265  -0.0239  -0.0257  0.0022
192608    0.0259  -0.0127   0.0458  0.0025
192609    0.0037  -0.0125  -0.0009  0.0023
192610   -0.0345  -0.0002   0.0102  0.0032
192611    0.0243  -0.0024  -0.0063  0.0031
>>>ff.tail()
         Mkt_Rf      SMB      HML     Rf
201306   -0.0121   0.0123  -0.0045   0
201307    0.0565   0.0185   0.0079   0
201308   -0.0269   0.0028  -0.0246   0
201309    0.0376   0.0285  -0.0152   0
201310    0.0417  -0.0152   0.0139   0
>>>
```

接下来，将展示如何使用从雅虎财经下载IBM在5年里的月回报率来估计Fama-French三因子模型。Fama-French 的三因子模型的 pickle 格式数据集可以从网址 http://www.canisius.edu/~yany/python/ffMonthly.pkl 下载。

```
from matplotlib.finance import quotes_historical_yahoo_ochl as getData
import numpy as np
import pandas as pd
import datetime
import statsmodels.api as sm

ticker='IBM'
```

```
begdate=(2008,10,1)
enddate=(2013,11,30)

p = getData(ticker, begdate, enddate,asobject=True,adjusted=True)
logret=np.log(p.aclose[1:]/p.aclose[:-1])
date=[]
d0=p.date

for i in range(0,np.size(logret)):
    y=d0[i].strftime("%Y")
    m=d0[i].strftime("%m")
    date.append(datetime.date(int(y),int(m),1))

t=pd.DataFrame(logret,index=date,columns=['ret'])
ret=np.exp(t.groupby(t.index).sum())-1
ff=pd.read_pickle('c:/temp/ffMonthly.pkl')

final=pd.merge(ret,ff,left_index=True,right_index=True)
y=final.ret
x=final[['MKT_RF','SMB','HML']]
x=sm.add_constant(x)
results=sm.OLS(y,x).fit()
print(results.params)
```

以上的代码用到好几个模块。数据的起始日期是 2008 年 10 月 1 日,结束日期是 2013 年 11 月 9 日。获取每日价格数据后,计算日收益率并把它们转换为月收益率。Fama-French 三因子包含在已经生成的 pickle 格式数据集里。以上的代码使用 np.array(date, dtype=int64) 函数使这两个指数具有相同的数据类型。相应的输出如图 8-14 所示。

const	0.001440
MKT_RF	0.803794
SMB	0.104695
HML	-0.336957
dtype: float64	

图 8-14

8.10.6 Fama-MacBeth 回归模型

首先,演示如何使用 pd.ols 函数,代码如下。

```
from datetime import datetime import numpy as np
```

```
import pandas as pd
n = 252
np.random.seed(12345) begdate=datetime(2013, 1, 2)
dateRange = pd.date_range(begdate, periods=n)
x0= pd.DataFrame(np.random.randn(n, 1),columns=['ret'],index=dateRange)
y0=pd.Series(np.random.randn(n), index=dateRange)
print pd.ols(y=y0, x=x0)
```

用以下的代码来估计 Fama-MacBeth 回归。

```
from datetime import datetime
import numpy as np
import pandas as pd
n = 252
np.random.seed(12345)
begdate=datetime(2013, 1, 2)
dateRange = pd.date_range(begdate, periods=n)
def makeDataFrame():
    data=pd.DataFrame(np.random.randn(n,7),columns=['A','B','C','D','E',
'F','G'],
       index=dateRange)
    return data

data = {
    'A': makeDataFrame(),
    'B': makeDataFrame(),
    'C': makeDataFrame()
}
Y = makeDataFrame()
print(pd.fama_macbeth(y=Y,x=data))
```

8.10.7 滚动式估算市场风险系数

以下代码使用 pd.ols 函数和参数值 window=252 来滚动式估算市场风险系数(贝塔值)。

```
import numpy as np
import statsmodels.api as sm
import pandas as pd
from matplotlib.finance import quotes_historical_yahoo_ochl as getData

def ret_f(ticker,begdate, enddate):
    p = getData(ticker, begdate, enddate,asobject=True, adjusted=True)
    return p.aclose[1:]/p.aclose[0:-1]-1
```

```
begdate=(1962,1,1)
enddate=(2013,11,9)
y0=pd.Series(ret_f('IBM',begdate,enddate))
x0=pd.Series(ret_f('^GSPC',begdate,enddate))
model = pd.ols(y=y0, x=x0, window=252)
print(model.beta.head())
```

可以用下面的代码查看得到的贝塔值。

```
>>>print(model.beta.head())
            x    intercept
251   1.618017  -0.000648
252   1.620275  -0.000651
253   1.618622  -0.000692
254   1.620310  -0.000734
255   1.622353  -0.000673
>>>print(model.beta.tail())
            x    intercept
13049  0.784701  -0.000857
13050  0.787247  -0.000911
13051  0.790106  -0.000870
13052  0.780391  -0.000814
13053  0.776054  -0.000867
```

使用plot()函数绘制图形以显示贝塔值的时间曲线图。绘制的曲线如图8-15所示。

```
>>>model.beta.plot()
```

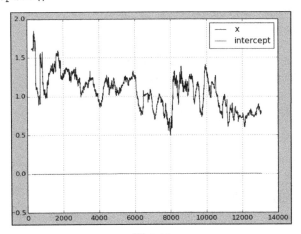

图 8-15

通常情况下,我们更关心每一年的贝塔值,而不是上面得到的时间段有所重叠的贝塔值。以下代码估计每一年的贝塔值,这可以视为另一种滚动方式。

```python
import numpy as np
import pandas as pd
import statsmodels.api as sm
from matplotlib.finance import quotes_historical_yahoo_ochl as getData

def ret_f(ticker,begdate,enddate):
p = getData(ticker, begdate, enddate,asobject=True, adjusted=True)
return  p.aclose[1:]/p.aclose[:-1]-1

begdate=(1962,1,1)
enddate=(2013,11,9)

y0=pd.Series(ret_f('IBM',begdate,enddate)) x0=pd.Series(ret_f('^GSPC',begdate,enddate))
d=getData('^GSPC', begdate, enddate,asobject=True, adjusted=True).date[0:-1]
lag_year=d[0].strftime("%Y")
y1=[]
x1=[]
beta=[]
index0=[]
for i in range(1,len(d)):
    year=d[i].strftime("%Y")
    if(year==lag_year):
        x1.append(x0[i])
        y1.append(y0[i])
    else:
        model=pd.ols(y=pd.Series(y1),x=pd.Series(x1))
        print(lag_year, round(model.beta[0],4))
        beta.append(model.beta[0])
        index0.append(lag_year)
        x1=[]
        y1=[]
        lag_year=year
```

下面给出最初几年的贝塔值。

```
('1962', 1.6174)
('1963', 1.0839)
('1964', 1.5189)
```

('1965', 1.049)
('1966', 1.275)
('1967', 1.3927)
('1968', 1.5419)
('1969', 1.235)
('1970', 1.3438)

8.10.8 在险价值简介

我们常用几种方法来评估单个公司、证券或组合的风险，如标准偏差、方差、贝塔值或夏普比率。许多企业的决策者更喜欢用一个简单明了的金额来量度风险。在险价值（VaR）是被广泛采用的指标之一，它代表在给定的置信水平于一段时间内的可能蒙受的损失。图 8-16 基于标准正态分布演示在险价值这个概念。

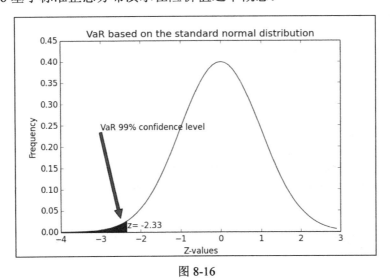

图 8-16

下面看几个例子。200 股 DELL 股票今天的价值是 2 942 美元，明天在 99%置信水平的最大损失是 239 美元。一个共同基金今天价值 1 000 万美元，在未来 3 个月的 99%置信水平的最大损失为 5 000 美元。银行当前的价值为 1.5 万亿美元，在未来 6 个月的 99%置信水平的在险价值是 10 亿美元。在险价值最常用的是 1%和 5%的概率（对应于 99%和 95%置信水平），以及 1 天和两周（10 天）的时间段。在正态发布的假设下，有以下的数学表达式。

$$\text{VaR}_{\text{period}} = position \times (\mu_{\text{period}} - z \times \sigma_{\text{period}}) \tag{8-14}$$

这里，*position* 是我们投资组合的当前市场价值，μ_{period} 是预期的回报率，z 是取决于置信水平的分界点，σ 是波动率。正态分布对应 99% 的置信水平的分界点为 $z = 2.33$，而对应 95% 的置信水平的分界点为 $z = 1.64$。当时间周期短，比如 1 天，可以忽略 μ_{period} 的影响，得到以下简单的数学式。

$$\text{VaR} = p \times z \times \sigma \tag{8-15}$$

下面的代码计算在 10 天时间里持有 5 万股沃尔玛股票的在险价值。

```
import numpy as np
import pandas as pd
from scipy.stats import norm
from matplotlib.finance import quotes_historical_yahoo_ochl as getData
n_shares=50                    # input 1
confidence_level=0.99          # input 2
n_days=10                      # input 3
z=norm.ppf(confidence_level)
ticker='WMT'
begdate=(2012,1,1)
enddate=(2012,12,31)
x=getData(ticker,begdate,enddate,asobject=True,adjusted=True)
ret = x.aclose[1:]/x.aclose[:-1]-1
position=n_shares*x.close[0]
VaR=position*z*np.std(ret)*np.sqrt(n_days)
print("Holding=",position, "VaR=", round(VaR,4), "in ", n_days, "Days")
('Holding=', 2650.3070499999999, 'VaR=', 200.1914, 'in ', 10, 'Days')
```

结果显示今天的股票价值为 2 650.31 美元，未来 10 天在 99% 的置信水平的在险价值为 200.19 美元。

8.11 构建有效组合边界

构建有效组合边界是金融领域一个非常有挑战性的工作。如何利用实际的数据构建有效组合边界难度更大。本节将重点讨论如何从雅虎财经下载历史数据来估计方差-协方差矩阵，找到最优投资组合和构建有效组合边界。

8.11.1 估计方差-协方差矩阵

假定几只股票的回报率保存在一个数组里，可以用这个数组来计算这几只股票的方差-

协方差矩阵。然后，可以结合这几只股票在一个投资组合中的权重来计算该组合的回报率的方差。以下公式用来计算单只股票的收益率的方差和标准方差。

$$\bar{R} = \frac{\sum_{i=1}^{n} R_i}{n} \tag{8-16}$$

$$\begin{cases} \sigma^2 = \dfrac{\sum_{i=1}^{n}(R_i - \bar{R})^2}{n-1} \\ \sigma = \sqrt{\sigma^2} \end{cases} \tag{8-17}$$

这里，R_i 是该股票在时间段 i 的回报率，$\bar{R}$ 为它们的平均值，n 是时间段的数目。用以下公式来计算一个有 n 只股票的投资组合的方差和标准差。

$$R_{port} = \sum_{i=1}^{n} w_i R_i \tag{8-18}$$

以下的公式计算一个有两只股票的投资组合的方差和标准方差。

$$\sigma_{port}^2 = w_1^2 \sigma_1^2 + w_2^2 \sigma_2^2 + 2w_1 w_2 \sigma_{1,2} = w_1^2 \sigma_1^2 + w_1^2 \sigma_1^2 + 2w_1(1-w_2)\rho \sigma_1 \sigma_2 \tag{8-19}$$

这里，$\sigma_{1,2}$ 是股票 1 和股票 2 之间的协方差，$\rho_{1,2}$ 是股票 1 和股票 2 之间的相关系数。

$$\sigma_{1,2} = \frac{\sum_{i=1}^{n}(R_{1,i} - \bar{R}_1)(R_{2,i} - \bar{R}_2)}{n-1} \tag{8-20}$$

以下的公式计算一个有 n 只股票的投资组合的方差和标准方差

$$\sigma_{port}^2 = \sum_{i=1}^{n} \sum_{j=1}^{n} w_i w_j \sigma_{i,j}, \text{其中 } \sigma_{i,j} = \sigma_i^2 \tag{8-21}$$

假设回报率矩阵是 n 行 m 列，即 m 只股票在 n 个时间段的回报率。

$$R = \begin{pmatrix} R_{1,1} R_{1,2} \cdots R_{1,m} \\ R_{1,2} R_{2,2} \cdots R_{2,m} \\ \cdots \cdots \cdots \cdots \\ \cdots \cdots \cdots \cdots \\ R_{n,1} R_{n,2} \cdots R_{n,m} \end{pmatrix} \begin{pmatrix} R_{1,1} R_{1,2} \cdots R_{1,m} \\ R_{1,2} R_{2,2} \cdots R_{2,m} \\ \cdots \cdots \cdots \cdots \\ \cdots \cdots \cdots \cdots \\ R_{n,1} R_{n,2} \cdots R_{n,m} \end{pmatrix} \tag{8-22}$$

$$w = (w_1, w_2, w_3, \cdots, w_m) \tag{8-23}$$

以下公式用矩阵形式表示投资组合的预期收益率。

$$E(R_{port}) = w \times E(R) \tag{8-24}$$

相对应的投资组合的方差为

$$\Sigma = \begin{pmatrix} \sigma_{1,1} & \cdots & \sigma_{1,m} \\ \sigma_{1,2} & \cdots & \sigma_{2,m} \\ \cdots & \cdots & \cdots \\ \cdots & \cdots & \cdots \\ \sigma_{n,1} & \cdots & \sigma_{n,m} \end{pmatrix} \tag{8-25}$$

$$\sigma_{port}^2 = w \times \Sigma \times w' \tag{8-26}$$

显然，两只股票的投资组合是 n 只股票的投资组合的一个特例。给定 n 只股票的回报率矩阵和它们在投资组合里所占权重的向量，以下代码用来计算这 n 只股票的方差-协方差矩阵和该组合的方差。

```
import numpy as np
ret=np.matrix(np.array([[0.1,0.2],[0.10,0.1071],[-0.02,0.25],
[0.012,0.028], [0.06,0.262],[0.14,0.115]]))
print("return matrix", ret)
covar_=ret.T*ret
weight=np.matrix(np.array([0.4,0.6]))
print ("weight vecot",weight)
print(weight*covar_*weight.T)
```

回报率矩阵和给定组合的方差如图 8-17 所示。

```
('return matrix', matrix([[ 0.1   ,  0.2   ],
        [ 0.1   ,  0.1071],
        [-0.02  ,  0.25  ],
        [ 0.012 ,  0.028 ],
        [ 0.06  ,  0.262 ],
        [ 0.14  ,  0.115 ]]))
('weight vecot', matrix([[ 0.4,  0.6]]))
[[ 0.10555915]]
```

图 8-17

8.11.2 优化-最小化

下面的例子试图找到 x 的值使得目标函数 y 的值达到最小。

$$y = 2 + ax^2 \tag{8-27}$$

很显然,当 x 等于 0 时,y 的值最小。以下代码用来找到使 y 的值最小的解。

```
>>>from scipy.optimize import minimize
>>>def y_f(x):
    return (3+2*x**2)
>>>x0=100
>>>res = minimize(y_f,x0,method='nelder-mead',options={'xtol':1e- 8,
'disp': True})
>>>print(res.x)
Optimization terminated successfully.
        Current function value: 3.000000
        Iterations: 37
        Function evaluations: 74
[ 0.]
>>>
```

输出显示该函数的最小值为 3,它是当 x 取值为 0 时得到的。

8.11.3 构建一个最优投资组合

金融总是在风险与收益之间寻求平衡。夏普比率是衡量风险与收益是否对等的一个重要指标。其定义如下。

$$Sharpe = \frac{E(R) - R_f}{\sigma_p} \tag{8-28}$$

以下的代码通过改变股票在投资组合里的权重寻找使得夏普比率最高的组合。代码的第一部分输入组合内包括的几只股票和股票回报率的开始及结束日期。

```
import numpy as np
import scipy as sp
import pandas as pd
from scipy.optimize import fmin
from matplotlib.finance import quotes_historical_yahoo_ochl as getData
```

```python
# Step 1: input area
ticker=('IBM','WMT','C')        # tickers
begdate=(1990,1,1)              # beginning date
enddate=(2012,12,31)            # ending date
rf=0.0003                       # annual risk-free rate
```

代码的第二部分定义了 4 个函数来完成以下功能：从雅虎财经下载数据、估计日回报率并将其转换成年回报率、计算投资组合的方差及夏普比率。

```python
# Step 2: define a few functions
# function 1:
def ret_annual(ticker,begdate,enddte):
    x=getData(ticker,begdate,enddate,asobject=True,adjusted=True)
    logret =sp.log(x.aclose[1:]/x.aclose[:-1])
    date=[]
    d0=x.date
    for i in range(0,sp.size(logret)):
        date.append(d0[i].strftime("%Y"))
    y=pd.DataFrame(logret,date,columns=[ticker])
    return sp.exp(y.groupby(y.index).sum())-1
# function 2: estimate portfolio variance
def portfolio_var(R,w):
    cor = sp.corrcoef(R.T)
    std_dev=sp.std(R,axis=0)
    var = 0.0
    for i in xrange(n):
        for j in xrange(n):
            var += w[i]*w[j]*std_dev[i]*std_dev[j]*cor[i, j]
    return var
# function 3: estimate Sharpe ratio
def sharpe(R,w):
    var = portfolio_var(R,w)
    mean_return=sp.mean(R,axis=0)
    ret = sp.array(mean_return)
    return (sp.dot(w,ret) - rf)/sp.sqrt(var)
# function 4: for given n-1 weights, return a negative sharpe ratio
def negative_sharpe_n_minus_1_stock(w):
    w2=sp.append(w,1-sum(w))
    return -sharpe(R,w2)          # using a return matrix here!!!!!!
```

第 3 步调用 fmin() 函数找到最优的投资组合。

```python
# Step 3: generate a return matrix (annul return)
```

```python
n=len(ticker)               # number of stocks
x2=ret_annual(ticker[0],begdate,enddate)
for i in range(1,n):
    x_=ret_annual(ticker[i],begdate,enddate)
    x2=pd.merge(x2,x_,left_index=True,right_index=True)

# using scipy array format
R = sp.array(x2)
print('Efficient porfolio (mean-variance) :ticker used')
print(ticker)
print('Sharpe ratio for an equal-weighted portfolio')
equal_w=sp.ones(n, dtype=float) * 1.0 /n
print(equal_w)
print(sharpe(R,equal_w))
# for n stocks, we could only choose n-1 weights
w0= sp.ones(n-1, dtype=float) * 1.0 /n
w1 = fmin(negative_sharpe_n_minus_1_stock,w0)
final_w = sp.append(w1, 1 - sum(w1))
final_sharpe = sharpe(R,final_w)
print ('Optimal weights are ')
print (final_w)
print ('final Sharpe ratio is ')
print(final_sharpe)
```

输出结果如图 8-18 所示。等权重投资组合的夏普比率为 0.63，最优投资组合的夏普比率为 0.67。

```
Efficient porfolio (mean-variance) :ticker used
('IBM', 'WMT', 'C')
Sharpe ratio for an equal-weighted portfolio
[ 0.33333333   0.33333333   0.33333333]
0.634645504708
Optimization terminated successfully.
         Current function value: -0.669702
         Iterations: 30
         Function evaluations: 58
Optimal weights are
[ 0.49713116   0.31047116   0.19239769]
final Sharpe ratio is
0.669701971388
>>>
```

图 8-18

8.11.4 构建 n 只股票的有效组合边界

构建有效组合边界是金融教学的一个难点，主要因为较多地涉及矩阵操作和约束条件下的优化。绘制有效组合边界的图形有助于形象地解释马科维茨投资组合理论。以下代码找到由给定的 5 支股票构成的有效组合边界，并绘制其图形。

```python
import numpy as np
import scipy as sp
import pandas as pd
import matplotlib.pyplot as plt
from numpy.linalg import inv, pinv
from matplotlib.finance import quotes_historical_yahoo_ochl as getData

# Step 1: input area
begYear,endYear = 2001,2013
stocks=['IBM','WMT','AAPL','C','MSFT']

# Step 2: define 2 functions
def ret_monthly(ticker):     # function 1
    x = getData(ticker,(begYear,1,1),(endYear,12,31),asobject=True,adjusted=True)
    logret=np.log(x.aclose[1:]/x.aclose[:-1])
    date=[]
    d0=x.date
    for i in range(0,np.size(logret)):
        date.append(''.join([d0[i].strftime("%Y"),d0[i].strftime("%m")]))
    y=pd.DataFrame(logret,date,columns=[ticker])
    return y.groupby(y.index).sum()

# function 2: objective function
def objFunction(W, R, target_ret):
    stock_mean=np.mean(R,axis=0)
    port_mean=np.dot(W,stock_mean)             # portfolio mean
    cov=np.cov(R.T)                            # var-cov matrix
    port_var=np.dot(np.dot(W,cov),W.T)         # portfolio variance
    penalty = 2000*abs(port_mean-target_ret)   # penalty 4 deviation
    return np.sqrt(port_var) + penalty         # objective function

# Step 3: Generate a return matrix R
R0=ret_monthly(stocks[0])                      # starting from 1st stock
n_stock=len(stocks)                            # number of stocks
for i in xrange(1,n_stock):                    # merge with other stocks
    x=ret_monthly(stocks[i])
    R0=pd.merge(R0,x,left_index=True,right_index=True)
    R=np.array(R0)
```

8.11 构建有效组合边界

```
# Step 4: estimate optimal portfolio for a given return
out_mean,out_std,out_weight=[],[],[]
stockMean=np.mean(R,axis=0)
for r in np.linspace(np.min(stockMean),np.max(stockMean),num=100):
    W = np.ones([n_stock])/n_stock    # starting from equal weights
    b_ = [(0,1)
    for i in range(n_stock)]          # bounds, here no short
    c_ = ({'type':'eq', 'fun': lambda W: sum(W)-1. })#constraint
    result=sp.optimize.minimize(objFunction,W,(R,r),method='SLSQP',
constraints=c_, bounds=b_)
    if not result.success:            # handle error raise
        BaseException(result.message)
    out_mean.append(round(r,4))       # 4 decimal places
    std_=round(np.std(np.sum(R*result.x,axis=1)),6)
    out_std.append(std_)
    out_weight.append(result.x)

# Step 4: plot the efficient frontier
plt.title('Efficient Frontier')
plt.xlabel('Standard Deviation of the porfolio (Risk))')
plt.ylabel('Return of the portfolio')
plt.figtext(0.5,0.75,str(n_stock)+' stock are used: ')
plt.figtext(0.5,0.7,' '+str(stocks))
plt.figtext(0.5,0.65,'Time period: '+str(begYear)+' ------ '+str(endYear))
plt.plot(out_std,out_mean,'--')
plt.show()
```

输出的图形如图 8-19 所示。

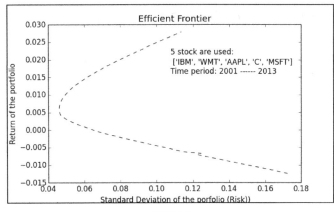

图 8-19

8.12 插值法简介

插值是金融分析中经常用到的技术。下面的例子在 2 和 6 之间有两个以 nan 为标记的缺失值，使用 pd.interpolate()函数以线性插值算法来计算并填充这两个缺失值。

```
>>>import pandas as pd
>>>import numpy as np
>>>x=pd.Series([1,2,np.nan,np.nan,6])
>>>x.interpolate()
0    1.000000
1    2.000000
2    3.333333
3    4.666667
4    6.000000
```

如果已知由坐标（x_0，y_0）和（x_1，y_1）给定的两个点，线性插值算法利用连接这两个点之间的直线。对于任一介于横坐标（x_0，x_1）之间的 x 值，直线上对应的 y 值由以下公式给出。

$$\frac{y-y_0}{x-x_0}=\frac{y_1-y_0}{x_1-x_0} \qquad (8\text{-}29)$$

求解以上方程得出 y 值的计算公式为

$$y = y_0 + \frac{(x-x_0)y_1 - (x-x_0)y_0}{x_1-x_0} \qquad (8\text{-}30)$$

从雅虎财经的债券网页，可以得到表 8-2 所示的信息。

表 8-2

到期	收益率	昨天	上周	上月
3 月	0.05	0.05	0.04	0.03
6 月	0.08	0.07	0.07	0.06
2 年	0.29	0.29	0.31	0.33
3 年	0.57	0.54	0.59	0.61
5 年	1.34	1.32	1.41	1.39

续表

到期	收益率	昨天	上周	上月
10 年	2.7	2.66	2.75	2.66
30 年	3.8	3.78	3.85	3.72

以下代码利用线性插值算法得出期限分别为 4 年、6 年、7 年、8 年和 9 年的债券的收益率。

```
>>>import numpy as np
>>>x=pd.Series([0.29,0.57,np.nan,1.34,np.nan,np.nan,np.nan,np.nan,2.7])
>>>y=x.interpolate()
>>>print y
0    0.290
1    0.570
2    0.955
3    1.340
4    1.612
5    1.884
6    2.156
7    2.428
8    2.700
dtype: float64
>>>
```

8.13　输出数据到外部文件

本节将讨论用来存储数据的几种方法，如保存数据或结果到一个文本文件或二进制文件等。

8.13.1　输出数据到一个文本文件

以下代码下载 IBM 的每日价格的历史数据，并将其保存到一个文本文件中。

```
>>>from matplotlib.finance import quotes_historical_yahoo_ochl
>>>import re
>>>ticker='dell'
>>>outfile=open("c:/temp/dell.txt","w")
>>>begdate=(2013,1,1)
```

```
>>>enddate=(2013,11,9)
>>>p = quotes_historical_yahoo_ochl(ticker, begdate, enddate,
asobject=True, adjusted=True)
>>>x2= re.sub('[\(\)\{\}\.<>a-zA-Z]','', x)
>>>outfile.write(x2)
>>>outfile.close()
```

8.13.2 输出数据到一个二进制文件

以下代码首先生成一个简单的仅有 3 个数值的数组，然后将它保存在 C:\temp\目录下名为 tmp.bin 的二进制文件里。

```
>>>import array
>>>import numpy as np
>>>outfile = "c:/temp/tmp.bin"
>>>fileobj = open(outfile, mode='wb')
>>>outvalues = array.array('f')
>>>data=np.array([1,2,3])
>>>outvalues.fromlist(data.tolist())
>>>outvalues.tofile(fileobj)
>>>fileobj.close()
```

8.13.3 从二进制文件读取数据

假设用以上代码生成了一个名为 C:\temp\tmp.bin 的二进制文件，该文件仅包含 1、2 和 3 这 3 个数字。下面的代码可以从该文件读取这几个数字。

```
>>>import array
>>>infile=open("c:/temp/tmp.bin", "rb")
>>>s=infile.read()          # read all bytes into a string
>>>d=array.array("f", s)    # "f" for float
>>>print(d)
>>>infile.close()
```

8.14 用 Python 分析高频数据并计算买卖价差

高频数据是指金融市场内以秒甚至毫秒记录下来的每笔报价和交易数据。纽约证券交易所交易和报价（TAQ）数据库是最常用的美国股市高频数据的数据库（http://www.nyxdata.com/data-products/daily-taq）。下面的代码可用于检索谷歌财经网站上的高频数据。

```
>>>import re, string
>>>import pandas as pd
>>>ticker='AAPL'            # input a ticker
>>>f1="c:/temp/ttt.txt"    # ttt will be replace with aboove sticker
>>>f2=f1.replace("ttt",ticker)
>>>outfile=open(f2,"w")
>>>path="http://www.google.com/finance/getprices?q=ttt&i=300&p=10d&f=d,o,h,l,c,v"
>>>path2=path.replace("ttt",ticker)
>>>df=pd.read_csv(path2,skiprows=8,header=None)
>>>df.to_csv(outfile,header=False,index=False)
>>>outfile.close()
```

以上代码用到两个输入变量：股票交易代码和文件存储路径。使用含有字符串"ttt"的路径名，然后用 string.replace()函数来把它替换成所需的股票交易代码。用 head()和 tail()函数显示所获得的数据文件的首 5 行和最后 5 行如下。

```
>>>df.head()
     0    1       2       3       4       5
0    1    519.55  520.20  517.05  517.23  256716
1    2    519.20  520.40  518.84  519.59  202711
2    3    518.71  519.29  518.00  519.18  144928
3    4    519.11  519.60  518.08  518.76  108554
4    5    519.31  519.80  518.67  519.09  104715
>>>df.tail()
       0    1       2       3       4       5
748    898  525.450 525.500 524.990 525.140 113120
749    899  525.660 525.670 525.170 525.440 68422
750    900  525.460 525.680 525.370 525.660 10639
751    901  525.548 525.557 525.200 525.370 0
752    902  525.420 525.580 525.265 525.545 0
>>>
```

谷歌财经网站提供高频数据的相关网页位于 http://www.google.com/finance/ getprices?q=AAPL&i=300&p=10d&f=d,o,h,l,c,v。该文件的首 10 行内容如下。

```
EXCHANGE DNASDAQ MARKET_OPEN_MINUTE=570 MARKET_CLOSE_MINUTE=960
INTERVAL=300 COLUMNS=DATE,CLOSE,HIGH,LOW,OPEN DATA=
TIMEZONE_OFFSET=-300 a1383575400,521.2,521.35,521.07,521.1 1,522.48,
```

```
522.58,519.75,521.37
2,519.44,522.89,518.81,522.49
3,520.36,520.98,519.1901,519.49
```

以下代码用来添加一个日期变量。

```
import pandas as pd, numpy as np, datetime
ticker='AAPL'
path="https://www.google.com/finance/getprices?q=ttt&i=300&p=10d&f=d,o,
%20h,l,c,v"
x=np.array(pd.read_csv(path.replace('ttt',ticker),skiprows=7,header=None))

date=[]
for i in np.arange(0,len(x)):
    if x[i][0][0]=='a':
        t= datetime.datetime.fromtimestamp(int(x[i][0].replace('a','')))
        print ticker, t, x[i][1:]
        date.append(t)
    else:
        date.append(t+datetime.timedelta(minutes =int(x[i][0])))

final=pd.DataFrame(x,index=date)
final.columns=['a','CLOSE','LOW','OPEN','VOL']
del final['a']
final.to_csv('c:/temp/abc.csv'.replace('abc',ticker))
```

运行以上代码后，可以得到图 8-20 所示的输出。

```
AAPL 2017-01-24 09:30:00 [119.59 119.53 119.55 420367L]
AAPL 2017-01-30 09:30:00 [120.9082 120.9014 120.93 562321L]
AAPL 2017-02-03 09:30:00 [128.39 128.31 128.31 633545L]
```

图 8-20

用 head() 和 tail() 函数来查看数据的首几行和最后几行。

```
>>>final.head()
                      Open      High       Low     Close     Vol
2013-11-18 09:30:00   524.87    525.2402   524.762   524.99    80590
2013-11-18 09:31:00   525.08    525.5      524.76    524.82    79311
2013-11-18 09:32:00   525.75    525.8      525.01    525.03    43164
2013-11-18 09:33:00   526.445   526.58     525.65    525.75    81967
2013-11-18 09:34:00   526.48    526.5899   526.05    526.5899  40671

>>>final.tail()
```

```
                         Open      High       Low     Close        Vol
2013-11-22 15:57:00    519.53    519.56    519.39    519.39      35530
2013-11-22 15:58:00    519.43    519.56     519.4    519.53      36581
2013-11-22 15:59:00    519.52    519.54    519.41    519.43      50983
2013-11-22 16:00:00     519.8    519.85    519.49    519.52     482044
2013-11-22 16:01:00     519.8     519.8     519.8     519.8          0
```

由于 TAQ 数据库价格不菲，大多数读者都无法得到该数据库。为了学习和掌握如何分析高频数据，可以使用一个名为 TORQ（贸易、订单、报告和报价）的数据库。Hasbrouck 教授创建了这个数据库，并在 http://people.stern.nyu.edu/jhasbrou/ Research/ WorkingPaper Index.htm 网页免费提供给大家下载，还有 TORQ 数据库的使用说明可以在同一网页下载。我们把 Hasbrouck 教授的二进制格式数据集转换成 Pandas 模块使用的 pickle 格式数据集。综合交易（CT）数据集可以从 http://canisius.edu/~yany/python/ TORQct.pkl 下载。把这一数据集保存在 C:\TEMP 后，可以用以下两行 Python 代码加载它。

```
>>>import pandas as pd
>>>ct=pd.read_pickle('c:/temp/TORQct.pkl')
```

用 head() 和 tail() 函数来查看首几行和最后几行。

```
>>>ct.head()
            date      time   price   siz   g127     tseq  cond  ex
symbol
AC      19901101  10:39:06      13   100      0     1587        N
AC      19901101  10:39:36      13   100      0        0        M
AC      19901101  10:39:38      13   100      0        0        M
AC      19901101  10:39:41      13   100      0        0        M
AC      19901101  10:41:38      13   300      0     1591        N
>>>ct.tail()
            date      time   price    siz   g127     tseq  cond  ex
symbol
   ZNT   19910131  11:03:31  12.375   1000      0   237884        N
   ZNT   19910131  12:47:21  12.500   6800      0   237887        N
   ZNT   19910131  13:16:59  12.500  10000      0   237889        N
   ZNT   19910131  14:51:52  12.500    100      0   237891        N
   ZNT   19910131  14:52:27  12.500   3600      0        0   Z    T
>>>
```

由于股票的交易代码用作索引指标，所以可以列出该数据集包括的所有股票的名称。

```
>>>import numpy as np
>>>unique(np.array(ct.index))
array(['AC','ACN','ACS','ADU','AL','ALL',
       'ALX','AMD','AMN', 'AMO','AR','ARX','ATE','AYD','BA','BG','BMC',
       'BRT','BZF','CAL','CL','CLE','CLF','CMH','CMI','CMY','COA','CP',
       'CPC','CPY','CU','CUC','CUE','CYM','CYR','DBD','DCN','DI','DLT',
       'DP','DSI','EFG','EHP','EKO','EMC','FBO','FDX','FFB','FLP',
       'FMI','FNM','FOE','FPC','FPL','GBE','GE','GFB','GLX','GMH',
       'GPI','GRH','HAN','HAT','HE','HF','HFI','HTR','IBM','ICM',
       'IEI','IPT','IS','ITG','KFV','KR','KWD','LOG','LPX','LUK',
       'MBK','MC','MCC','MCN','MDP','MNY','MO','MON','MRT','MTR',
       'MX','NI','NIC','NNP','NSI','NSO','NSP','NT','OCQ','OEH',
       'PCO','PEO','PH','PIM','PIR','PLP','PMI','POM','PPL','PRI',
       'RDA','REC','RPS','SAH','SJI','SLB','SLT','SNT','SPF','SWY','T','TCI',
       'TEK', 'TUG', 'TXI', 'UAM', 'UEP', 'UMG', 'URS', 'USH', 'UTD', 'UWR','VCC',
       'VRC','W','WAE','WBN','WCS','WDG','WHX','WIN','XON','Y','ZIF','ZNT'],
      dtype=object)
>>>
```

把 Hasbrouck 教授提供的综合报价数据集从二进制格式转换成 pickle 格式数据集，该数据集可以从 http://canisius.edu/~yany/python/TORQcq.pkl 下载。把这一数据集保存在 C:\TEMP 后，可以用以下两行代码加载它。

```
>>>import pandas as pd
>>>cq=pd.read_pickle("c:/temp/TORQcq.pkl")
>>>cq.head()
            date       time      bid      ofr   bidsiz   ofrsiz   mode   qseq
symbol
AC        19901101   9:30:44   12.875   13.125      32        5     10     50
AC        19901101   9:30:47   12.750   13.250       1        1     12      0
AC        19901101   9:30:51   12.750   13.250       1        1     12      0
AC        19901101   9:30:52   12.750   13.250       1        1     12      0
AC        19901101  10:40:13   12.750   13.125       2        2     12      0
>>>cq.tail()
            date       time      bid      ofr   bidsiz   ofrsiz   mode   qseq
symbol
ZNT       19910131  13:31:06   12.375   12.875       1        1     12      0
ZNT       19910131  13:31:06   12.375   12.875       1        1     12      0
ZNT       19910131  16:08:44   12.500   12.750       1        1      3     69
ZNT       19910131  16:08:49   12.375   12.875       1        1     12      0
ZNT       19910131  16:16:54   12.375   12.875       1        1      3      0
```

同样可以使用 unique() 函数列出该数据集包括的所有股票的名称。假设我们对股票代号为"MO"的公司感兴趣,可以用 head() 函数来展示它的首几行记录。

```
>>>x=cq[cq.index=='MO']
>>>x.head()
            date     time      bid     ofr   bidsiz  ofrsiz  mode  qseq
symbol
MO       19901101  9:30:33   47.000  47.125    100       4    10    50
MO       19901101  9:30:35   46.750  47.375      1       1    12     0
MO       19901101  9:30:38   46.875  47.750      1       1    12     0
MO       19901101  9:30:40   46.875  47.250      1       1    12     0
MO       19901101  9:30:47   47.000  47.125    100       3    12    51
```

检查首几行数据是一个好习惯。以上的第 1 行数据显示买卖价差应为 0.125（47.125−47.000）。

```
>>>x.head().ofr-x.head().bid
symbol
MO     0.125
MO     0.625
MO     0.875
MO     0.375
MO     0.125
dtype:  float64
>>>
```

用以下代码来计算平均价差和平均相对价差。

```
import pandas as pd
cq=load('c:/temp/TORQcq.pickle')
x=cq[cq.index=='MO']
spread=mean(x.ofr-x.bid)
rel_spread=mean(2*(x.ofr-x.bid)/(x.ofr+x.bid))
print round(spread,5)
print round(rel_spread,5)
0.39671
0.00788
```

以上的例子没有对原始数据加以处理或清理。我们通常会在分析高频数据之前过滤原始数据,比如删除买卖价差为负值的、bidsiz 为 0 或 ofrsiz 为 0 的报价数据等。

8.15　更多关于使用 Spyder 的信息

Spyder 是一个优秀的编辑器，值得了解和掌握它的更多用法。与 Spyder 相关的网页是 `http://pythonhosted.org/spyder/`。Spyder 有一个非常好的功能，就是查看我们最近使用的文件。

单击 File|Open Recent，将看到最近使用过的文件列表。只需单击要打开的文件，就可以在窗口中打开该文件，如图 8-21 所示。

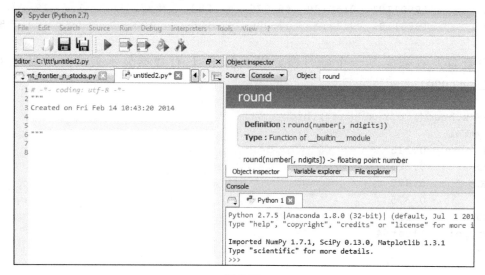

图 8-21

运行程序的几行，而不是整个程序。选择要运行的几行代码行，然后单击图 8-22 中的图标 即可。这个功能使我们的编程和调试任务容易一些。

文件浏览窗口帮助我们看到某个目录下的程序文件。首先单击图 8-23 中的图标 打开文件浏览窗口。

图 8-22

图 8-23

然后，选择一个包含程序文件的目录，如图 8-24 所示。

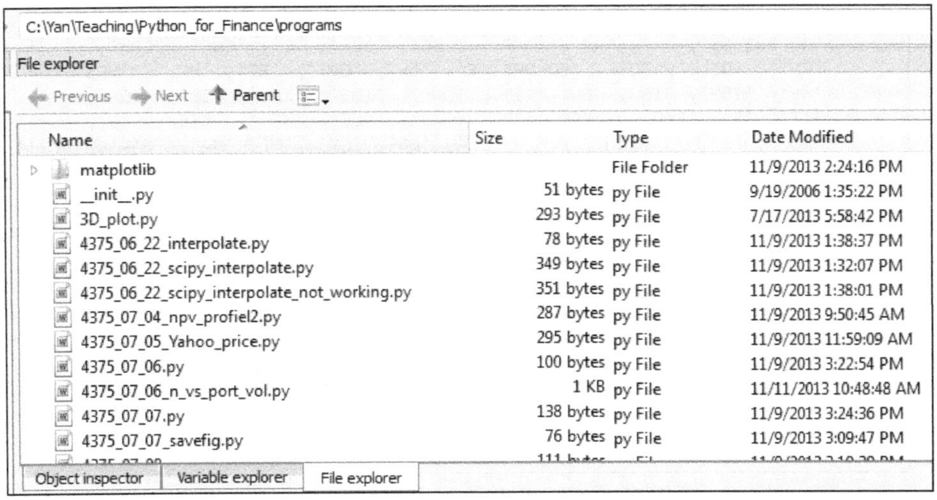

图 8-24

可以单击文件浏览窗口顶部的×标志关闭窗口。当文件浏览窗口没有打开时，可以单击 View|Windows and tool bars，然后选择文件浏览窗口，使文件浏览窗口出现。

8.16 一个有用的数据集

因为科研经费有限，相当多的学校通常不会购买 CRSP 数据。为了满足教学需要，我们生成了一个金融资产月回报率的数据集，其中包括超过 200 只股票、15 个国家的股市指数、消费者物价指数（CPI）、美国的国债利率、银行最优惠利率、无风险利率、规模因子（SMB）的回报率、账面价值和市场价值比（HML）的回报率、Russell 指数和黄金价格等。每个时间序列以金融资产的名称作为索引指标，包含日期和数值这两列数字。数值这一列包含的数据为价格或者回报率。股市指数、消费者物价指数、债务利率、黄金价格和 Russell 指数对应的值是价格，而最优惠利率、无风险利率、SMB 和 HML 对应的值代表回报率。用户可以验证这些数值。该数据集可从 http://canisius.edu/ ~yany/python/yanMonthly.pkl 下载。假设数据集保存在 c:\TEMP 目录下，可以用以下一行 Python 代码来加载这些数据。

```
>>>import pandas as pd
>>>df=pd.read_pickle("c:/temp/yanMonthly.pkl")
>>>t=unique(np.array(df.index))
```

相应的输出如图 8-25 所示。

```
>>> t
array(['000001.SS', 'A', 'AA', 'AAPL', 'BC', 'BCF', 'C', 'CNC', 'COH',
       'CPI', 'DELL', 'GE', 'GOLDPRICE', 'GV', 'GVT', 'HI', 'HML', 'HPS',
       'HY', 'IBM', 'ID', 'IL', 'IN', 'INF', 'ING', 'INY', 'IO', 'ISL',
       'IT', 'J', 'JKD', 'JKE', 'JPC', 'KB', 'KCC', 'KFT', 'KIE', 'KO',
       'KOF', 'LBY', 'LCC', 'LCM', 'LF', 'LG', 'LM', 'M', 'MA', 'MAA',
       'MD', 'MFL', 'MM', 'MPV', 'MY', 'Mkt_Rf', 'NEV', 'NIO', 'NP', 'NU',
       'NYF', 'OI', 'OPK', 'PAF', 'PFO', 'PSJ', 'PZZA', 'Q', 'RH', 'RLV',
       'Rf', 'Russ3000E_D', 'Russ3000E_X', 'S', 'SBR', 'SCD', 'SEF', 'SI',
       'SKK', 'SMB', 'STC', 'T', 'TA', 'TBAC', 'TEN', 'TK', 'TLT', 'TOK',
       'TR', 'TZE', 'UHS', 'UIS', 'URZ', 'US_DEBT', 'US_GDP2009dollar',
       'US_GDP2013dollar', 'V', 'VC', 'VG', 'VGI', 'VO', 'VV', 'WG',
       'WIFI', 'WMT', 'WR', 'XLI', 'XON', 'Y', 'YANG', 'Z', '^AORD',
       '^BSESN', '^CCSI', '^CSE', '^FCHI', '^FTSE', '^GSPC', '^GSPTSE',
       '^HSI', '^IBEX', '^ISEQ', '^JKSE', '^KLSE', '^KS11', '^MXX',
       '^NZ50', '^OMX', '^STI', '^STOXX50E', '^TWII'], dtype=object)
>>> len(t)
129
>>>
```

图 8-25

上面的输出显示一共有 129 个时间序列。每个时间序列可以通过索引来选择。如果我们对消费者物价指数感兴趣,可以用以下代码来检索数据。

```
>>>x=df[df.index=='CPI']
>>>x.head()
          DATE      VALUE
NAME
CPI    19130101    9.8
CPI    19130201    9.8
CPI    19130301    9.8
CPI    19130401    9.8
CPI    19130501    9.7
>>>x.tail()
          DATE      VALUE
NAME
CPI    20130401    232.531
CPI    20130501    232.945
CPI    20130601    233.504
CPI    20130701    233.596
CPI    20130801    233.877
>>>
```

8.17 小结

本章详细讨论了与统计分析相关的许多概念和内容,包括如何由雅虎财经下载历史数据；如何估算收益率、整体风险、市场风险、股票之间的相关性以及不同国家和市场之间的相关性；如何估计方差-协方差矩阵，形成不同类型的投资组合，构建有效的投资组合和有效投资组合的边界。还学习了估算 Roll（1984）的买卖价差、Amihud（2002）的反流动性指标，以及 Pastor and Stambaugh（2003）的流动性指标。第 4 章介绍了如何编写 13 行 Python 代码来利用 Black-Scholes-Merton 模型给看涨期权定价，不过并没有深入探讨期权定价的基本理论和逻辑。下一章将进一步解释期权理论和相关的应用。

练习题

1. Pandas 模块的主要作用是什么？
2. statsmodels 模块的主要作用是什么？
3. 如何安装 Pandas 和 statsmodels 模块？
4. 哪个模块包含一个名为 rolling_kurt 的函数？如何使用该函数？
5. 利用从雅虎财经下载的历史数据检验 IBM 的日收益率是否服从正态分布。
6. 依据 2012 年的日收益率，IBM 和戴尔的日平均收益率是否一样？（提示：可以从雅虎财经下载历史数据。）
7. 如何使用 Python 软件和 CRSP 数据来重复 Jagadeesh 和 Titman（1993）的趋势投资策略？（假设你的学校有 CRSP 数据）
8. 依据 IBM 在 2012 年的日收益率，可以判断出发生过多少次对股价有重大影响的事件？
9. 用 2008 年至 2012 年 5 年间的月回报率计算这几支股票：IBM、DELL、WMT、^GSPC、C、A、AA 和 MOFT 之间的方差-协方差矩阵以及它们之间的相关系数。哪两只股票最密切相关？
10. 编写 Python 程序来逐年估算一只股票的贝塔值。用它来计算 IBM 在 1962 年至 2013 年间每年的贝塔值。
11. 假设从 http://www.federalreserve.gov/releases/h15/data.htm 联邦储备委员会的数据库中下载最优惠利率的历史数据。以下给出所下载文件的首几行。编写 Python 程序读取数据并使用第 1 列作为索引。

```
Series Description   30-Day AA Financial Commercial Paper Interest Rate
```

```
Unit:  Percent
Multiplier:  1
Currency:  NA
Unique Identifier:  H15/H15/RIFSPPFAAD30_N.B
Time Period    RIFSPPFAAD30_N.B
1/2/1997       5.35
1/3/1997       5.34
```

12. 哪个政党能更好地管理股市？ 根据 http://www.enchantedlearning.com/history/us/pres/list.shtml 网页，我们可以发现总统属于哪一个党派。据此可以产生表 8-3。PARTY 和 RANGE 变量是从网页获得的，YEAR2 是 RANGE 的第 2 数减去 1，除了最后一行以外。

表 8-3

PARTY	RANGE	YEAR1	YEAR2
Republican	1923-1929	1923	1928
Republican	1929-1933	1929	1932
Democrat	1933-1945	1933	1944
Democrat	1945-1953	1945	1952
Republican	1953-1961	1953	1960
Democrat	1961-1963	1961	1962
Democrat	1963-1969	1963	1968
Republican	1969-1974	1969	1973
Republican	1974-1977	1974	1976
Democrat	1977-1981	1977	1980
Republican	1981-1989	1981	1988
Republican	1989-1993	1989	1992
Democrat	1993-2001	1993	2000
Republican	2001-2009	2001	2008
Democrat	2009-2012	2009	2012

（1）从 http://mba.tuck.dartmouth.edu/pages/faculty/ken.french/data_library.html 网页上 French 教授的数据库里，下载超额市场收益率和无风险利率。

(2) 估计市场收益率(超额市场收益率加上无风险利率)。

(3) 把市场收益率按年份分成两组:共和党执政的年份和民主党执政的年份。

(4) 检验这两组市场收益率的均值是否相等,即

$$\bar{R}_{\text{Democratic}} = \bar{R}_{\text{Republican}}$$

注:如何下载和估计市场收益率?

(1) 进入网页 http://mba.tuck.dartmouth.edu/pages/faculty/ken.french/data_library.html。

(2) 单击 Fama-FrenchFactor,并下载其命名为 F-FResearch_Data_Factors.zip。

(3) 解压缩 zip 文件,估计市场月回报率,如 1926 年 7 月,市场收益率 =2.65/100+0.22/100。

```
This file was created by CMPT_ME_BEME_RETS using the 201212 CRSP database.
The 1-month T-Bill return is from Ibbotson and Associates, Inc.

            Mkt-RF      SMB       HML        RF
 192607      2.65     -2.16     -2.92      0.22
 192608      2.58     -1.49      4.88      0.25
 192609      0.37     -1.38     -0.01      0.23
 192610     -3.46      0.04      0.71      0.32
 192611      2.43     -0.24     -0.31      0.31
 192612      2.75     -0.01     -0.10      0.28
 192701     -0.16     -0.30      4.79      0.25
 192702      4.22     -0.24      3.35      0.26
 192703      0.38     -1.87     -2.58      0.30
 192704      0.41      0.29      0.95      0.25
 192705      5.36      1.53      5.07      0.30
```

13. 从 http://mba.tuck.dartmouth.edu/pages/faculty/ken.french/data_library.html 网页上 French 教授的资料库,下载 Fama-French 月回报率和日回报率因子,其中 SMB 是小公司组合的收益率减去大公司组合的收益率,HML 为价值股组合的收益率减去增长股组合的收益率。假设你持有一个 SMB 组合,回答以下 3 个问题。

(1) 用日回报率计算自 1989 年 1 月 1 日~2012 年 12 月 31 日的累积收益?

(2) 用月回报率计算自 1989 年 1 月 1 日~2012 年 12 月 31 日的累积收益?

(3) 它们的值相等吗?如果不相等,为什么?

14. 表 8-4 列出了债券评级、违约风险差价和时间之间的关系。编写 Python 程序利用插值算法估算第 11 年到第 29 年这些年的违约风险差价。

表 8-4

Rating	1yr	2yr	3yr	5yr	7yr	10yr	30yr
Aaa/AAA	14	16	27	40	56	68	90
Aa1/AA+	22	30	31	48	64	77	99
Aa2/AA	24	37	39	54	67	80	103
Aa3/AA-	25	39	40	58	71	81	109
A1/A+	43	48	52	65	79	93	117
A2/A	46	51	54	67	81	95	121
A3/A-	50	54	57	72	84	98	124
Baa1/BBB+	62	72	80	92	121	141	170
Baa2/BBB	65	80	88	97	128	151	177
Baa3/BBB-	72	85	90	102	134	159	183
Ba1/BB+	185	195	205	215	235	255	275
Ba2/BB	195	205	215	225	245	265	285
Ba3/BB-	205	215	225	235	255	275	295
B1/B+	265	275	285	315	355	395	445
B2/B	275	285	295	325	365	405	455
B3/B-	285	295	305	335	375	415	465
Caa/CCC+	450	460	470	495	505	515	545

表 8-4 由 http://www.bondsonline.com 网站提供。表中的值以基点为单位,一个基点相当于万分之一,因此表中的值 40 其实等于 40×0.0001。

15. 从 French 教授在以下网页的资料库下载 Market、SMB 和 HML 这 3 个因子的日回报率和月回报率 http://mba.tuck.dartmouth.edu/pages/faculty/ken.french/data_library.html。编写 Python 程序来读取它们,然后选择一个时间段,如 2000 年 1 月 1 日~2013 年 12 月 31 日,用日回报率和月回报率分别计算 SMB 因子的累积收益。它们相等吗?有多大的区别?如果计算每年的收益,它们有多大的区别?讨论你的发现。

第 9 章
Black-Scholes-Merton 期权定价模型

期权理论及其应用在现代金融理论和实践中发挥着重要作用。许多交易策略、企业激励计划和套期保值策略都用到各种类型的期权。第 4 章介绍了如何编写 5 行 Python 代码使用 Black-Scholes-Merton 模型给看涨期权定价。本章将更详细地介绍期权的基本理论及其相关应用,包括以下内容。

- 看涨期权和看跌期权的收益和利润/损失函数及其图形展示
- 欧式与美式期权
- 正态分布、标准正态分布和累积分布函数
- Black-Scholes-Merton 期权模型
- 各种交易策略及其图形表示,包括股票多头和看涨期权空头的组合、跨式期权组合、蝶式期权组合和日历套利组合等
- delta、gamma 和其他与期权有关的希腊字母
- 期权平价关系及其图形表示
- 一步和两步二叉树模型的图形表示
- 使用二叉树法为欧式和美式期权定价
- 套期保值策略

9.1 看涨期权和看跌期权的收益和利润/损失函数

期权是买卖双方的一个合约,给予合约买方以约定的价格(行使价或执行价)向合约卖方购买或卖出合约指定的标的资产的权利。有一个欧式看涨期权规定买方可以用行使价 30 美元,在 3 个月后购买某只股票,该期权在到期日的收益可以用以下公式计算。

$$payoff(call) = \text{Max}(S_T - X, 0) \tag{9-1}$$

这里,S_T 是到期日(T)的股票价格,X 是执行价(在这个例子里 X 等于 30)。假设 3 个月后股价是 25 美元,我们将不会使用看涨期权以 30 美元购买股票,因为我们可以在公开市场上以 25 美元购买同样的股票。另一方面,如果 3 个月后股价是 40 美元,我们将使用看涨期权以 30 美元买股票,转手在市场上以 40 美元售出,从而获得 10 美元的收益。以下代码给出看涨期权收益的函数:

```
>>>def payoff_call(sT,x):
      return (sT-x+abs(sT-x))/2
```

这个收益函数简单易用,代码如下。

```
>>>payoff_call(25,30)
0
>>>payoff_call(40,30)
 10
```

第 1 个输入参数是到期日 T 的股票价格。以下代码使用一个数组作为第 1 个输入参数。

```
>>>import numpy as np
>>>x=20
>>>sT=np.arange(10,50,10)
>>>sT
array([10, 20, 30, 40])
>>>payoff_call(sT,x)
array([ 0., 0., 10., 20.])
>>>
```

用以下代码来绘制看涨期权的收益函数曲线。

```
import numpy as np
import matplotlib.pyplot as plt
```

```
s = np.arange(10,80,5)
x=30
payoff=(abs(s-x)+s-x)/2
plt.ylim(-10,50)
plt.plot(s,payoff)
plt.show()
```

绘制的收益函数曲线如图 9-1 所示。

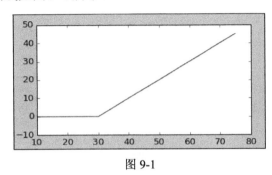

图 9-1

看涨期权卖家的收益与买家的收益相反。要记住期权合约是一个买卖双方的零和游戏：一方赢钱，另一方必定输钱。假设一个投资者卖出 3 个看涨期权，执行价格为 10 美元。当股票价格在到期日为 15 美元时，期权买家的收益为 15 美元，而期权卖家的损失也为 15 美元。如果看涨期权的期权费（即期权价格）为 c，看涨期权买家的利润/损失函数是收益与初始投资（c）之间的差额。支付期权费的时间与获取收益的时间是不同的。不过，当期权合约的有效期比较短时，可以忽略货币的时间价值。

看涨期权买方的利润/损失由以下公式计算。

$$\text{看涨期权买方的利润/损失} = \text{Max}(S_T - X, 0) - c \qquad (9-2)$$

看涨期权卖方的利润/损失由以下公式计算。

$$\text{看涨期权卖方的利润/损失} = c - \text{Max}(S_T - X, 0) \qquad (9-3)$$

以下代码计算看涨期权买卖双方的损益并显示损益函数的曲线。绘制的曲线如图 9-2 所示。

```
import scipy as sp
import matplotlib.pyplot as plt
s = sp.arange(30,70,5)
x=45;call=2.5
profit=(abs(s-x)+s-x)/2 -call
y2=sp.zeros(len(s))
```

```
ylim(-30,50)
plot(s,profit)
plot(s,y2,'-.')
plot(s,-profit)
title("Profit/Loss function")
xlabel('Stock price')
ylabel('Profit (loss)')
plt.annotate('Call option buyer', xy=(55,15), xytext=(35,20), arrowprops=
dict(facecolor='blue',shrink=0.01),)
plt.annotate('Call option seller', xy=(55,-10), xytext=(40,-20),
arrowprops=dict(facecolor='red',shrink=0.01),)
show()
```

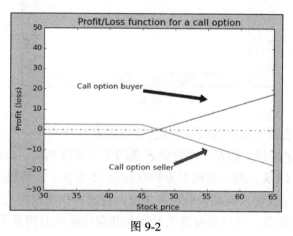

图 9-2

看跌期权给予买方在到期日以约定价格 X 向卖方出售标的资产的权利。以下是其收益函数：

$$\text{看跌期权买方的收益函数} = \text{Max}(X - S_T, 0) \quad (9\text{-}4)$$

这里，S_T 是到期时的股价，X 是行使价。看跌期权买方的损益（即利润/损失）函数如下。

$$\text{看跌期权买方的损益函数} = \text{Max}(X - S_T, 0) - p \quad (9\text{-}5)$$

看跌期权卖方的损益函数正好相反。

$$\text{看跌期权卖方的损益函数} = p - \text{Max}(X - S_T, 0) \quad (9\text{-}6)$$

以下代码绘制看跌期权买方和卖方的损益函数的曲线，如图 9-3 所示。

```
import scipy as sp
import matplotlib.pyplot as plt
```

```
s = sp.arange(30,70,5)
x=45;p=2;c=2.5
y=c-(abs(x-s)+x-s)/2
y2=sp.zeros(len(s))
x3=[x, x]
y3=[-30,10]
plt.ylim(-30,50)
plt.plot(s,y)
plt.plot(s,y2,'-.')
plt.plot(s,-y)
plt.plot(x3,y3)
plt.title("Profit/Loss function for a put option")
plt.xlabel('Stock price')
plt.ylabel('Profit (loss)')
plt.annotate('Put option buyer', xy=(35,12), xytext=(35,45), arrowprops=
dict(facecolor='red',shrink=0.01),)
plt.annotate('Put option seller', xy=(35,-10), xytext=(35,-25), arrowprops=
dict(facecolor='blue',shrink=0.01),)
plt.annotate('Exercise price', xy=(45,-30), xytext=(50,-20), arrowprops=
dict(facecolor='black',shrink=0.01),)
plt.show()
```

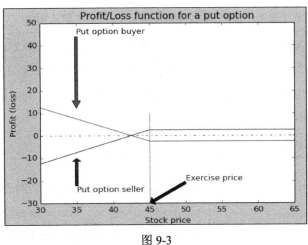

图 9-3

9.2 欧式期权与美式期权

欧式期权只能在到期日行权,而美式期权可以在到期日或到期日之前的任何时间行权。由于美式期权可以在到期日前行权,所以它的价格(期权费)应该不低于欧式期权。

$$\begin{cases} C_{\text{American}} \geq C_{\text{European}} \\ P_{\text{American}} \geq P_{\text{European}} \end{cases} \tag{9-7}$$

一个重要的区别是欧式期权的定价公式可以有一个解析表达式，比如 Black-Scholes-Merton 期权模型，而美式期权的价格不可以用一个解析表达式来计算。不过，我们有其他方法来给美式期权定价。本章将介绍如何使用二叉树方法（也称为 CRR 方法）为美式期权定价。

9.3　现金流、不同类型的期权、权利和责任

我们知道每个业务合同都有买方和卖方来签订。期权合约同样有买卖双方。由于期权合约本质上是买卖双方的一个零和游戏，看涨期权的买方支付现金以获得权利，卖方则收取现金并承担义务。表 9-1 列出了期权合约的头寸（买方或卖方）、初始现金流量（收取或支付）的方向、期权买方的权利（买或卖）和期权卖方的义务（即满足期权买方的要求）。

表 9-1

	期权买方（多头）	期权卖方（空头）	欧式期权	美式期权
看涨期权	有权利以约定价格购买标的资产	必须履行义务以约定价格卖出标的资产	只能在到期日行权	能在到期日之前行权
看跌期权	有权利以约定价格卖出标的资产	必须履行义务以约定价格买入标的资产	只能在到期日行权	能在到期日之前行权
期权费流向	支付期权费	收取期权费		

表 9-1 显示了多头/空头、看涨/看跌期权、欧式/美式期权和初始现金流的方向。

9.4　正态分布、标准正态分布和累积标准正态分布

正态分布在金融领域起着重要的作用，尤其对于期权理论。我们通常假设股票价格遵循对数正态分布，因而股票回报率遵循正态分布。正态分布的密度函数定义如下。

$$f(x) = \frac{1}{\sqrt{2\pi\sigma^2}} e^{-\frac{(x-\mu)^2}{2\sigma^2}} \tag{9-8}$$

这里，μ是均值，σ是标准方差。当μ为0，σ为1时，正态分布密度函数称为标准正态分布，其密度函数如下。

$$f(x) = \frac{1}{\sqrt{2\pi}} e^{-\frac{x^2}{2}} \tag{9-9}$$

以下代码生成标准正态分布的曲线。SciPy 模块的 stats.norm.pdf()函数用于标准正态分布，其默认设置为零均值和单位标准方差，即标准正态密度函数。

```
>>>from scipy import exp,sqrt,stats
>>>stats.norm.pdf(0) 0.3989422804014327
>>>1/sqrt(2*pi) # verify manually
0.3989422804014327
>>>stats.norm.pdf(0,0.1,0.05)
1.0798193302637611
>>>1/sqrt(2*pi*0.05**2)*exp(-(0.1)**2/0.05**2/2)    # verify manually
1.0798193302637611
```

用以下代码绘制标准正态分布的曲线。绘制的标准正态密度函数曲线如图 9-4 所示。

```
>>>from scipy import exp,sqrt,stats
>>>x = arange(-3,3,0.1)
>>>y=stats.norm.pdf(x)
>>>plot(x,y)
```

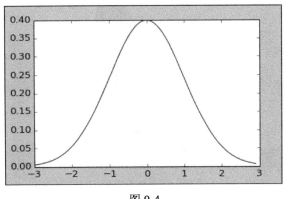

图 9-4

累积标准正态分布函数是标准正态密度函数曲线下的面积。在下面的程序中，任意选择一个数 0.325，赋予变量 z，称其为 z 值。标准正态密度函数曲线下在 z 值左侧的阴影面积就是累积标准正态分布函数在 z 点的取值。

```python
import numpy as np
from scipy import exp,sqrt,stats
from matplotlib import pyplot as plt
z=0.325              # user can change this number
def f(t):
    return stats.norm.pdf(t)
plt.ylim(0,0.45)
x = np.arange(-3,3,0.1)
y1=f(x)
plt.plot(x,y1)
x2= np.arange(-4,z,1/40.)
sum=0
delta=0.05
s=np.arange(-10,z,delta)
for i in s:
    sum+=f(i)*delta
plt.annotate('area is '+str(round(sum,4)),xy=(-1,0.25),xytext=(-3.8,0.4),
arrowprops=dict(facecolor='red',shrink=0.01))
plt.annotate('z= '+str(z),xy=(z,0.01))
plt.fill_between(x2,f(x2))
plt.show()
```

上述代码计算的阴影面积如图 9-5 所示。

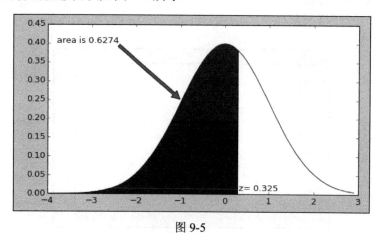

图 9-5

下面的代码使用 stats.norm.cdf() 函数计算累积标准正态分布的结果。

```
import numpy as np
from scipy import exp,sqrt,stats,arange,ones
from matplotlib import pyplot as plt
z=0.325
def f(x):
    return stats.norm.cdf(x)
x = arange(-3,3,0.1)
y1=f(x)
y2=ones(len(x))*0.5
x3=[0,0]
y3=[0,1]
plt.plot(x,y1)
plt.plot(x, y2, 'b-')
plt.plot(x3,y3)
plt.annotate('f(z)=f('+str(z)+') is '+str(np.round(f(z),4)),xy=(z,f(z)),
xytext=(z-3,f(z)), arrowprops=dict(facecolor='red',shrink=0.01))
plt.annotate('z is '+str(z),xy=(z,0),xytext=(1.5,0.3), arrowprops=dict
(facecolor='blue',shrink=0.01))
plt.show()
```

以上代码绘制的图形如图 9-6 所示，由于正态分布是对称的，所以累积标准正态分布函数在零点的值为 0.5。

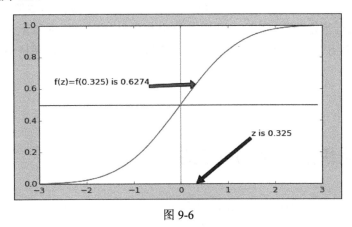

图 9-6

9.5　不分红股票的期权定价模型

不分红股票的期权定价（black-scholes-merton）模型假设标的股票在到期日前不支付任何股息，因而给出了欧式期权价格的解析表达式。如果用 S_0 代表当前价格，X 代表行使价，

r 代表连续复利的无风险利率，T 代表以年为单位的期权有效期，σ 代表股票的波动率，那么欧式看涨期权（c）的价格公式和欧式看跌期权（p）的价格公式分别如下。

$$\begin{cases} d_1 = \dfrac{\ln\left(\dfrac{S_0}{x}\right) + \left(\gamma + \dfrac{1}{2}\sigma^2\right)T}{\sigma\sqrt{T}} \\ d_2 = \dfrac{\ln\left(\dfrac{S_0}{x}\right) + \left(\gamma - \dfrac{1}{2}\sigma^2\right)T}{\sigma\sqrt{T}} = d_1 - \sigma\sqrt{T} \\ c = S_0 N(d_1) - X e^{-\gamma T} N(d_2) \\ p = X e^{-\gamma T} N(-d_2) - S_0 N(-d_1) \end{cases} \tag{9-10}$$

这里，$N()$ 是累积标准正态分布函数。下面的 Python 代码根据上述公式计算期权的价格。

```
from scipy import log,exp,sqrt,stats
def bs_call(S,X,T,r,sigma):
    d1=(log(S/X)+(r+sigma*sigma/2.)*T)/(sigma*sqrt(T))
    d2 = d1-sigma*sqrt(T)
    return S*stats.norm.cdf(d1)-X*exp(-r*T)*stats.norm.cdf(d2)
```

在以上代码中，stats.norm.cdf() 函数给出累积正态分布函数的值。当前的股票价格为 40 美元，执行价格为 42 美元，到期时间为 6 个月，连续复利的无风险利率为 1.5%，标的股票的波动率为 20%。使用以上的函数计算得出欧式看涨期权的价值为 1.56 美元。

```
>>>c=bs_call(40.,42.,0.5,0.015,0.2)
>>>round(c,2)
1.56
```

9.6 用于期权定价的 p4f 模块

第 3 章建议将许多小型的 Python 代码合并在一个程序里。本章采用了同样的策略，把所有程序合并到一个名为 p4f.py 的大文件中，包括前一节计算期权价格的 bs_call() 函数。这样的程序集合有几个好处。首先，使用 bs_call() 函数时，不必重新输入这 5 行代码。为了节省空间，只显示 p4f.py 文件中包含的几个函数。p4f 模块可从作者的网页上下载：http://canisius.edu/~yany/python/p4f.cpython-35.pyc。为简洁起见，我们删除了每个函数包含的所有注释。这些注释旨在为用户提供帮助信息，可以使用 help() 命令来获得，如 help(bs_call())。

```
def bs_call(S,X,T,rf,sigma):
    from scipy import log,exp,sqrt,stats
    d1=(log(S/X)+(rf+sigma*sigma/2.)*T)/(sigma*sqrt(T))
    d2 = d1-sigma*sqrt(T)
    return S*stats.norm.cdf(d1)-X*exp(-rf*T)*stats.norm.cdf(d2)
```

以下程序使用二项式模型对看涨期权定价。

```
def binomial_grid(n):
    import networkx as nx
    import matplotlib.pyplot as plt
    G=nx.Graph()
    for i in range(0,n+1):
        for j in range(1,i+2):
            if i<n:
                G.add_edge((i,j),(i+1,j))
                G.add_edge((i,j),(i+1,j+1))
    posG={}      #dictionary with nodes position
    for node in G.nodes():
        posG[node]=(node[0],n+2+node[0]-2*node[1])
    nx.draw(G,pos=posG)

def delta_call(S,X,T,rf,sigma):
    from scipy import log,exp,sqrt,stats
    d1=(log(S/X)+(rf+sigma*sigma/2.)*T)/(sigma*sqrt(T))
    return(stats.norm.cdf(d1))

def delta_put(S,X,T,rf,sigma):
    from scipy import log,exp,sqrt,stats
    d1=(log(S/X)+(rf+sigma*sigma/2.)*T)/(sigma*sqrt(T))
    return(stats.norm.cdf(d1)-1)
```

使用以下代码计算 Black-Scholes-Merton 模型给出的看涨期权价格。

```
>>>import p4f
>>>c=p4f.bs_call(40,42,0.5,0.015,0.2)
>>>round(c,2)
1.56
```

第二个优点是节省空间并使代码更简洁。在本章的后面使用 binomial_grid() 函数时，这一点将变得更加清晰。从现在开始，当第一次讨论一个函数时，我们将提供完整的代码。但是，当程序相当复杂并且再次用到它时，我们会通过 p4f 间接调用它。可以用以下代码找到我们的工作目录。

```
>>>import os
>>>print(os.getcwd())
```

9.7 已知分红股票的欧式期权价格

假设期权的到期日是 T，已知标的股票在时间 T_1 将发放红利，$T_1<T$。可以修改原始的 Black-Scholes-Merton 模型来给该期权定价，就是用以下公式中的 S 代替 S_0。

$$S = S_0 - e^{-rT_1}d \tag{9-11}$$

$$d_1 = \frac{\ln\left(\frac{s}{x}\right)+\left(\gamma+\frac{1}{2}\sigma^2\right)T}{\sigma\sqrt{T}} \tag{9-12}$$

$$d_2 = \frac{\ln\left(\frac{s}{x}\right)+\left(\gamma-\frac{1}{2}\sigma^2\right)T}{\sigma\sqrt{T}} = d_1 - \sigma\sqrt{T} \tag{9-13}$$

$$c = S \times N(d_1) - X \times e^{-rT} N(d_2) \tag{9-14}$$

$$p = X \times e^{-rT} N(d_2) - S \times N(-d_1) \tag{9-15}$$

在前一节讨论的例子中，如果已知该股票在一个月后支付 1.5 美元的红利，那么看涨期权的价格是多少？可以用以下的方法来计算。

```
>>>import p4f
>>>s0=40
>>>d=1.5
>>>r=0.015
>>>T=6/12
>>>s=s0-exp(-r*T*d)
>>>x=42
>>>sigma=0.2
>>>round(p4f.bs_call(s,x,T,r,sigma),2)
1.18
```

代码的第 1 行导入 p4f 模块，其中包含计算期权价格的函数。结果显示，看涨期权的价格为 1.18 美元，低于之前的价格（1.56 美元）。这主要是因为标的股票的价格将在一个月后大约降低 1.5 美元，超过 42 美元的可能性降低，因此行使看涨期权的机率将会更小。以上的办法同样适用于在到期日 T 之前多次分红的股票，即以 $S = S_0 - \sum e^{-rT_i} d_i$ 代替 S_0。

9.8 多种交易策略

表 9-2 总结几种常见的涉及各种类型期权的交易策略。

表 9-2

名称	描述	期权费流向	预期未来价格变化
看涨期权的牛市多空套利	买入执行价为 x_1 的看涨期权，卖出执行价为 x_2 的看涨期权（$x_1 < x_2$）	付出期权费	价格上涨
看跌期权的牛市多空套利	买入执行价为 x_1 的看跌期权，卖出执行价为 x_2 的看跌期权（$x_1 < x_2$）	收取期权费	价格上涨
看跌期权的熊市多空套利	买入执行价为 x_2 的看跌期权，卖出执行价为 x_1 的看跌期权（$x_1 < x_2$）	付出期权费	价格下跌
跨式期权组合（Straddle）	买入执行价相同的看涨期权和看跌期权	付出期权费	价格上涨或下跌
熊市跨式期权组合（Strip）	买入执行价相同的两个看跌期权和一个看涨期权	付出期权费	价格下跌的概率大于上涨的概率
牛市跨式期权组合（Strap）	买入执行价相同的两个看涨期权和一个看跌期权	付出期权费	价格上涨的概率大于下跌的概率
异价跨式期权组合（Strangle）	买入执行价为 x_2 的看涨期权，买入执行价为 x_1 的看涨期权（$x_1 < x_2$）	付出期权费	价格上涨或下跌
蝶式看涨期权组合	买入执行价为 x_1 和 x_3 的看涨期权，卖出两个执行价为 x_2 的看涨期权（$x_2 = (x_1 + x_3)/2$）	付出期权费	价格在 x_2 附近
蝶式看跌期权组合	买入执行价为 x_1 和 x_3 的看跌期权，卖出两个执行价为 x_2 的看跌期权（$x_2 = (x_1 + x_3)/2$）	付出期权费	价格在 x_2 附近

名称	描述	期权费流向	预期未来价格变化
日历套利组合	卖出到期日为 T_1 的看涨期权，买入到期日为 T_2 的看涨期权，$T_1<T_2$	付出期权费	

9.8.1 股票多头和看涨期权空头的组合

假设我们购买公司 A 的股票 100 股，每股价格为 10 美元，总成本是 1 000 美元。如果同时卖出一个看涨期权合同，每一个合同对应标的股票 100 股，每个看涨期权的价格为 20 美元。因此，我们的总支出将减少 20 美元。进一步假设行使价为 12 美元，可以用以下代码绘制损益函数的图形。

```
import numpy as np
import matplotlib.pyplot as plt
sT = np.arange(0,40,5)
k=15;s0=10;c=2
y0=np.zeros(len(sT))
y1=sT-s0                         # stock only
y2=(abs(sT-k)+sT-k)/2-c          # long a call
y3=y1-y2                         # covered-call
plt.ylim(-10,30)
plt.plot(sT,y1)
plt.plot(sT,y2)
plt.plot(sT,y3,'red')
plt.plot(sT,y0,'b-.')
plt.plot([k,k],[-10,10],'black')
plt.title('Covered call (long one share and short one call)')
plt.xlabel('Stock price')
plt.ylabel('Profit (loss)')
plt.annotate('Stock only (long one share)', xy=(24,15),xytext=(15,20),
    arrowprops=dict(facecolor='blue',shrink=0.01),)
plt.annotate('Long one share, short a call', xy=(10,4), xytext=(9,25),
    arrowprops=dict(facecolor='red',shrink=0.01),)
plt.annotate('Exercise price= '+str(k), xy=(k+0.2,-10+0.5))
plt.show()
```

图 9-7 中的 3 条损益函数曲线分别对应 3 个交易策略，包括股票多头、看涨期权多头，以及股票多头和看涨期权空头的组合。显然，当股价低于 17 美元（15＋2）时，该组合的回报要比股票多头好。

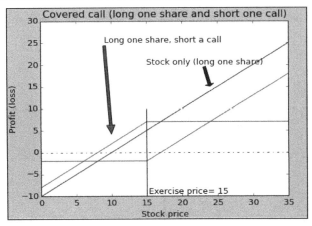

图 9-7

9.8.2 跨式期权组合——具有同样执行价格的看涨期权和看跌期权的组合

我们来看一个非常简单的情况。某个企业在下个月将发生一个重大事件,但我们不能确定事件结果的方向,也就是说,无法预测它是一件好事还是坏事。为了利用这个重大事件获利,可以同时买进执行价相同的一个看涨期权和一个看跌期权。这意味着无论股价上涨或下跌,我们都可以获利。进一步假设行使价为 30 美元,这个策略的损益函数如下。

```
import numpy as np
import matplotlib.pyplot as plt
sT = np.arange(30,80,5)
x=50;    c=2; p=1
straddle=(abs(sT-x)+sT-x)/2-c +  (abs(x-sT)+x-sT)/2-p
y0=np.zeros(len(sT))
plt.ylim(-6,20)
plt.xlim(40,70)
plt.plot(sT,y0)
plt.plot(sT,straddle,'r')
plt.plot([x,x],[-6,4],'g-.')
plt.title("Profit-loss for a Straddle")
plt.xlabel('Stock price')
plt.ylabel('Profit (loss)')
plt.annotate('Point 1='+str(x-c-p), xy=(x-p-c,0), xytext=(x-p-c,10),
arrowprops=dict(facecolor='red',shrink=0.01),)
plt.annotate('Point 2='+str(x+c+p), xy=(x+p+c,0), xytext=(x+p+c,13),
arrowprops=dict(facecolor='blue',shrink=0.01),)
plt.annotate('exercise price', xy=(x+1,-5))
```

```
plt.annotate('Buy a call and buy a put with the same exercise
price',xy=(45,16))
plt.show()
```

以上代码绘制的图形如图 9-8 所示。

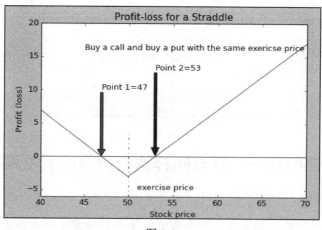

图 9-8

图 9-8 显示，无论股价上涨或下跌，利润都是正的。什么时候会出现损失呢？当股票变化不大时，也就是，当我们对未来的预期落空时。

9.8.3 日历套利组合

日历套利组合包括两个看涨期权，它们具有相同行权价格但不同到期日：T_1 和 T_2（其中 $T_1 < T_2$）。我们卖出较短期限（T_1）的看涨期权，并购买较长期限（T_2）的看涨期权。因为看涨期权价格与有效期呈正相关，我们需要付出现金来购买日历套利组合。我们希望当第 1 个看涨期权在 T_1 到期时，标的股票的价格接近行权价格。这个策略的损益函数曲线和图形的代码如下。

```
import p4f
import numpy as np
import matplotlib.pyplot as plt
sT = np.arange(20,70,5)
s=40;x=40;T1=0.5;T2=1;sigma=0.3;r=0.05
payoff=(abs(sT-x)+sT-x)/2
call_01=p4f.bs_call(s,x,T1,r,sigma) # short
call_02=p4f.bs_call(s,x,T2,r,sigma) # long
```

9.8 多种交易策略

```
profit_01=payoff-call_01
call_03=p4f.bs_call(sT,x,(T2-T1),r,sigma)
calendar_spread=call_03-payoff+call_01 -call_02
y0=np.zeros(len(sT))
plt.ylim(-20,20)
plt.xlim(20,60)
plt.plot(sT,call_03,'b-.')
plt.plot(sT,call_02-call_01-payoff,'b-.')
plt.plot(sT,calendar_spread,'r')
plt.plot([x,x],[-20,-15])
plt.title("Calendar spread with calls")
plt.xlabel('Stock price at maturity (sT)')
plt.ylabel('Profit (loss)')
plt.annotate('Buy a call with T1   and sell a call with T2', xy=(25,16))
plt.annotate('where T1<T2', xy=(25,14))
plt.annotate('Calendar spread', xy=(25,-3), xytext=(22,-15),
arrowprops=dict(facecolor='red',shrink=0.01),)
plt.annotate('Value of the call (T2) at maturity', xy=(45,7),xytext=(25,10),
arrowprops=dict(facecolor='blue',shrink=0.01),)
plt.annotate('Proflit/loss    with    call    1    only',   xy=(50,-10),
xytext=(30,-10),arrowprops=dict(facecolor='blue',shrink=0.01),)
plt.show()
```

以上代码绘制的图形如图 9-9 所示。

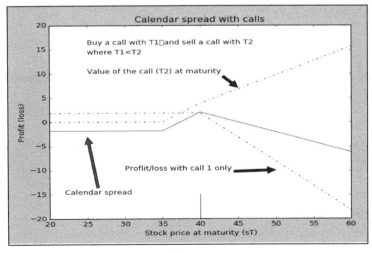

图 9-9

9.8.4 蝶式看涨期权组合

蝶式（butterfly）组合是指买入执行价格分别为 x_1 和 x_3 的看涨期权并卖出执行价格为 x_2 的两个看涨期权，其中 $x_2=(x_1+x_3)/2$，并且它们的标的股票和到期日都相同。其损益函数可以由以下代码计算得到。

```python
import numpy as np
import matplotlib.pyplot as plt
sT = np.arange(30,80,5)
x1=50;   c1=10
x2=55;   c2=7
x3=60;   c3=5
y1=(abs(sT-x1)+sT-x1)/2-c1
y2=(abs(sT-x2)+sT-x2)/2-c2
y3=(abs(sT-x3)+sT-x3)/2-c3
butter_fly=y1+y3-2*y2
y0=np.zeros(len(sT))
plt.ylim(-20,20)
plt.xlim(40,70)
plt.plot(sT,y0)
plt.plot(sT,y1)
plt.plot(sT,-y2,'-.')
plt.plot(sT,y3)
plt.plot(sT,butter_fly,'r')
plt.title("Profit-loss for a Butterfly")
plt.xlabel('Stock price')
plt.ylabel('Profit (loss)')
plt.annotate('Butterfly', xy=(53,3), xytext=(42,4), arrowprops=dict
(facecolor='red',shrink=0.01),)
plt.annotate('Buy 2 calls with x1, x3 and sell 2 calls with x2', xy=(45,16))
plt.annotate('   x2=(x1+x3)/2', xy=(45,14))
plt.annotate('   x1=50, x2=55, x3=60',xy=(45,12))
plt.annotate('   c1=10,c2=7, c3=5', xy=(45,10))
plt.show()
```

以上代码绘制的图形如图 9-10 所示。

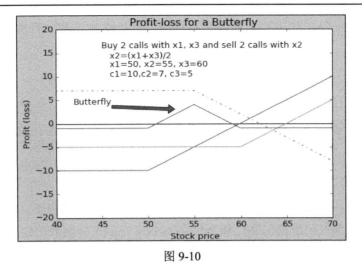

图 9-10

9.9 期权价格和输入参数之间的关系

当标的股票的波动率增加时,其看涨期权和看跌期权的价值都增加。理由是,当股票价格的波动幅度增大时,股票价格有更大的机会出现极端的值,也就是说,我们更加有机会从期权合约中获利。以下 Python 代码用来展示这种关系。

```
import numpy as np
import p4f as pf
import matplotlib.pyplot as plt
s0=30;T0=0.5;sigma0=0.2;r0=0.05;x0=30
sigma=np.arange(0.05,0.8,0.05)
T=np.arange(0.5,2.0,0.5)
call_0=pf.bs_call(s0,x0,T0,r0,sigma0)
call_sigma=pf.bs_call(s0,x0,T0,r0,sigma)
call_T=pf.bs_call(s0,x0,T,r0,sigma0)
plt.plot(sigma,call_sigma,'b')
plt.plot(T,call_T)
plt.show()
```

9.10 与期权相关的希腊字母

在期权理论中,几个希腊字母用于表示期权等金融衍生品的价格的敏感性,通常称为风险敏感性、风险度量或套利参数。

希腊字母 delta（Δ）代表期权的价格对标的股票价格的导数。看涨期权的 delta 定义如下。

$$\Delta = \frac{\partial C}{\partial S} \tag{9-16}$$

我们可以基于 delta 值设计一个套期保值策略。假设标的股票在有效期不分红，它的欧式看涨期权的 delta 由如下公式计算。

$$\Delta_{call} = N(d_1) \tag{9-17}$$

假设我们卖出一个看涨期权，可以买入数量等于 delta 的标的股票，使得股票价格的微小变化可以被看涨期权的价格的变化相抵消。delta_call() 函数的定义非常简单。由于它包含在 p4f.py 文件中，所以可以轻松调用它，代码如下。

```
>>>from p4f import *
>>>round(delta_call(40,40,1,0.1,0.2),4)
0.7257
```

假设标的股票在有效期不分红，它的欧式看跌期权的 delta 定义如下。

$$\Delta_{put} = N(d_1) - 1 \tag{9-18}$$

可以用以下代码调用 delta_put() 函数。

```
>>>from p4f import *
>>>round(delta_put(40,40,1,0.1,0.2),4)
-0.2743
```

希腊字母 Γ（gamma）是标的股票的价格变化引起的 delta 的变化率。它可以定义如下。

$$\Gamma = \frac{\partial \Delta}{\partial S} \tag{9-19}$$

为了实施有效的 delta 对冲，必须不断更新持有的标的股票的头寸，因为 delta 与标的股票的价格相关。因此，如果 gamma 值比较小，就不必频繁地改变持有的标的股票的头寸。欧式看涨期权（或看跌期权）的 gamma 值由如下公式计算。

$$\Gamma = \frac{N'(d_1)}{S_0 \sigma \sqrt{T}} \tag{9-20}$$

这里，$N'(x) = \dfrac{1}{\sqrt{2\pi}} e^{-\frac{x^2}{2}}$。

9.11 期权平价关系及其图形表示

让我们看一个看涨期权，其执行价格为 20 美元，有效期为 3 个月，无风险利率为 5%。3 个月以后的 20 美元的现值可以用以下代码计算。

```
>>>x=20*exp(-0.05*3/12)
>>>round(x,2)
19.75
>>>
```

包括这个看涨期权和 19.75 美元的投资组合在 3 个月之后的价值是多少？如果股票价格低于 20 美元，就不执行看涨期权和保留现金。如果股票价格高于 20 美元，就使用 20 美元现金执行看涨期权来获得该标的股票。因此，我们的投资组合价值将是 3 个月之后的股价或 20 美元这两者中较大的一个值，即 max(s,20)。

另一方面，包括股票和行使价为 20 美元的看跌期权的投资组合在 3 个月之后的价值是多少呢？如果股票价格低于 20 美元，我们行使看跌期权并获得 20 美元。如果股票价格在 20 美元以上，我们只保留股票。因此，这个投资组合价值同样是 3 个月之后的股价或 20 美元这两者中较大的一个值，即 max(s,20)。

因此，以上两个投资组合在 3 个月之后具有相同的价值 max(s,20)。根据无套利原则，这两个投资组合在当前的现值应该相等。我们称这个关系为期权的平价关系，它由以下的公式表达。

$$C + Xe^{-r_f T} = P + S_0 \tag{9-21}$$

如果已知股票在到期日之前将支付股息，有以下等式。

$$C + PV(D) + Xe^{-r_f T} = P + S_0 \tag{9-22}$$

这里，$PV(D)$ 是在到期日（T）之前支付的所有股息的现值。以下 Python 代码给出了期权平价关系的图形表示。

```
import pylab as pl
```

```
import numpy as np
x=10
sT=np.arange(0,30,5)
payoff_call=(abs(sT-x)+sT-x)/2
payoff_put=(abs(x-sT)+x-sT)/2
cash=np.zeros(len(sT))+x
def graph(text,text2=''):
    pl.xticks(())
    pl.yticks(())
    pl.xlim(0,30)
    pl.ylim(0,20)
    pl.plot([x,x],[0,3])
    pl.text(x,-2,"X");
    pl.text(0,x,"X")
    pl.text(x,x*1.7, text, ha='center', va='center',size=10, alpha=.5)
    pl.text(-5,10,text2,size=25)
pl.figure(figsize=(6, 4))
pl.subplot(2, 3, 1); graph('Payoff of call');   pl.plot(sT,payoff_call)
pl.subplot(2, 3, 2); graph('cash','+');         pl.plot(sT,cash)
pl.subplot(2, 3, 3); graph('Porfolio A ','='); pl.plot(sT,cash+payoff_call)
pl.subplot(2, 3, 4); graph('Payoff of put ');   pl.plot(sT,payoff_put)
pl.subplot(2, 3, 5); graph('Stock','+');        pl.plot(sT,sT)
pl.subplot(2, 3, 6); graph('Portfolio B','='); pl.plot(sT,sT+payoff_put)
pl.show()
```

产生的图形如图 9-11 所示。

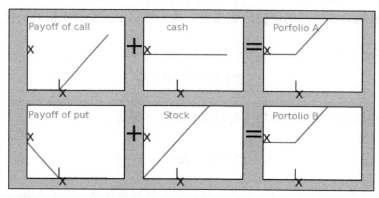

图 9-11

9.12 二叉树法及其图形表示

二叉树法（CRR 法）是由 Cox、Ross 和 Robinstein 在 1979 年提出的，因此也被称为 CRR 方法。使用 CRR 方法有以下两个步骤。首先，画一个树叉，如图 9-12 所示。假设当前的股票价值是 S，则未来有两个结果 $S*u$ 和 $S*d$，其中 $u>1$ 和 $d<1$。下面的代码完成图 9-12 所示的仅一步的树叉。

```
import matplotlib.pyplot as plt
plt.xlim(0,1)
plt.figtext(0.18,0.5,'S')
plt.figtext(0.6,0.5+0.25,'Su')
plt.figtext(0.6,0.5-0.25,'Sd')
plt.annotate('',xy=(0.6,0.5+0.25), xytext=(0.1,0.5), arrowprops=
dict(facecolor='b',shrink=0.01))
plt.annotate('',xy=(0.6,0.5-0.25), xytext=(0.1,0.5), arrowprops=
dict(facecolor='b',shrink=0.01))
plt.axis('off')
plt.show()
```

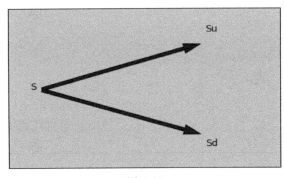

图 9-12

一步树叉显然是最简单的二叉树法。假设今天的价格是 10 美元，行使价是 11 美元，看涨期权将在 6 个月后到期。此外，假设未来的价格只有两个结果，价格增加（$u=1.1$）或减小（$d=0.9$）。换句话说，未来的价格是 11 美元或 9 美元。基于这样的信息，有图 9-13 所示的一步二叉树。

图 9-12 中的一步树叉由以下代码生成。

```
import networkx as nx
import matplotlib.pyplot as plt
```

```
plt.figtext(0.08,0.6,"Stock price=$20")
plt.figtext(0.75,0.91,"Stock price=$22")
plt.figtext(0.75,0.87,"Option price=$1")
plt.figtext(0.75,0.28,"Stock price=$18")
plt.figtext(0.75,0.24,"Option price=0")
n=1
def binomial_grid(n):
    G=nx.Graph()
    for i in range(0,n+1):
        for j in range(1,i+2):
            if i<n:
                G.add_edge((i,j),(i+1,j))
                G.add_edge((i,j),(i+1,j+1))
    posG={}
    for node in G.nodes():
        posG[node]=(node[0],n+2+node[0]-2*node[1])
    nx.draw(G,pos=posG)
binomial_grid(n)
plt.show()
```

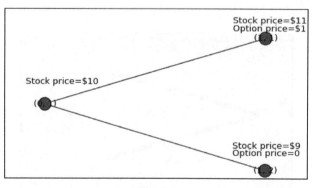

图 9-13

以上的代码定义了一个 binomial_grid() 函数，本章将在后面多次用到这个函数。由于事先知道未来只有两个结果，所以可以选择一个股票和看涨期权的组合使得该组合的未来结果是我们所需的。假设选择数量为 delta 的标的股票和一个看涨期权在未来具有相同的价值，也就是，$\Delta\times 11.5-1=9\Delta$，即 $\Delta=1/(11.5-9)=0.4$。这意味着如果持有 0.4 股和卖空一个看涨期权，当股价增加时，这个组合的未来价值等于 $0.4\times 11.5-1=3.6$，或者当股价减小时，其未来价值也等于 $0.4\times 9=3.6$。进一步假设连续复利的无风险价值是 0.12%，那么投资组合的价值将等于未来值 3.6 在今天的现值，即 $0.4\times 10-c=pv$（3.6）。使用 Python 可以得到以下结果。

```
>>>round(0.4*10-exp(-0.012*0.5)*3.6,2)
0.42
```

用以下代码构建两步二叉树。

```
import p4f
import matplotlib.pyplot as plt
plt.figtext(0.08,0.6,"Stock price=$20")
plt.figtext(0.08,0.56,"call =7.43")
plt.figtext(0.33,0.76,"Stock price=$67.49")
plt.figtext(0.33,0.70,"Option price=0.93")
plt.figtext(0.33,0.27,"Stock price=$37.40")
plt.figtext(0.33,0.23,"Option price=14.96")
plt.figtext(0.75,0.91,"Stock price=$91.11")
plt.figtext(0.75,0.87,"Option price=0")
plt.figtext(0.75,0.6,"Stock price=$50")
plt.figtext(0.75,0.57,"Option price=2")
plt.figtext(0.75,0.28,"Stock price=$27.44")
plt.figtext(0.75,0.24,"Option price=24.56")
n=2
p4f.binomial_grid(n)
plt.show()
```

基于 CRR 方法，我们有以下步骤。

1. 绘制一个 n 步树。

2. 计算在第 n 步结束时股票的价格。

3. 基于最终股票价格以及是否执行看涨期权或看跌期权来计算每个节点上的期权的价值。

4. 根据风险中性概率，将其从第 n 步折现到第 $n-1$ 步。

5. 重复上一步骤，直到在第 0 步获得期权的当前价值。

用于计算 u、d 和 p 的公式如下。

$$u = e^{\sigma\sqrt{\Delta t}} \tag{9-23}$$

$$d = \frac{1}{u} = e^{-\sigma\sqrt{\Delta t}} \tag{9-24}$$

$$a = e^{(r-q)\Delta t} \tag{9-25}$$

$$p = \frac{a-d}{u-d} \tag{9-26}$$

$$v_i = pv_{i+1}^u + (1-p)v_{i+1}^d \tag{9-27}$$

在公式中，u 是价格增加的幅度，d 是价格减小的幅度，σ 是标的股票的波动率，r 是无风险利率，T 是以年为单位的有效期，n 是步数，Δt 是每一步的时间长度，即 Δt =T/n。q 是股息收益率，p 是价格增加的风险中性概率。binomial_grid()函数是基于一步二叉树图形的函数。我们之前提到这个函数包含在 p4fy.py 文件中。使用一个两步二叉树来演示定价的整个过程。假设当前股票价格为 10 美元，行使价为 10 美元，有效期为 3 个月，步数为 2，无风险利率为 2%，标的股票的波动率为 0.2。以下 Python 代码将生成一个两步树，代码的输出如图 9-14 所示。

```
import p4f
from math import sqrt,exp
import matplotlib.pyplot as plt
s=10;r=0.02;sigma=0.2;T=3./12;x=10
n=2;deltaT=T/n;q=0
u=exp(sigma*sqrt(deltaT));d=1/u
a=exp((r-q)*deltaT)
p=(a-d)/(u-d)
su=round(s*u,2);
suu=round(s*u*u,2)
sd=round(s*d,2);
sdd=round(s*d*d,2)
sud=s
plt.figtext(0.08,0.6,'Stock '+str(s))
plt.figtext(0.33,0.76,"Stock price=$"+str(su))
plt.figtext(0.33,0.27,'Stock price='+str(sd))
plt.figtext(0.75,0.91,'Stock price=$'+str(suu))
plt.figtext(0.75,0.6,'Stock price=$'+str(sud))
plt.figtext(0.75,0.28,"Stock price="+str(sdd))
p4f.binomial_grid(n)
plt.show()
```

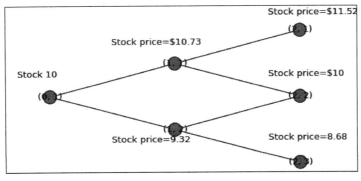

图 9-14

接下来，用风险中性概率把每个值逐步向后折现。相应的代码如下，生成的图形如图 9-15 所示。

```
import p4f
from numpy import exp, sqrt, log
import matplotlib.pyplot as plt
s=10;x=10;r=0.05;sigma=0.2;T=3./12.;n=2;q=0    # q is dividend yield
deltaT=T/n                                      # step
u=exp(sigma*sqrt(deltaT))
d=1/u
a=exp((r-q)*deltaT)
p=(a-d)/(u-d)
s_dollar='S=$'
c_dollar='c=$'
p2=round(p,2)
plt.figtext(0.15,0.91,'Note: x='+str(x)+', r='+str(r)+', deltaT='+str
(deltaT)+',p='+str(p2))
plt.figtext(0.35,0.61,'p')
plt.figtext(0.65,0.76,'p')
plt.figtext(0.65,0.43,'p')
plt.figtext(0.35,0.36,'1-p')
plt.figtext(0.65,0.53,'1-p')
plt.figtext(0.65,0.21,'1-p')
# at level 2
su=round(s*u,2);
suu=round(s*u*u,2)
sd=round(s*d,2);
sdd=round(s*d*d,2)
sud=s
c_suu=round(max(suu-x,0),2)
c_s=round(max(s-x,0),2)
```

228　第9章　Black-Scholes-Merton 期权定价模型

```
c_sdd=round(max(sdd-x,0),2)
plt.figtext(0.8,0.94,'s*u*u')
plt.figtext(0.8,0.91,s_dollar+str(suu))
plt.figtext(0.8,0.87,c_dollar+str(c_suu))
plt.figtext(0.8,0.6,s_dollar+str(sud))
plt.figtext(0.8,0.64,'s*u*d=s')
plt.figtext(0.8,0.57,c_dollar+str(c_s))
plt.figtext(0.8,0.32,'s*d*d')
plt.figtext(0.8,0.28,s_dollar+str(sdd))
plt.figtext(0.8,0.24,c_dollar+str(c_sdd))
#
# at level 1
c_01=round((p*c_suu+(1-p)*c_s)*exp(-r*deltaT),2)
c_02=round((p*c_s+(1-p)*c_sdd)*exp(-r*deltaT),2)
#
plt.figtext(0.43,0.78,'s*u')
plt.figtext(0.43,0.74,s_dollar+str(su))
plt.figtext(0.43,0.71,c_dollar+str(c_01))
plt.figtext(0.43,0.32,'s*d')
plt.figtext(0.43,0.27,s_dollar+str(sd))
plt.figtext(0.43,0.23,c_dollar+str(c_02))
# at level 0 (today)
#
c_00=round(p*exp(-r*deltaT)*c_01+(1-p)*exp(-r*deltaT)*c_02,2)
plt.figtext(0.09,0.6,s_dollar+str(s))
plt.figtext(0.09,0.56,c_dollar+str(c_00))
p4f.binomial_grid(n)
plt.show()
```

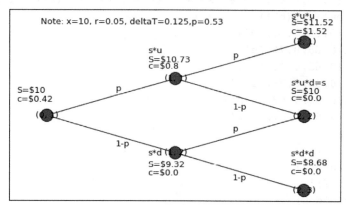

图 9-15

解释一下图 9-15 中显示的几个值。在右上角的最高节点（$s*u*u$），股票价格为 11.52，行使价格为 10，因此看涨期权的价值为 1.52（11.52−10）。类似地，在 s*u*d=s 节点上，看涨期权的价值为 0。以下代码验证在 s*u 节点上看涨期权的价值为 0.8。

```
>>>p
0.5266253390068362
>>>deltaT
0.125
>>>v=(p*1.52+(1-p)*0)*exp(-r*deltaT)
>>>round(v,2)
0.80
>>>
```

9.12.1 为欧式期权定价的二叉树法

以下代码编写一个函数 `binomialCall()` 来用二叉树法为欧式期权定价。

```
from math import exp,sqrt
import scipy as sp
def binomialCall(s,x,T,r,sigma,n=100):
    deltaT = T /n
    u = exp(sigma * sqrt(deltaT))
    d = 1.0 / u
    a = exp(r * deltaT)
    p = (a - d) / (u - d)
    v = [[0.0 for j in sp.arange(i + 1)] for i in sp.arange(n + 1)]
    for j in sp.arange(n+1):
    v[n][j] = max(s * u**j * d**(n - j) - x, 0.0)
    for i in sp.arange(n-1, -1, -1):
        for j in sp.arange(i + 1):
            v[i][j]=exp(-r*deltaT)*(p*v[i+1][j+1]+(1.0-p)*v[i+1][j])
return v[0][0]
```

以下输入一组参数值来调用该函数，同时计算 Black-Scholes-Merton 模型给出的期权价格作为比较。

```
>>> binomialCall(40,42,0.5,0.1,0.2,1000)
2.2781944045731342
>>>bs_call(40,42,0.5,0.1,0.2)
2.2777803294555348
>>>
```

9.12.2 为美式期权定价的二叉树法

Black-Scholes-Merton 期权模型只能应用于欧式期权。二叉树（CRR）方法可以用来计算美式期权的价格。与美式期权不同的是，必须考虑提前行使期权。使用二叉树法为美式期权定价的代码如下。

```
from math import exp,sqrt
import numpy as np
def binomialCallAmerican(s,x,T,r,sigma,n=100):
    deltaT = T /n
    u = exp(sigma * sqrt(deltaT));      d = 1.0 / u
    a = exp(r * deltaT);       p = (a - d) / (u - d)
    v = [[0.0 for j in np.arange(i + 1)] for i in np.arange(n + 1)]
    for j in np.arange(n+1):
    v[n][j] = max(s * u**j * d**(n - j) - x, 0.0)
    for i in np.arange(n-1, -1, -1):
       for j in np.arange(i + 1):
          v1=exp(-r*deltaT)*(p*v[i+1][j+1]+(1.0-p)*v[i+1][j])
          v2=max(x-s,0) # early exercise
          v[i][j]=max(v1,v2)
    return v[0][0]
```

美式看涨期权和欧式看涨期权的关键区别在于可以提前行权。以上代码的最后几行反映了这一点。在每个中间节点，需要计算两个值，$v1$ 是未来收益的贴现值，$v2$ 是提前行权所获得的收益。我们选择两者之中较大的值，即 max(v1, v2)。以下代码应用二叉树方法来计算美式看涨期权的价格。显然，使用相同的参数值，美式看涨期权的价格高于欧式看涨期权的价格。

```
>>>call=binomialCallAmerican(40,42,0.5,0.1,0.2,1000)
>>>round(call,2)
3.41
```

9.13 套期保值策略

卖出欧式看涨期权后，可以持有数量为 Δ 的标的股票来对冲看涨期权空头的风险。这个策略称为 delta 对冲。由于 delta（Δ）是标的股票的价格（S）的函数，为了保证有效的对冲，我们必须不断调整股票的持仓量，因而称为动态套期保值。投资组合的 delta 是投资组合中各个证券的 delta 的加权平均。需要注意的是，如果卖空一只证券，其权重将为负。

$$\Delta_{port} = \sum_{i=1}^{n} w_i \Delta_i \tag{9-28}$$

假设某美国进口商将在 3 个月后支付 1 000 万英镑。他担心美元对英镑将贬值。有 3 种方法来对冲这个汇率风险:现在买入英镑、签订期货合约以指定汇率在 3 个月后买入 1 000 万英镑,或者购买以指定汇率作为其行使价的看涨期权。第 1 选择是昂贵的,因为进口商今天不需要英镑。第 2 选择签订期货合约也是有风险的,因为美元升值将使进口商花费额外的钱。第 3 选择购买看涨期权可以在今天锁定 3 个月后的最高汇率。同时,如果英镑贬值,进口商还可获利。这种在不同的证券采取相反的头寸被称为套期保值。对于货币期权,有以下等式。

$$d_1 = \frac{\ln\left(\frac{S_0}{x}\right) + \left(r_d - r_f + \frac{1}{2}\sigma^2\right)T}{\sigma\sqrt{T}} \tag{9-29}$$

$$d_2 = \frac{\ln\left(\frac{S_0}{x}\right) + \left(r_d - r_f + \frac{1}{2}\sigma^2\right)T}{\sigma\sqrt{T}} = d_1 - \sigma\sqrt{T} \tag{9-30}$$

$$c = S_0 \times N(d_1) - X \times e^{-rT} N(d_2) \tag{9-31}$$

$$p = X \times e^{-rT} N(-d_2) - S_0 \times N(-d_1) \tag{9-32}$$

公式中,S_0 是外币的美元汇率,r_d 是国内的无风险利率,r_f 是外币的无风险利率。

9.14 小结

本章详细讨论了 Black-Scholes-Merton 期权模型,主要内容包括看涨期权和看跌期权的收益和损益函数及其图形表示;各种交易策略及其图形表示,比如卖空看涨期权并持有股票、跨式期权组合、蝶式期权组合、日历套利组合;正态分布、标准正态分布和累积分布函数;delta、gamma 和其他希腊字母;期权的平价关系;欧式与美式期权;用二叉树法来给期权定价和套期保值策略;等等。

下一章将介绍 Python 的几种循环语句,然后解释如何计算看涨期权和看跌期权的隐含波动率。另外,介绍如何从几个公开的网站下载期权的交易数据,并用这些数据来计算隐含波动率,及其他一些应用。

练习题

1. 欧式看涨期权与美式看涨期权之间有什么区别？

2. Black-Scholes-Merton 期权模型中无风险利率 r_f 的单位是多少？

3. 如果无风险年利率为 3.4%，每半年复利一次，那么 Black-Scholes-Merton 期权模型中使用的 r_f 值应该是多少？

4. 如何使用期权套期保值？

5. 对欧式看涨期权进行定价时，如何处理预先确定的现金股利？

6. 为什么美式看涨期权比欧式看涨期权更值钱？

7. 假设你是共同基金经理，你的投资组合与市场密切相关。你担心市场短期内会下跌，你可以做些什么来保护你的投资组合？

8. 股票 A 的当前价格为 38.5 美元，看涨期权和看跌期权的行使价均为 37 美元。如果连续复利无风险利率为 3.2%，期权有效期为 6 个月，股票 A 的波动率为 0.25，欧式看涨期权和看跌期权的价格分别是多少？

9. 使用期权的平价关系来验证上题的答案。

10. 如果等式（9-11）中的看涨期权和看跌期权有不同的行使价，期权的平价关系还成立吗？

11. 给定一组参数值，$s=40$，$x=40$，$t=3/12=0.25$，$r=0.05$ 和 $sigma=0.20$，使用 Black-Scholes-Merton 期权模型来计算这个看涨期权的价格。保持其他参数值不变，调整 S（股票的当前价格）来显示看涨期权的价格和 S 之间的关系（绘制图形更好）。

12. 我的投资组合包括：标的股票多头、欧式看涨期权多头。假设当前股票价格为 40 美元，欧式看涨期权的行使价格为 45 美元，编写 Python 代码显示此投资组合的收益函数曲线。

13. 看跌期权构成的牛市多空套利：买入执行价格为 K_1 的看跌期权，卖出执行价格为 K_2 的看跌期权（$K_1<K_2$）。由于 $K_1<K_2$，所购买的看跌期权比卖出的看跌期权价值低，牛市多空套利有初始现金流入。编写 Python 代码计算投资组合的收益函数和损益函数，并绘制图形。

14. 看跌期权构成的熊市多空套利：投资者预计股价将下跌。买入执行价格为 K_2 的看跌期权，卖出执行价格为 K_1 的看跌期权（$K_1<K_2$）。由于 $K_1<K_2$，所购买的看跌期权比卖出的看跌期权价值高，熊市多空套利有初始现金流出。编写 Python 代码计算投资组合的收益

函数和损益函数，并绘制图形。

15. 蝶式多空套利：买入执行价格分别为 K_1 和 K_3 的看涨期权，卖出两个执行价格为 K_2 的看涨期权，$K_2=0.5$（K_1+K_3）。

（1）证明此策略有初始现金流出，即证明 $C_1+C_3>2C_2$。你的投资组合包括 C_1 和 C_3 的多头，两个 C_2 的空头。

（2）编写 Python 代码计算这个策略的损益函数。

16. 你有以下投资组合：100 股标的股票的多头，77 股看涨期权的空头，88 股看跌期权的多头。假设当前股价是 40 美元，看涨期权的行使价为 45 美元，看跌期权的行使价为 38 美元。

（1）写出你的投资组合的收益函数。

（2）假设看涨期权和看跌期权的期权费分别为 3 美元和 4 美元，写出你的投资组合的损益函数。

（3）编写 Python 代码完成以上计算。

17. 如果我们以相同的行使价买入两个看跌期权和一个看涨期权，这个策略称为 Strips 策略。编写 Python 代码来显示它的损益函数。

18. 如果我们以相同的行使价买入一个看跌期权和两个看涨期权，这个策略称为 Strap 策略。

（1）这个策略的期望收益是多少？

（2）编写代码来显示其损益图。

19. 编写 Python 代码绘制图形来显示欧式不分红股票的看涨期权的 delta（y 轴）与该标的股票的价格（x 轴）的关系。

20. 目前的股票价格为 30 美元，行使价格为 30 美元，无风险利率为每年 6%，每半年复利，波动率为每年 25%，有效期为 4 个月，标的股票将在一个月和 5 个月末分别支付 1 美元股息。欧式看涨期权和看跌期权的价格分别是多少？

21. 有以下代码来展示一步二叉树。

```
import p4f
import matplotlib.pyplot as plt
plt.figtext(0.08,0.6,"Stock price=$20")
plt.figtext(0.08,0.56,"call=7.43")
plt.figtext(0.33,0.76,"Stock price=$67.49")
```

```
plt.figtext(0.33,0.70,"Option price=0.93")
plt.figtext(0.33,0.27,"Stock price=$37.40")
plt.figtext(0.33,0.23,"Option price=14.96")
plt.figtext(0.75,0.91,"Stock price=$91.11")
plt.figtext(0.75,0.87,"Option price=0")
plt.figtext(0.75,0.6,"Stock price=$50")
plt.figtext(0.75,0.57,"Option price=2")
plt.figtext(0.75,0.28,"Stock price=$27.44")
plt.figtext(0.75,0.24,"Option price=24.56")
n=2; p4f.binomial_grid(n)
```

以下是其相关图形。

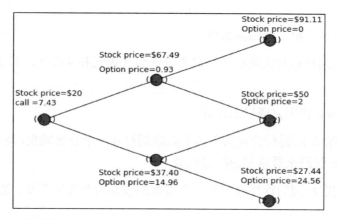

按照以下的示例来简化之前的代码。

```
import p4f
plt.figtext("Stock price=$20")
plt.figtext("call =7.43")
plt.figtext("Stock price=$67.49")
plt.figtext("Option price=0.93")
plt.figtext("Stock price=$37.40")
plt.figtext("Option price=14.96")
plt.figtext("Stock price=$91.11")
plt.figtext("Option price=0")
plt.figtext("Stock price=$50")
plt.figtext("Option price=2")
plt.figtext("Stock price=$27.44")
plt.figtext("Option price=24.56")
n=2; p4f.binomial_grid(n)
```

22. 编写 Python 代码来绘制一个三步二叉树的图形表示。

第 10 章
Python 的循环语句和隐含波动率的计算

本章主要内容涉及两个主题：Python 的循环语句和隐含波动率的计算。Python 有两个最常用的循环语句：`for` 循环和 `while` 循环。将介绍隐含波动率的定义及其背后的逻辑，然后讨论 3 种计算隐含波动率的方法，分别基于 for 循环、while 循环和二分搜索。二分搜索是其中最有效的方法。应用二分搜索方法的一个前提条件是目标函数单调递增或递减，而期权价格恰恰是波动率的递增函数。本章包括以下主要内容。

- 什么是隐含波动率
- 隐含波动率计算的逻辑
- 理解 `for` 循环、`while` 循环及其应用
- 嵌套（多重）循环
- 多个 IRR 的估计
- 二分搜索方法的原理
- 计算美式看涨期权的隐含波动率
- `enumerate()` 函数简介
- 从 Yahoo!Finance 和芝加哥期权交易所获取期权数据
- 以图形表示看跌期权和看涨期权的比率

10.1 隐含波动率的定义

在第 9 章中,我们了解到给定一组输入参数 S(当前股票价格)、X(执行价格)、T(以年为单位的有效期)、r(连续复利的无风险利率)和 sigma(股票回报率的标准方差,也称为波动率)可以利用 Black-Scholes-Merton 模型来计算看涨期权的价格。可以用以下 5 行 Python 代码来为欧式看涨期权定价。

```
from scipy import log,exp,sqrt,stats
def bs_call(S,X,T,r,sigma):
    d1=(log(S/X)+(r+sigma*sigma/2.)*T)/(sigma*sqrt(T))
    d2 = d1-sigma*sqrt(T)
    return S*stats.norm.cdf(d1)-X*exp(-r*T)*stats.norm.cdf(d2)
```

输入一组 5 个值后,可以得到看涨期权的价格如下。

```
>>>bs_call(40,40,0.5,0.05,0.25)
3.3040017284767735
```

另一方面,如果知道 S、X、T、r 和期权价格 c,我们如何得到相对应的 sigma?我们称这个对应的 sigma 为隐含波动率。也就是说,如果给出一组可以观察到的数值,如 S=40、X=40、T=0.5、r=0.05 和 c=3.30,就能够找出 sigma 应该等于 0.25。将在本章学习如何计算隐含波动率。

实际上,找出隐含波动率是基于一个非常简单的逻辑:试错法。以上面的数值作为例子。有 5 个值 S=40、X=40、T=0.5、r=0.05 和 c=3.30。用 100 个不同的 sigma 值,加上另外 4 个参数值,可以得到 100 个看涨期权的价格。隐含波动率的一个估计值是这 100 个 sigma 值中使得看涨期权的价格与给定的期权价格 3.30 之间的绝对差值最小的那一个。当然,可以增加更多的 sigma 值,以得到更高精度的隐含波动率的估计值,也就是说精确到小数点后更多位。

或者可以采用另一个收敛标准:当计算得到的看涨期权价格和给定看涨期权价格之间的绝对差值小于我们自定的一个临界值,比如 1 分钱,即|c-3.30|<0.01 时,就停止计算。因为随机选取 100 或 1 000 个不同的 sigma 值并不是最优的办法,可以使用循环语句来有系统地选择一些 sigma 值。接下来,将讨论两类循环语句:for 循环和 while 循环。

10.2 for 循环简介

for 循环是许多计算机语言中最常见的循环之一。图 10-1 中的流程图演示了循环语句如何工作。通常从一个初始值开始测试循环变量是否满足某个条件，如果条件不成立，则循环停止；当条件成立时，执行一组命令，改变循环变量的值并再次测试该条件。

下面给出一个简单的例子。

```
>>>for i in range(1,5):
      print(i)
```

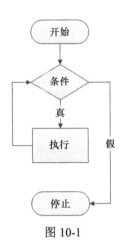

图 10-1

运行这两行命令的结果是打印 1、2、3 和 4。需要注意 range() 函数的用法，因为最后一个数字 5 不会打印出来。因此，如果要打印 1~n，就必须使用以下代码。

```
>>>n=10
>>>for i in range(1,n+1):
      print(i)
```

在以上两个示例中，默认增量值为 1。如果打算使用不等于 1 的增量值，就需要明确指定。以下代码中的增量值等于 3。

```
>>>for i in range(1,10,3):
      print(i)
```

得到的输出结果是 1、4 和 7。同样，如果要按降序打印 5 到 1，则增量值应为-1。

```
>>>for j in range(5,1,-1):
      print(j)
```

10.2.1 使用 for 循环计算隐含波动率

首先，用下面的代码编写一个 Python 函数来根据 Black-Scholes-Merton 模型计算看涨期权的价格。

```
from scipy import log,exp,sqrt,stats
def bs_call(S,X,T,r,sigma):
```

```
"""Objective: estimate call for stock with one known dividend
S: current stock price
T : maturity date in years r : risk-free rate
sigma: volatility
"""
d1=(log(S/X)+(r+sigma*sigma/2.)*T)/(sigma*sqrt(T))
d2 = d1-sigma*sqrt(T)
return S*stats.norm.cdf(d1)-X*exp(-r*T)*stats.norm.cdf(d2)
S=40; K=40; T=0.5; r=0.05; c=3.30
for i in range(200):
    sigma=0.005*(i+1)
    diff=c-bs_call(S,K,T,r,sigma)
    if abs(diff)<=0.01:
        print(i,sigma, diff)
```

可以把bs_call()函数放在一个主程序文件（如p4f.py）中。这样，更便于调用该函数，也使代码更简单易懂。例如：

```
import p4f
S=40; K=40; T=0.5; r=0.05; c=3.30
for i in range(200):
    sigma=0.005*(i+1)
    diff=c-p4f.bs_call(S,K,T,r,sigma)
    if abs(diff)<=0.01:
        print(i,sigma, diff)
```

以上的代码使用与前一个示例相同的一组参数值，因此隐含波动率应当是一样的，即0.25。这个程序的逻辑是使用试错法来为 Black-Scholes-Merton 期权模型提供许多不同的 sigma（波动率）。对于给定的一个 sigma 值，如果计算得到的看涨期权价格和给定的看涨期权价格之间的绝对差值小于 0.01，就停止计算。那个 sigma 值就是隐含波动率。以上程序的输出结果如下。

(49, 0.25, -0.0040060797372882817)

第1个数字 49 是变量 i 在程序结束时的值，0.25 是隐含波动率，最后一个数值是计算得到的看涨期权价格和给定的看涨期权价格（即 3.30 美元）之间的绝对差值。

10.2.2 欧式期权的隐含波动率

最后，可以编写一个函数来估计基于欧式看涨期权的隐含波动率。为了节省空间，从程序中删除所有注释。

```
def implied_vol_call(S,X,T,r,c):
    from scipy import log,exp,sqrt,stats
    for i in range(200):
        sigma=0.005*(i+1)
        d1=(log(S/X)+(r+sigma*sigma/2.)*T)/(sigma*sqrt(T))
        d2 = d1-sigma*sqrt(T)
        diff=c-(S*stats.norm.cdf(d1)-X*exp(-r*T)*stats.norm.cdf(d2))
        if abs(diff)<=0.01:
            return i,sigma,diff
```

使用一组输入值，可以方便地使用以上代码，如下所示。

```
>>>implied_vol_call(40,40,0.5,0.05,3.3)
(49, 0.25, -0.0040060797372882817)
```

10.2.3 看跌期权的隐含波动率

可以基于期权模型估计欧式看跌期权的隐含波动率。在以下的程序中，编写一个名为 implied_vol_put_min() 的函数。这个函数和前一节的函数有几点区别。首先，这个函数计算看跌期权的隐含波动率，而不是看涨期权的隐含波动率。因此，最后一个输入值是看跌期权的价格，而不是看涨期权的价格。其次，收敛标准是估计的期权价格和给定的看跌期权价格的绝对价差最小。在前一节的函数中，收敛标准是当绝对价差小于 0.01 时。因此，这个函数将保证一定可以得到一个隐含波动率的估计值，而前一节的函数不能保证。

```
def implied_vol_put_min(S,X,T,r,p):
    from scipy import log,exp,sqrt,stats
    implied_vol=1.0;   min_value=100.0
    for i in xrange(1,10000):
        sigma=0.0001*(i+1)
        d1=(log(S/X)+(r+sigma*sigma/2.)*T)/(sigma*sqrt(T))
        d2 = d1-sigma*sqrt(T)
        put=X*exp(-r*T)*stats.norm.cdf(-d2)-S*stats.norm.cdf(-d1)
        abs_diff=abs(put-p)
        if abs_diff<min_value:
            min_value=abs_diff;  implied_vol=sigma
            k=i;  put_out=put
            print 'k, implied_vol, put, abs_diff'return k,implied_vol,
            put_out,min_value
```

先输入一组参数值来估计隐含波动率，然后解释这个函数内在的逻辑。假设 $S=40$，$X=40$，$T=12$ 个月，$r=0.1$，看跌期权价格为 1.50 美元，结果如下。

```
>>>implied_vol_put_min(40,40,1.,0.1,1.501)
k, implied_vol, put, abs_diff
(1999, 0.2, 1.5013673553027349, 0.00036735530273501737)
```

结果显示隐含波动率为 20%。这个算法的逻辑是我们首先为一个名为 min_value 的变量赋一个大的数，如 100。给定参数 sigma 的第 1 个值 0.0002，计算得出近乎为零的看跌期权价格，其与输入的看跌期权价格的绝对价差为 1.50。因为绝对价差小于 100，所以 min_value 变量的值将替换为 1.50。重复这个过程，直到循环结束。最后得到的 min_value 对应的 sigma 值就是我们的隐含波动率。

可以生成一些中间值来缩短计算所需的时间。例如，在以上的代码中，需要计算 ln(S/X) 共 10 000 次。可以定义一个新的变量 log_S_over_X 等于 ln(S/X)，只需要计算它的值一次，然后重复使用 10 000 次。同样的办法也可以用于 sigma*sigma/2.0 和 sigma*sqrt(T)。

10.2.4　enumerate()函数简介

当编写计算净现值的函数 NPV()时，需要依照以下公式计算未来和现在的所有现金流量的现值。

$$NPV = \sum_{i=0}^{n} \frac{cashflow_i}{(1+R)^i} \qquad (10\text{-}1)$$

每一笔现金流由两个值来决定：发生的时间 i 和在时间 i 产生的现金流量。下面的 NPV 函数显示如何应用 enumerate() 函数来处理这种数据。

```
def npv_f(rate, cashflows):
    total = 0.0
    for i, cashflow in enumerate(cashflows):
        total += cashflow / (1 + rate)**i
    return total
```

enumerate()函数将生成一个从 0 开始的索引以及对应的值。可以输入折现率和一组现金流量的值来调用以上的函数，结果如下。

```
>>>c=[-100.0, 60.0, 60.0, 60.0]
>>>r=0.1
>>>npv=npv_f(r,c)
>>>round(npv,2)
49.21
```

10.3 用 for 循环计算内部收益率及多个内部收益率

前两章，我们学习了如何应用内部收益率（IRR）规则，以一组给定的当前和未来的现金流来评估项目。可以利用 for 循环语句来计算项目的内部收益率。以下是两个相关的函数 npv_f() 和 irr_f()。

```
def npv_f(rate, cashflows):
    total = 0.0
    for i, cashflow in enumerate(cashflows):
        total += cashflow / (1 + rate)**i
    return total
```

这里的关键是找出中间变量 *i* 和 *cashflow* 的值。上一节我们知道 *i* 的取值为从 0 到现金流量的个数，*cashflow* 依次等于每一个现金流量的值。这个语句 total+=x 等价于 total=total+x。有一个问题，如果输入-1 作为折现率，该函数将出现错误而停止工作。可以添加一个 if 命令来防止这种情况发生（参考 IRR() 函数的解决方案）。另外一个问题，当第 2 个输入参数包含 NaN 时，npv_f() 函数将停止工作。可以使用 NumPy 模块中包含的 isnan() 函数处理这一情况。

```
def IRR_f(cashflows, iterations=100):
    if len(cashflows)==0:
        print('number of cash flows is zero')
        return -99
    rate = 1.0
    investment = cashflows[0]
    for i in range(1, iterations+1):
        rate *= (1 - npv_f(rate, cashflows) / investment)
    return rate
```

以上代码的基本假设是，第 1 笔投资是我们的初始投资，而所有未来现金流都是现金收入。这意味着 NPV 和折现率是负相关的。对于给定的折现率，如果其对应的 NPV 是正的，就应该把折现率乘以大于 1 的数来加大折现率，以便使得 NPV 趋近于零。请注意，投资是现金支出，是一个负数。因此，表达式（1-npv_f(rate,cashflows)/investment）的值将大于 1。另一方面，如果 NPV 是负值，就应该减小折现率，也就是说，当前的折现率乘以小于 1 的数。假设有以下现金流，相应的 IRR 是什么？

```
>>>cashflows=[-100,50,60,20,50]
```

```
>>>x=IRR_f(cashflows)
>>>round(x,3)
0.304
>>>
```

在前面的例子中,现金流的正负符号(即收入或支出)只改变一次,因此只有一个IRR。当现金流的正负符号变化超过一次时,可能会有超过一个 IRR。假设有以下现金流:现金流=[55,-50,-50,-50,100]。由于现金流的方向改变了两次,我们预测会有两个IRR。如果使用上面的IRR 函数,只能找到一个IRR。

```
>>>cashflows=[55,-50,-50,-50,100]
>>>round(IRR_f(cashflows),3)
0.337
>>>
```

可以利用同样的逻辑,通过循环语句尝试许多不同的折现率来找出哪两个折现率使得NPV(净现值)为 0。下面给出用于估计多个 IRR 的 Python 代码。

```python
import scipy as sp
def npv_f(rate, cashflows):
    total = 0.0
    for i, cashflow in enumerate(cashflows):
        total += cashflow / (1 + rate)**i
    return total
def IRRs_f(cash_flows):
    n=1000
    r=range(1,n)
    epsilon=abs(sp.mean(cash_flows)*0.01)
    irr=[]
    npv=[]
    for i in r:
        npv.append(0)
    lag_sign=sp.sign(npv_f(r[0]*1.0/n*1.0,cash_flows))
    for i in range(1,n-1):
        interest=r[i]*1.0/n*1.0
        npv[i]=npv_f(interest,cash_flows)
        s=sp.sign(npv[i])
        if s*lag_sign<0:
            lag_sign=s
            irr.append(interest)
    return irr
```

可以调用该函数轻松地找到两个 IRR。

```
>>>cashflows=[55,-50,-50,-50,100]
>>>IRRs_f(cashflows)
[0.072, 0.337]
>>>
```

10.4 while 循环简介

下面代码的第 1 行为循环变量 i 分配一个初始值。第 2 行定义一个条件来决定 while 循环何时应该停止。最后一行 `i+=1` 语句等同于 `i=i+1`，即把变量 i 的值增加 1。类似地，`t**=2` 等同于 `t=t**2`。

```
i=1
while(i<=4):
    print(i)
    i+=1
```

while 循环的关键是退出条件应该至少满足一次，否则将进入一个无限循环（死循环）。比如，运行以下代码将进入一个无限循环。这种情况发生时，可以按 Ctrl+C 组合键停止它。

```
i=1
while(i!=2.1):
    print(i)
    i+=1
```

上面这段代码比较两个实数是否相等。通常应该避免对两个实数、浮点数或双精度数使用等号进行判断。下一个例子与著名的斐波纳契序列有关：当前的数字是前面两个数字的和。

斐波纳契序列 1,1,2,3,5,8,13,……

用于计算斐波纳契序列的 Python 代码如下。

```
def fib(n):
    """Print a Fibonacci series up to n.
    """
    a, b = 0, 1
    while a < n:
        print(a)
        a, b = b, a+b
```

当 n 为 1 000 时,得到以下结果。

```
>>>fib(1000)
0 1 1 2 3 5 8 13 21 34 55 89 144 233 377 610 987
```

10.4.1 使用键盘命令停止无限循环

有时,由于各种原因,代码运行可能会进入一个无限循环(参见以下程序)。我们的目的是打印 1~4 这 4 个数字。然而,由于忘记在每次打印之后增加变量 i,退出条件永远不会被满足,也就是说,它进入一个无限循环。对于这种情况,可以按 Ctrl+C 或 Ctrl+Enter 组合键来终止循环。

```
i=1
while i<5:
    print(i)
```

如果这些命令不起作用,就需要按 Ctrl+Alt+Del 组合键启动任务管理器,选择 Python,然后单击结束任务。

10.4.2 使用 while 循环计算隐含波动率

在这一节,使用一个 while 循环和 Black-Scholes-Merton 模型来估计看跌期权的隐含波动率。首先,编写下面的计算看跌期权价格的函数。

```
def bs_put(S,X,T,rf,sigma):
    from scipy import log,exp,sqrt,stats
    d1=(log(S/X)+(rf+sigma*sigma/2.)*T)/(sigma*sqrt(T))
    d2 = d1-sigma*sqrt(T)
    return X*exp(-rf*T)*stats.norm.cdf(-d2)-S*stats.norm.cdf(-d1)
```

输入一组 S、X、T、rf 和 $sigma$ 的参数值来调用该函数,结果如下。

```
>>>put=bs_put(40,40,0.5,0.05,0.2)
>>>round(put,2)
1.77
```

以下代码使用 while 循环来估计看跌期权的隐含波动率。在这里,假设以上的欧式看跌期权函数包含在主程序文件 p4y.py 中。

```
import p4f
```

```
import scipy as sp
S=40; K=40; T=0.5; r=0.05; p=1.77
diff=1; i=1; sigma_old=0.005
sign_1=sp.sign(p-p4f.bs_put(S,K,T,r,sigma_old))
while(1):
    sigma=0.0001*(i+1)
    sign_2=sp.sign(p-p4f.bs_put(S,K,T,r,sigma))
    i+=1
    if sign_1*sign_2<0:
        break
    else:
        sigma_old=sigma
print('i, implied-vol, diff')
print(i,(sigma_old+sigma)/2, diff)
```

以下的输出结果显示隐含波动率等于 0.2，与我们使用 Black-Scholes-Merton 看涨期权模型估计的结果一样。还可以使用 0.2 作为波动率的输入值来计算，从而确定得到相同的期权价格。

```
i, implied-vol, diff
(2002, 0.20015, 1)
```

以下代码使用 break 退出一个无限循环。这个 while 循环的条件总是成立的。唯一可以停止循环的是 break 语句。这种收敛标准的一个优点是我们不必考虑什么是一个合适的绝对价差水平。因为期权价格差异比较大，选择适当的水平是不容易的。

```
import p4f
S=40; K=40; T=0.5; r=0.05; p=1.77
diff=1; i=1; sigma_old=0.005
sign_1=sign(p-bs_put(S,K,T,r,sigma_old))
while(1):
    sigma=0.0001*(i+1)
    sign_2=sign(p-p4f.bs_put(S,K,T,r,sigma))
    i+=1
    if sign_1*sign_2<0:
        break
    else:
        sigma_old=sigma
        print('i, implied-vol, diff')
        print(i,(sigma_old+sigma)/2, diff)
```

如果输入值大于 1，sign() 函数的返回值等于 1。如果输入值小于 0，返回值则等于

-1。sign()函数的示例如下。

```
>>>import scipy as sp
>>>sp.sign(-2)
-1
>>>sp.sign(2)
1
>>>sp.sign(0)
0
```

10.4.3　多重嵌套的 for 循环

需要两个循环变量 i 和 j 来访问一个二维矩阵，代码如下。

```
n1=2
n2=3
for x in xrange(1, n1+1):
    for y in xrange(1, n2+1):
        print '%d * %d = %d' % (x, y, x*y)
```

可以使用两个 while 循环或者一个 for 循环和一个 while 循环的组合来完成同样的任务。

10.5　美式看涨期权的隐含波动率

以下代码用来计算美式看涨期权的价格。

```
from math import exp,sqrt
import numpy as np
def binomialCallAmerican(s,x,T,r,sigma,n=100):
    deltaT = T /n
    u = exp(sigma * sqrt(deltaT))
    d = 1.0 / u
    a = exp(r * deltaT)
    p = (a - d) / (u - d)
    v = [[0.0 for j in np.arange(i + 1)] for i in np.arange(n + 1)]
    for j in np.arange(n+1):
        v[n][j] = max(s * u**j * d**(n - j) - x, 0.0)
    for i in np.arange(n-1, -1, -1):
        for j in np.arange(i + 1):
            v1=exp(-r*deltaT)*(p*v[i+1][j+1]+(1.0-p)*v[i+1][j])
```

```
                v2=max(v[i][j]-x,0)      # early exercise
                v[i][j]=max(v1,v2)
    return v[0][0]
```

第 9 章介绍了基于二叉树方法或 CRR 方法计算美式看涨期权的价格，以下是执行 CRR 方法的 Python 代码。根据输入值，首先计算 u、d 和 p，其中 u 表示股票价格增加的幅度，d 表示股票价格减小的幅度，p 是风险中性概率。第 1 个循环计算所有末端节点的期权价格。第 2 个循环从末端节点一步一步地向前移动直到零时刻，即当前时刻。变量 v1 是计算得到的期权价格，而 v2 是在该节点执行美式期权得到的收益。

```
def implied_vol_American_call(s,x,T,r,c):
    implied_vol=1.0;    min_value=1000
    for i in range(1000):
        sigma=0.001*(i+1)
        c2=binomialCallAmerican(s,x,T,r,sigma)
        abs_diff=abs(c2-c)
        if abs_diff<min_value:
            min_value=abs_diff;  implied_vol=sigma;   k=i
    return implied_vol
```

可以输入一组参数值（包括 sigma）来计算美式看涨期权的价格，然后估计它的隐含波动率如下。

```
>>>binomialCallAmerican(150,150,2./12.,0.003,0.2)  4.908836114170818
>>>implied_vol_American_call(150,150,2./12.,0.003,4.91)  0.2
```

10.6　测试一个程序的运行时间

以下代码使用 time.clock() 函数来测试一个程序完成运行所需的时间（以秒为单位）。

```
import time
start = time.clock()
n=10000000
for i in range(1,n):
    k=i+i+2;  diff= (time.clock() - start)
    print(round(diff,2))
```

上面这个循环完成运行所需的时间约为 1.59s。

10.7 二分搜索的原理

以上估计隐含波动率的方法是运行 Black-Scholes-Merton 期权模型 100 次,从中选择使得计算所得的期权价格和实际给出的期权价格之间的绝对差值最小的 sigma 值。这种方法虽然容易理解,但效率不高,因为估算每一个隐含波动率都需要计算 Black-Scholes-Merton 期权模型 100 次。如果只需要估计几个隐含波动率,这种方法不会是一个大问题。然而,在两种情况下,这个方法有明显的缺陷。首先,如果需要更高精度的估计值,比如希望 sigma=0.25333 精确到小数点后 4 位数;其次,如果必须估计几百万个隐含波动率,就需要更有效率的方法。

来看一个简单的例子。假设随机选择一个 1～5 000 的值。如果从 1～5 000 连续运行,需要多少步才能找到这个值?为了搜索一个 1～5 000 的值,在最坏的情况下,线性搜索将需要 5 000 步(平均需要 2 050 步),而在最坏的情况下,二分搜索只需要 12 步(平均需要 6 步)。以下 Python 程序实现二分搜索法。

```python
def binary_search(x, target, my_min=1, my_max=None):
    if my_max is None:
        my_max = len(x) - 1
        while my_min <= my_max:
            mid = (my_min + my_max)//2
            midval = x[mid]
            if midval < target:
                my_min = my_mid + 1
            elif midval > target:
                my_max = mid - 1
            else:
                return mid raise ValueError
```

以下代码生成一份来自圣经的单词列表,然后采用二分搜索法找到一个给定词的位置。首先,从网页 https://canisius.edu/~yany/doc/AV1611Bible.txt 下载圣经的文本文件,并把该文件保存在 C:\temp\目录下。

```python
from string import maketrans
import pandas as pd
word_freq = {}
word_list = open("c:/temp/AV1611Bible.txt", "r").read().split()
for word in word_list:
    word    =    word.translate(maketrans("",""),    '!"#$%&()*+,./:;<=>?@
```

```
[\\]^_`{|}~0123456789')
    if word.startswith('-'):
        word = word.replace('-','')
    if len(word):
        word_freq[word] = word_freq.get(word, 0) + 1
    keys = sorted(word_freq.keys())
    x=pd.DataFrame(keys)
    x.to_pickle('c:/temp/uniqueWords.pickle')
```

这一次,我们用下面的代码查找一个字符串而不是一个数值。

```
def binaryText(x, target, my_min=1, my_max=None):
    if my_max is None:
        my_max = len(x) - 1
    while my_min <= my_max:
        mid = (my_min + my_max)//2
        midval = x.iloc[mid]
        if midval.values < target:
            my_min = mid + 1
        elif midval.values > target:
            my_max = mid - 1
        else:
            return mid raise ValueError
```

在以上代码中,x 是 Data.Frame 格式,因此 x.iloc[mid] 给出一个数值。

```
>>>x.iloc[600]
0    Bakbakkar
Name: 610, dtype: object
```

如果在下载圣经文件时遇到问题,可以从 http://canisius.edu/~yany/uniqueWords.pickle 下载一个 .pickle 格式的文件。假设这个文件保存在 C:\temp\ 目录下,以下代码用来执行二分搜索。

```
import pandas as pd
x=pd.read_pickle("c:/temp/uniqueWords.pkl")
print(x.iloc[610])
```

10.8 顺序访问与随机访问

可以用不同的模式保存每日的股票数据。一种方法是将它们保存为股票 ID、日期、日内最高价、日内最低价、开盘价、收盘价和交易量。可以对股票 ID 进行排序，然后一个接一个地保存。有两种方法来编写 Python 代码以访问 IBM 的数据：顺序访问和随机访问。对于顺序访问，我们读取一行并检查其股票 ID 是否与所需的股票代码匹配。如果没有，就去下一行，直到找到所需的数据。

这样的顺序访问效率很低，尤其是处理规模巨大的数据集时，比如有几个 GB 大小的数据集。这时最好生成一个索引文件，包含如 IBM、1000、2000 这样的信息。由此，我们知道 IBM 的数据位于第 1 000 行到第 2 000 行。如果需要检索 IBM 的数据，就可以立即跳转到第 1 000 行，而不必经过前面的 999 行。这个方法被称为随机访问。

10.9 通过循环访问数组的元素

以下代码展示如何打印数组中的所有值。

```
import numpy as np
x = np.arange(10).reshape(2,5)
for y in np.nditer(x):
    print(y)
```

从 http://canisius.edu/~yany/yanMonthly.pickle 下载一个名为 yanMonthly.pickle 的数据集，用来展示遍历访问的另一个例子。假定下载的数据集保存在 C:\temp\ 下，可以使用下面的代码来检索数据集并运行一个循环来打印出股票的代号。

```
import pandas as pd
x=pd.read_pickle('c:/temp/yanMonthly.pkl')
stocks=x.index.unique()
for item in stocks[:10]:
    print item
    # add your codes here
```

以上代码的结果如下。

```
000001.SS
A
AA
AAPL
BC
BCF
C
```

CNC
COH
CPI

可以简单地输入以下命令来看到那些股票代号。不过，可以在以上代码的基础上添加更多的功能。

```
>>>stocks[0:10]
array(['000001.SS', 'A', 'AA', 'AAPL', 'BC', 'BCF', 'C', 'CNC', 'COH',
       'CPI'], dtype=object)
>>>
```

10.9.1 利用 for 循环赋值

以下代码将多个值分配给变量。

```
>>>x=[0.0 for i in xrange(5)]
>>>x
[0.0, 0.0, 0.0, 0.0, 0.0]
>>>
```

这个的任务很简单，可以用 x=zeros(5) 来得到同样结果。下面的代码更加复杂一些。

```
>>>v = [[0.0 for j in xrange(i + 1)] for i in xrange(4 + 1)]
>>>v
[[0.0],
 [0.0, 0.0],
 [0.0, 0.0, 0.0],
 [0.0, 0.0, 0.0, 0.0],
 [0.0, 0.0, 0.0, 0.0, 0.0]]
>>>len(v)
 5
>>>v[0]
[0.0]
>>>v[1]
[0.0, 0.0]
>>>v[3]
[0.0, 0.0, 0.0, 0.0]
```

10.9.2 通过循环访问词典的元素

下面是一个与字典有关的示例。

```
>>>market_cap= {"IBM":200.97, "MSFT":311.30, "WMT":253.91, "C": 158.50}
```

每只股票都有它的市值,由一个代号和一个数值表示。以下代码显示几只股票的代号和市值。

```
>>>market_cap.keys()
['C', 'IBM', 'MSFT', 'WMT']
>>>market_cap.values()
[158.5, 200.97, 311.3, 253.91]
```

使用 `items()` 函数来同时显示代号和市值。

```
>>>market_cap.items()
[('C', 158.5), ('IBM', 200.97), ('MSFT', 311.3), ('WMT', 253.91)]
>>>
```

以下代码演示如何利用循环遍历字典。

```
>>>market_cap= {"IBM":200.97, "MSFT":311.30, "WMT":253.91, "C": 158.50}
>>>for k,v in market_cap.items():
...        print k,v
...
C 158.5
IBM 200.97
MSFT 311.3
```

10.10 从 CBOE 网站下载期权数据

在芝加哥期权交易所(CBOE)交易期权和期货的网页上提供很多公开数据。可以输入一个代码,下载与该代码相关的期权数据。执行以下两个步骤来下载 IBM 的期权数据。

1. 转到 http://www.cboe.com/DelayedQuote/QuoteTableDownload.aspx。

2. 输入 IBM,然后单击下载。

前几行数据如表 10-1 所示。在下载的原始数据中,看涨期权与看跌期权并排呈现。为了使数据更清楚明了,把看跌期权数据挪放到看涨期权数据之下。

表 10-1

IBM(International BusinessMachines)	172.8	−0.57					
December 15, 2013@ 10:30ET	Bid	172.51	Ask	172.8	Size	2x6	Vol	4184836
Calls	LastSale	Net	Bid	Ask	Vol	Open Int	
13 December125.00 (IBM1313L125)	0	0	46.75	50	0	0	
13 December125.00 (IBM1313L125-4)	0	0	46.45	50.45	0	0	
13 Dec 125.00 (IBM1313L125-8)	0	0	46.2	50.3	0	0	
13 Dec 125.00 (IBM1313L125-A)	0	0	46.5	50.5	0	0	
13 Dec 125.00 (IBM1313L125-B)	0	0	46.15	50.15	0	0	
13 Dec 125.00 (IBM1313L125-E)	0	0	46.25	50.3	0	0	
Puts	LastSale	Net	Bid	Ask	Vol	Open Int	
13 Dec 125.00 (IBM1313X125)	0	0	0	0.03	0	0	
13 Dec 125.00 (IBM1313X125-4)	0	0	0	0.03	0	0	
13 Dec 125.00 (IBM1313X125-8)	0	0	0	0.03	0	0	
13 Dec 125.00 (IBM1313X125-A)	0	0	0	1.72	0	0	
13 Dec 125.00 (IBM1313X125-B)	0	0	0	0.04	0	0	
13 Dec 125.00 (IBM1313X125-E)	0	0	0	0.03	0	0	

假设我们的数据文件保存在 C:\temp\ 目录下，以下代码将从该数据文件中检索数据。

```
import numpy as np
import pandas as pd
x=pd.read_csv('c:/temp/QuoteData.dat',skiprows=2,header='infer')
y=np.array(x)
n=len(y)
```

用以下代码显示最前和最后几行。

```
>>>print y[0:2]
[['13 Dec 125.00 (IBM1313L125)' 0.0 0.0 46.75 50.0 0L 0L
  '13 Dec 125.00 (IBM1313X125)' 0.0 0.0 0.0 0.03 0L 0L nan]
 ['13 Dec 125.00 (IBM1313L125-4)' 0.0 0.0 46.45 50.45 0L 0L
```

```
          '13 Dec 125.00 (IBM1313X125-4)' 0.0 0.0 0.0 0.03 0L 0L nan]]
>>>print y[n-3:n-1]
[['16 Jan 250.00 (IBM1615A250-S)' 2.6 0.0 1.1 2.95 0L 219L
  '16 Jan 250.00 (IBM1615M250-S)' 66.0 0.0 80.75 83.65 0L 11L nan]
 ['16 Jan 250.00 (IBM1615A250-X)' 2.87 0.0 1.03 2.95 0L 219L
  '16 Jan 250.00 (IBM1615M250-X)' 0.0 0.0 80.75 83.65 0L 11L nan]]
>>>
```

10.11 从雅虎财经网页下载期权数据

可以利用一些公开的期权数据来帮助投资、研究或教学,其中一个是 Yahoo!Finance。检索 IBM 的期权数据的步骤如下。

1. 转到 http://finance.yahoo.com。

2. 在搜索框(左上方)中输入 IBM。

3. 单击 Options 的选项。

Yahoo!Finance 的网址是 http://finance.yahoo.com/quote/IBM/options?p=IBM,如图 10-2 所示。

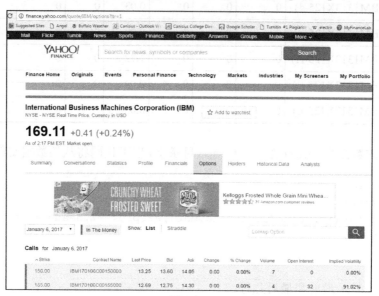

图 10-2

10.11.1 从雅虎财经网页检索不同的到期日期

每只股票有不同执行价格和到期日的期权。上一节的代码检索有效期最短的期权数据。

要检索其他有效期的期权，需要指定到期日的月份和年份。首先，看看不同有效期的期权所在的网页 http://finance.yahoo.com/quote/IBM/options?p=IBM，如图 10-3 所示。

图 10-3

10.11.2　从雅虎财经网页下载当前价格

使用以下 Python 代码可以检索给定股票的当前价格。

```
import datetime
import scipy as sp
from matplotlib.finance import quotes_historical_yahoo_ochl as getData
stocks=['ibm', 'msft', 'goog']
begdate= (2017,1,1)
enddate= datetime.date.today()
n=len(stocks)
for i in sp.arange(n):
    p=getData(stocks[i],begdate,enddate,asobject=True, adjusted=True)
    price=round(p['close'][0],4)
    print("For ",stocks[i].upper(), " the price is ",price)
#
```

假如在 2017 年 3 月 3 日运行以上代码，输出结果如下。

```
('For ', 'IBM', ' the price is ', 165.8784)
('For ', 'MSFT', ' the price is ', 62.2029)
('For ', 'GOOG', ' the price is ', 786.14)
>>>
```

10.12　看跌期权和看涨期权的比率及其短期趋势

看跌期权和看涨期权的比率（put-call 比率）反映了投资者对未来的看法。如果预期未来不会有明显的趋势，put-call 比率应该接近 1。反之，如果预期未来形势大好，这个比率应该低于 1。以下代码通过绘制图形显示过去多年的 put-call 比率。首先，执行以下步骤从 CBOE 下载数据。

1. 转到 http://www.cboe.com/data/putcallratio.aspx。
2. 单击菜单栏中的"Quotes & Data"按钮。
3. 单击"CBOE Volume & Put/Call Ratio"按钮。
4. 单击"CBOE Total Exchange Volume and Put/Call Ratios (11-01-2006 to present)"按钮。

假设下载得到名为 totalpc.csv 的文件保存在 C:\temp\下，然后运行以下代码。

```
import pandas as pd
import scipy as sp
from matplotlib.pyplot import *
data=pd.read_csv('c:/temp/totalpc.csv',skiprows=2,index_col=0,parse_dates=True)
data.columns=('Calls','Puts','Total','Ratio')
x=data.index;    y=data.Ratio;    y2=sp.ones(len(y))
title('Put-call ratio');  xlabel('Date') ;  ylabel('Put-call ratio')
ylim(0,1.5)
plot(x, y, 'b-')
plot(x, y2,'r')
show()
```

绘制的图形如图 10-4 所示。

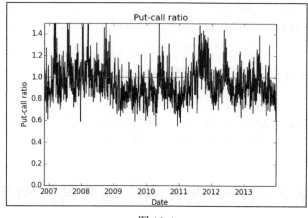

图 10-4

用以下代码分析 put-call 比率在短时间内的趋势。

```
import pandas as pd
from matplotlib.pyplot import *
import matplotlib.pyplot as plt from datetime
import datetime
import statsmodels.api as sm
import scipy as sp
data=pd.read_csv('c:/temp/totalpc.csv',skiprows=2,index_col=0,parse_dates=True)
data.columns=('Calls','Puts','Total','Ratio')
begdate=datetime(2013,6, 1)
enddate=datetime(2013,12,31)
data2=data[(data.index>=begdate) & (data.index<=enddate)]
x=data2.index;    y=data2.Ratio
x2=range(len(x));    x3=sm.add_constant(x2)
model=sm.OLS(y,x3)
results=model.fit()
#print results.summary()
alpha=round(results.params[0],3)
slope=round(results.params[1],3)
y3=alpha+sp.dot(slope,x2)
y2=sp.ones(len(y))
title('Put-call ratio');   xlabel('Date');   ylabel('Put-call ratio')
ylim(0,1.5)
plot(x, y, 'b-')
plot(x, y2,'r-.')
plot(x,y3,'y+')
plt.figtext(0.3,0.35,'Trend:intercept='+str(alpha)+',slope='+str(slope))
show()
```

绘制的图形如图 10-5 所示。

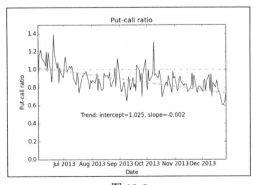

图 10-5

10.13 小结

本章介绍了不同类型的循环语句，演示如何基于欧式期权和美式期权的定价模型来估计隐含波动率。讨论了 for 循环语句和 while 循环语句，以及它们的应用。展示了如何利用 Python 代码对于给定的一组输入值，如当前股票价格、行使价格、有效期、连续复利的无风险利率和看涨期权价格（或看跌期权价格），来估计隐含波动率。还介绍了二分搜索方法并比较其在估计隐含波动率时与其他方法在效率方面的差异。此外，还介绍了如何从 Yahoo!Finance 和 CBOE 网页下载期权相关数据，如看跌期权和看涨期权的比率。

下一章将重点关注蒙特卡罗模拟在期权定价的应用。给定一组均值和标准方差，我们可以使用服从正态分布的随机数来模拟股票价格的变动，从而得到在期权到期日股票的价格以及相应的期权的收益。使用无风险利率作为贴现率，把期权到期日的收益折现到现在就可以得到期权的价格。

练习题

1. Python 语言中有哪几种不同的循环语句？它们之间有什么区别？

2. for 循环语句和 while 循环语句各自有什么优点和缺点？

3. 基于 for 循环语句，编写一个 Python 代码来估计隐含波动率。对于给定的一组值 $S=35$，$X=36$，$r_f=0.024$，$T=1$，$\sigma=0.13$ 和 $c=2.24$，隐含波动率是多少？

4. 编写 Python 代码利用 Black-Scholes-Merton 模型来计算看跌期权的隐含波动率。

5. 利用 Black-Scholes-Merton 期权模型得到的看涨期权隐含波动率和利用它得到的看跌期权隐含波动率是不同的吗？

6. 对于具有多个看涨期权的股票，可以得到各个期权对应的隐含波动率，它们的值会不同吗？

7. 当估计很多只股票的隐含波动率如 5 000 只股票时，如何使得我们的代码更有效率？

8. 可以应用二分搜索方法来估计基于 Black-Scholes-Merton 期权模型的隐含波动率。我们是否可以应用它来估计多个 IRR 以加快进度？请解释你的答案。

9. 是否有必要使用二叉树方法来估计隐含波动率？

10. 学习本章后，可以使用以下函数来估计看涨期权的隐含波动率。

```
def implied_vol_call(S,X,T,r,c):
    from scipy import log,exp,sqrt,stats
    for i in range(200):
        sigma=0.005*(i+1)
        d1=(log(S/X)+(r+sigma*sigma/2.)*T)/(sigma*sqrt(T))
        d2 = d1-sigma*sqrt(T)
        diff=c-(S*stats.norm.cdf(d1)-X*exp(-r*T)*stats.norm.cdf(d2))
        if abs(diff)<=0.01:
            return i,sigma, diff
```

对于给定的某些输入值，我们可能得不到输出结果，请参考以下示例。

```
>>>implied_vol_call(25,40,1,0.05,3.3)
>>>implied_vol_call(25,26,1,0.05,3.3)
>>>implied_vol_call(40,40,5,0.05,3.3)
```

找出原因并对此程序做出相应的修改。

11. 本章学习了如何使用以下程序根据 Black-Scholes-Merton 期权模型来估计隐含波动率。

```
def implied_vol_put_min(S,X,T,r,p):
    from scipy import log,exp,sqrt,stats
    implied_vol=1.0
    min_value=100.0
    for i in range(1,10000):
        sigma=0.0001*(i+1)
        d1=(log(S/X)+(r+sigma*sigma/2.)*T)/(sigma*sqrt(T))
        d2 = d1-sigma*sqrt(T)
        put=X*exp(-r*T)*stats.norm.cdf(-d2)-S*stats.norm.cdf(-d1)
        abs_diff=abs(put-p)
        if abs_diff<min_value:
            min_value=abs_diff
            implied_vol=sigma
            k=i
            put_out=put
    print 'k, implied_vol, put, abs_diff' return k,implied_vol, put_out,min_value
```

根据看跌期权的价格是波动率的单调函数这一关系，修改此程序使其更有效率。

12．以下程序有什么问题？

```
i=1
def while_less_than_n(n,k=1):
    i=1
    while True:
        if i<n:
        else:
            print i i+=k
    return 'done'
```

13．编写一个 Python 程序来估计美式期权的隐含波动率。

14．编写一个 Python 程序从 Yahoo!Finance 下载期权数据，然后使用买价和卖价的平均值作为期权价格来估计隐含波动率。

15．执行以下步骤从 CBOE 下载 put-call 比率。

（1）转到 http://www.cboe.com/。

（2）单击菜单栏上的 Quotes&Data 选项。

（3）单击 CBOEVolume&Put-Call Ratios 选项。

（4）单击 CBOE 总交易量和 Put-CallRatios(11-01-2006 to present)。编写一个 Python 程序来显示最前和最后几个日期。

16．编写一个 Python 程序来检索 put-call 比率，并绘制图形。可以用语法 put_call_graph(path,begdate,enddate)，指定路径和两个日期来调用该函数，如 put_call_graph('c:/temp/totalpc.csv',20130601,0131231)。

第 11 章
蒙特卡罗模拟和期权定价

风险和收益之间的平衡是金融领域的核心问题。金融风险往往源自未来的不确定性。例如,在评估项目未来的盈利时,必须预测在项目的生命周期里影响项目利润的许多因素,如年销售额、产品价格、原材料价格、员工工资增长率、通货膨胀率、借款成本、新增股权成本和其他经济与行业因素,等等。蒙特卡罗模拟可以用来模拟未来可能发生的事件及其结果。本章重点介绍蒙特卡罗模拟在期权定价中的应用,包括以下主要内容。

- 产生服从标准正态分布和正态分布的随机数
- 产生服从均匀分布的随机数
- 利用蒙特卡罗模拟估算π的值
- 产生服从泊松分布的随机数
- 可重复和不可重复的随机取样
- 模拟服从对数正态分布的股票价格
- 模拟股票价格变动路径及终端价格
- 寻找有效的投资组合和有效组合的边界
- 使用蒙特卡罗模拟计算欧式期权价格
- 路径独立与路径依赖期权
- 预测长期回报率
- 奇异期权简介
- 具有浮动执行价格的回望式期权的定价

- Sobol 序列

11.1 产生服从标准正态分布的随机数

正态分布在金融计算中有着重要作用,主要因为许多金融理论包括期权理论的教学模型都假设股票回报率服从正态分布。以下两行代码产生服从标准正态分布的随机数。

```
>>>import scipy as sp
>>>x=sp.random.standard_normal(size=10)
```

NumPy 模块的 random()函数利用 Mersenne Twister PRNG 算法生成了 SciPy/NumPy 模块中的基本随机数。该随机算法运算速度相当快。使用 print()函数来打印前几个值,代码如下。

```
>>>print(x[0:5])
[-0.55062594 -0.51338547 -0.04208367 -0.66432268  0.49461661]
>>>
```

也可以使用以下代码来产生标准正态分布的随机数。

```
>>>import scipy as sp
>>>x=sp.random.normal(size=10)
```

这个语句与下面语句的作用相同。

```
>>>import scipy as sp
>>>x=sp.random.normal(0,1,10)
```

random.normal()函数的第 1 个输入参数是均值,第 2 个输入参数是标准方差,最后一个是随机数的个数,也就是数据集的大小。均值和标准方差的默认值为 0 和 1。可以使用 help()函数来了解输入参数的定义。为了节省空间,以下只显示 help()函数输出结果的前几行。

```
>>>help(sp.random.normal)
Help on built-in function normal:
normal(...)
normal(loc=0.0, scale=1.0, size=None)
```

11.1.1 产生服从（高斯）正态分布的随机样本

正态分布的密度函数由高斯和拉普拉斯在 200 多年前发现。正态分布的密度函数具有一个钟形曲线，如图 11-1 所示。

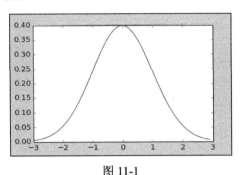

图 11-1

标准正态分布的密度函数由以下的数学公式来表达。

$$f(x)=\frac{1}{\sqrt{2\pi}}e^{-\frac{x^2}{2}}$$ （11-1）

11.1.2 利用种子（seed）生成相同的随机数

我们有时需要重复产生相同的随机数。例如，当教授解释如何计算 5 个随机数的平均值、标准方差、偏度和峰度时，学生在练习时最好可以得到与教师所演示的完全相同的值。另外，当调试用来模拟股票价格变化的 Python 代码时，最好能够重复获得同样的股票价格。可以使用 seed()函数来做到这一点。

```
>>>import scipy as sp
>>>sp.random.seed(12345)
>>>x=sp.random.normal(0,1,20)
>>>print(x[0:5])
[-0.20470766  0.47894334 -0.51943872 -0.5557303   1.96578057]
>>>
```

以上代码使用 12345 作为种子。种子的具体值并不重要，关键是同一个值每次都产生相同的随机数。

11.1.3 产生 n 个服从正态分布的随机数

使用以下代码生成 n 个服从正态分布的随机数。

```
>>>import scipy as sp
>>>sp.random.seed(12345)
>>>x=sp.random.normal(0.05,0.1,50)
>>>print x[0:5]
[ 0.02952923  0.09789433 -0.00194387 -0.00557303  0.24657806]
>>>
```

以上代码与前一个代码的区别在于正态分布的均值是 0.05 而不是 0，标准偏差是 0.1 而不是 1。正态分布的密度函数由以下公式给出，其中 μ 是均值，σ 是标准方差。显然，标准正态分布只是正态分布的一种特殊情况。

$$f(x)=\frac{1}{\sqrt{2\pi\sigma^2}}e^{-\frac{(x-\mu)^2}{2\sigma^2}} \tag{11-2}$$

11.1.4　正态分布样本的直方图

直方图是用来分析一组数据的统计特征的常用工具。使用以下代码绘制一组服从给定均值和标准方差的正态分布的随机数的直方图。

```
>>>import scipy as sp
>>>import matplotlib.pyplot as plt
>>>sp.random.seed(12345)
>>>x=sp.random.normal(0.08,0.2,1000)
>>>plt.hist(x, 15, normed=True)
>>>plt.show()
```

绘制的结果如图 11-2 所示。

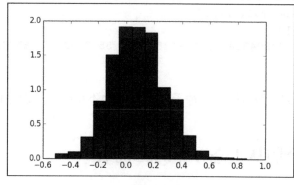

图 11-2

11.1.5 对数正态分布的图形表示

当股票的收益率服从正态分布时，其价格必然服从一个对数正态分布。对数正态分布由以下数学公式定义。

$$f(x;\mu,\sigma)=\frac{1}{x\sigma\sqrt{2\pi}}e^{-\frac{(\ln(x)-\mu)^2}{2\sigma^2}} \tag{11-3}$$

下面的代码绘制 3 个不同的对数正态分布的密度函数曲线，它们的参数分别是（0,0.25）、（0,0.5）和（0,1.0）。第 1 个参数代表均值μ，第 2 个代表标准方差σ。

```
from scipy import sqrt,exp,log,pi
import scipy as sp
import numpy as np
import matplotlib.pyplot as plt
x=np.linspace(0.001,3,200)
mu=0
sigma0=[0.25,0.5,1]
color=['blue','red','green']
target=[(1.2,1.3),(1.7,0.4),(0.18,0.7)]
start=[(1.8,1.4),(1.9,0.6),(0.18,1.6)]
for i in sp.arange(len(sigma0)):
    sigma=sigma0[i]
    y=1/(x*sigma*sqrt(2*pi))*exp(-(log(x)-mu)**2/(2*sigma*sigma))
    plt.annotate('mu='+str(mu)+',sigma='+str(sigma),xy=target[i],
xytext=start[i],arrowprops=dict(facecolor=color[i],shrink=0.01),)
    plt.plot(x,y,color[i])
    plt.title('Lognormal distribution')
    plt.xlabel('x')
    plt.ylabel('lognormal density distribution')
plt.show()
```

将这 3 条曲线合并在一张图（见图 11-3）中，以方便比较它们之间的相似性和差异。

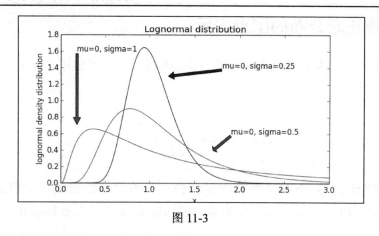

图 11-3

11.1.6 产生服从泊松分布的随机数

为了研究私有信息对股票价格的影响,Easley、Kiefer、O'Hara 和 Paperman（1996）提出了一个称为知情交易概率（PIN）的指标。这个指标需要利用一天内由买方发起的交易个数和由卖方发起的交易个数来计算,它的基本假设是一天的交易个数服从泊松分布。生成服从泊松分布的随机数的代码如下。

```
import scipy as sp
import numpy as np
import matplotlib.pyplot as plt
x=sp.random.poisson(lam=1, size=100)
a = 5
n = 1000
s = np.random.power(a, n)
count, bins, ignored = plt.hist(s, bins=30)
x = np.linspace(0, 1, 100)
y = a*x**(a-1.)
normed_y = n*np.diff(bins)[0]*y
plt.plot(x, normed_y)
plt.show()
```

11.1.7 产生服从均匀分布的随机数

如果需要从 n 只股票中随机选择 m 只,可以利用服从均匀分布的随机数。用以下代码生成服从在 1~100 之间均匀分布的 10 个随机数。使用 seed() 函数来保证每次获得同样的随机数。

```
>>>import scipy as sp
```

```
>>>sp.random.seed(123345)
>>>x=sp.random.uniform(low=1,high=100,size=10)
```

`random.uniform()`函数有 3 个输入参数：low、high 和 size。第 1 个输入参数指定最小值，第 2 个指定最大值，第 3 个给出需要生成的随机数的个数。以下列出得到的前五个随机数。

```
>>>print(x[0:5])
[ 30.32749021   20.58006409 2.43703988   76.15661293 75.06929084]
>>>
```

11.2 利用蒙特卡罗模拟计算π的近似值

通过蒙特卡罗模拟计算π的近似值是一个很好的练习。考虑一个边长为 $2R$ 的正方形。这个正方形里可以放入的最大的圆形的半径为 R。这两个形状的面积可以由以下公式计算。

$$S_{circle} = pi \times R^2 \tag{11-4}$$

$$S_{square} = (2R) \times (2R) = 4R^2 \tag{11-5}$$

将公式（11-4）和公式（11-5）的结果相除，可以得到以下结果。

$$\frac{S_{circle}}{S_{square}} = \frac{pi}{4}$$

也就是说π的值等于 4*Scircle/Ssquare。产生 n 对随机数：x 和 y，它们各自分别服从在 0～0.5 之间的均匀分布。然后计算分别以 x 和 y 为横坐标和纵坐标的点与坐标原点的距离，也就是 $\sqrt{x^2+y^2}$。显然，当距离小于 0.5 时，这个点会落入以 0.5 为半径的圆形之内。π的值可以用以下公式估计。

$$pi = 4 \times \frac{\text{number of darts in circle}}{\text{number of darts in square,ie...,number of simulation}} \tag{11-6}$$

图 11-4 显示这些随机产生的点落在正方形和圆形之内。

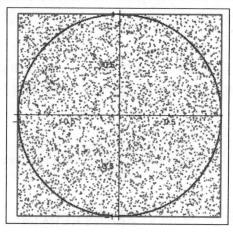

图 11-4

以下 Python 代码使用这个随机模拟方法计算π的近似值。

```
import scipy as sp
n=100000
x=sp.random.uniform(low=0,high=1,size=n)
y=sp.random.uniform(low=0,high=1,size=n)
dist=sp.sqrt(x**2+y**2)
in_circle=dist[dist<=1]
our_pi=len(in_circle)*4./n
print ('pi=',our_pi)
print('error (%)=', (our_pi-sp.pi)/sp.pi)
```

每次运行上面的代码，π的近似值都会有些不同，它的准确程度取决于所用到的随机数的个数，即 n。

```
 ('pi=', 3.14592)
('error (%)=', 0.0013774371433107335)
>>>
```

11.3　从 n 只股票中随机选择 m 只

以下的代码从 500 只股票中随机选择 20 只。这是研究任意几只股票如何影响投资组合的波动率的一个重要步骤。

```
import scipy as sp
n_stocks_available=500
```

```
n_stocks=20
x=sp.random.uniform(low=1,high=n_stocks_available,size=n_stocks)
y=[]
for i in sp.arange(n_stocks):
    y.append(int(x[i]))
final=sp.unique(y)
print(final)
print(len(final))
```

以上代码随机产生在 1~500 之间均匀分布的 20 个实数,然后把它们转换成整数。因为有些整数可能在转换后重复出现,我们可能会得到少于 20 个整数值。一个解决方案是随机产生超过 20 个实数,然后选择前 20 个不同的整数。另一个方法是使用 randrange() 和 randint() 函数。以下代码首先从 http://canisius. edu/~yany/yanMonthly.pickle 下载一个数据集,然后从它包含的所有股票中随机选择 n 只股票。

```
import pandas as pd
import scipy as sp
import numpy as np
n_stocks=10
x=pd.read_pickle('c:/temp/yanMonthly.pkl') x2=sp.unique(np.array(x.index))
x3=x2[x2<'ZZZZ']       # remove all indices
sp.random.seed(1234567)
nonStocks=['GOLDPRICE','HML','SMB','Mkt_Rf','Rf','Russ3000E_D','US_DEBT',
'Russ3000E_X','US_GDP2009dollar','US_GDP2013dollar']
x4=list(x3)
for i in range(len(nonStocks)):
    x4.remove(nonStocks[i])
k=sp.random.uniform(low=1,high=len(x4),size=n_stocks)
y,s=[],[]
for i in range(n_stocks):
    index=int(k[i])
    y.append(index)
    s.append(x4[index])
final=sp.unique(y)
print(final)
print(s)
```

以上代码加载一个名为 yanMonthly.pkl 的数据集,其中包括 200 多只股票、黄金价格、GDP 指标、失业率、SMB 因子、HML 因子、无风险利率和 Russell 指数等的时间序列。我们删除该数据集里与股票无关的数据项。扩展名.pkl 说明该数据集具有 Pandas 模块的数据类型。因为 x.index() 函数列出所有索引指标,而有些指标会重复出现,使用 unique() 函数来删除重复出现的指标。为了考虑只包括股票的投资组合，必须删除所有市场指数和其他非股票证券，如 HML 和 US_DEBT。由于股票市场指数的指标以符号（^）开头，我们使用指标少于 ZZZZ 这个判断条件来删除市场指数。对于在 A 和 Z 之间的其他指标，如果需要，就只能用 remove() 函数逐个删除。最终输出结果如图 11-5 所示。

```
[ 1  2  4 10 17 20 21 24 31 70]
['IO', 'A', 'AA', 'KB', 'DELL', 'IN', 'INF', 'IBM', 'SKK', 'BC']
>>>
```

图 11-5

11.4 可重复和不可重复的随机取样

利用观察到的历史价格和回报率，可以计算它们的平均值、标准方差和其他相关统计量。那么，如何预测未来的价格和回报率呢？最简单的方法是假设历史会在未来重演，可以用历史平均值和标准方差来预测未来。如果希望能够更好地预测未来，就必须找到一种更有效的方法来利用历史数据。Bootstrapping（自举算法）是一种常用的方法。例如，我们希望利用一只股票最近 20 年的月回报率，即 240 个观察值来估计它在下一年的 12 个月回报率的概率分布。首先，可以从历史回报率的观察值中以不可重复的方式随机选取 12 个回报率，并计算它们的平均值和标准方差。重复这个过程 5 000 次，可以得到 5 000 个这样的平均值和标准方差，它们可以用来作为未来回报率的概率分布。可以利用这一分布函数来了解未来回报率的其他特征。也可以用可重复的方式随机选取回报率。

SciPy 模块有一个函数称为 permutation()，可以产生不同的排列。以下代码用 permutation() 函数来对 1~10 这 10 个数字重新随机排列。

```
import numpy as np x=range(1,11)
print(x)
for i in range(5):
    y=np.random.permutation(x)
    print(y)
```

该代码的输出如图 11-6 所示。

可以基于 permutation() 函数来编写一个具有 3 个输入参数的函数：data、n_obs 和 replacement。第 1 个参数代表数据集，第 2 个代表从数据集中随机选取的数据个数，第 3 个表示是否可重复选取数据。

```
...
[ 7  6  9  1  2 10  5  8  3  4]
[ 8  2  4  6  1  9 10  3  7  5]
[ 4  9  1  6  8  2  5  7 10  3]
[ 2  1  6  9 10  5  7  4  8  3]
[ 7  3  9  5 10  4  8  6  2  1]
>>>
```

图 11-6

```python
def boots_f(data,n_obs,replacement=None):
    import numpy as np
    n=len(data)
    if (n<n_obs):
        print "n is less than n_obs"
    else:
        if replacement==None:
            y=np.random.permutation(data)
            return y[0:n_obs]
        else:
            y=[]
    for i in range(n_obs):
        k=np.random.permutation(data)
        y.append(k[0])
    return y
```

上面的代码要求已有观测值的数量应该大于我们计划随机选取的数据个数。这个约束适用于不可重复的随机选取。对于可重复的随机选取，可以放宽这个约束，请参考相关练习。

11.5 年收益率的分布

计算年收益率并绘制它的分布是一个很好的练习。下载 Microsoft 的每日价格数据，计算它的日收益率，并将其转换为年收益率。以下代码对这些年收益率应用 Bootstrapping 方法，以可重复的方式进行 5 000 次随机取样，从而获得样本的统计分布并绘制图形。

```
from matplotlib.finance import quotes_historical_yahoo_ochl as getData
import matplotlib.pyplot as plt
import numpy as np
import scipy as sp
import pandas as pd

# Step 1: input area
ticker='MSFT'                  # input value 1
begdate=(1926,1,1)             # input value 2
enddate=(2013,12,31)           # input value 3
n_simulation=5000              # input value 4

# Step 2: retrieve price data and estimate log returns
x=getData(ticker,begdate,enddate,asobject=True)
```

```
logret = sp.log(x.aclose[1:]/x.aclose[:-1])

# Step 3: estimate annual returns
date=[]
d0=x.date
for i in range(0,sp.size(logret)):
    date.append(d0[i].strftime("%Y"))

y=pd.DataFrame(logret,date,columns=['logret'])
ret_annual=sp.exp(y.groupby(y.index).sum())-1
ret_annual.columns=['ret_annual']
n_obs=len(ret_annual)

# Step 4: estimate distribution with replacement
sp.random.seed(123577)
final=sp.zeros(n_obs,dtype=float)
for i in range(0,n_obs):
    x=sp.random.uniform(low=0,high=n_obs,size=n_obs)
    y=[]
    for j in range(n_obs):
        y.append(int(x[j]))
        z=np.array(ret_annual)[y]
    final[i]=sp.mean(z)

# step 5: graph
plt.title('Mean return distribution: number of simulations ='+str
(n_simulation))
plt.xlabel('Mean return')
plt.ylabel('Frequency')
mean_annual=round(np.mean(np.array(ret_annual)),4)
plt.figtext(0.63,0.8,'mean annual='+str(mean_annual))
plt.hist(final, 50, normed=True)
plt.show()
```

绘制的样本分布图如图 11-7 所示。

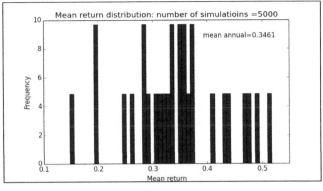

图 11-7

11.6 模拟股价变化

前面的章节提到我们通常假设股票回报率服从正态分布，而价格服从对数正态分布。在时刻 $t+1$ 的股票价格与时刻 t 的股票价格以及这两个时刻的间隔长度有关，可以用以下公式来表达上述关系：

$$S_{t+1} = S_t + \hat{\mu}S_t\Delta t + \sigma S_t \epsilon \sqrt{\Delta t} \tag{11-7}$$

其中，S_{t+1} 是 $t+1$ 时刻的股票价格，$\hat{\mu}$ 是股票收益率的期望值，Δt 是时间间隔（$\Delta t = T/n$），T 是时间长度（以年为单位），n 是步数，ε 是具有零期望值的随机变量，σ 是股票的波动率。通过简单的数学变换，方程（11-7）可以导出以下方程，这个方程将在程序中使用：

$$S_{t+1} = S_t \exp\left(\left(\hat{\mu} - \frac{1}{2}\sigma^2\right)\Delta t + \sigma \epsilon \sqrt{\Delta t}\right) \tag{11-8}$$

在风险中性世界中，没有投资者可以从承担风险中获得补偿。换句话说，在这样的世界中，任何证券（投资）的预期回报是无风险利率。因此，在风险中性世界中，等式（11-8）可以改写成：

$$S_{t+1} = S_t \exp\left(\left(r - \frac{1}{2}\sigma^2\right)\Delta t + \sigma \epsilon \sqrt{\Delta t}\right) \tag{11-9}$$

如果想更多地了解风险中性概率，请参考由 Pearson 出版社出版，约翰·赫尔所著的《期权、期货和其他衍生品》（*Options，Futures and Other Derivatives*）一书。以下 Python 代码模拟股票价格的变化路径。

```python
import scipy as sp
import matplotlib.pyplot as plt

stock_price_today = 9.15      # stock price at time zero
T =1.                          # maturity date (in years)
n_steps=100.                   # number of steps
mu =0.15                       # expected annual return
sigma = 0.2                    # volatility (annualized)
sp.random.seed(12345)          # seed()
n_simulation = 5               # number of simulations
dt =T/n_steps
S = sp.zeros([n_steps], dtype=float)
x = range(0, int(n_steps), 1)
for j in range(0, n_simulation):
    S[0]= stock_price_today
    for i in x[:-1]:
        e=sp.random.normal()
        S[i+1]=S[i]+S[i]*(mu-0.5*pow(sigma,2))*dt+sigma*S[i]*sp.sqrt(dt)*e;
    plt.plot(x, S)

plt.figtext(0.2,0.8,'S0='+str(S[0])+',mu='+str(mu)+',sigma='+str(sigma))
plt.figtext(0.2,0.76,'T='+str(T)+', steps='+str(int(n_steps)))
plt.title('Stock price (number of simulations = %d ' % n_simulation +')')
plt.xlabel('Total number of steps ='+str(int(n_steps)))
plt.ylabel('stock price')
plt.show()
```

为了增加图形的可读性，图 11-8 只绘制了 5 条模拟出的价格曲线。由于使用了 seed() 函数，所以可以再次运行上面的代码来完全复制图 11-8。

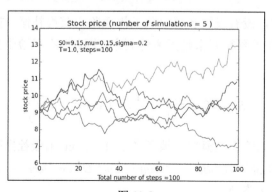

图 11-8

11.7 图形展示期权到期日的股票价格的分布

我们在之前提到欧式期权的价值与到期前的股票价格无关,仅仅取决于到期日的股票价格。因此,需要知道到期日的股票价格的概率分布才能给期权定价。以下代码可以依据给定的一组参数来模拟期权到期日的股票价格:S0(初始股票价格)、n_simulation(模拟的次数)、T(以年计的有效期长度)、n_steps(步数)、mu(年回报率的期望值)和 sigma(年回报率的标准方差,又称波动率)

```
from scipy import zeros, sqrt, shape
import matplotlib.pyplot as plt
import scipy as sp
S0 = 9.15                # stock price at time zero
T =1.                    # years
n_steps=100.             # number of steps
mu =0.15                 # expected annual return
sigma = 0.2              # volatility (annual)
sp.random.seed(12345)    # fix those random numbers
n_simulation = 1000      # number of simulation

dt =T/n_steps
S = sp.zeros([n_simulation], dtype=float)
x = range(0, int(n_steps), 1)
for j in sp.arange(n_simulation):
    tt=S0
    for i in sp.arange(n_steps):
        e=sp.random.normal()
        tt+=tt*((mu-0.5*sigma**2)*dt+sigma*sp.sqrt(dt)*e);
    S[j]=tt

plt.title('Histogram of terminal price')
plt.ylabel('Number of frequencies')
plt.xlabel('Terminal price')
plt.figtext(0.5,0.8,'S0='+str(S0)+',mu='+str(mu)+',sigma='+str(sigma))
plt.figtext(0.5,0.76,'T='+str(T)+', steps='+str(int(n_steps)))
plt.figtext(0.5,0.72,'Number of terminal prices='+str(int(n_simulation)))
plt.hist(S)
plt.show()
```

期权到期日的股票价格的直方图如图 11-9 所示。

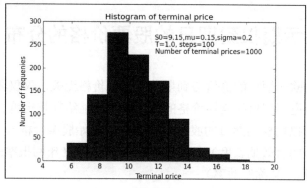

图 11-9

11.8 寻找有效的投资组合和有效边界

本节将介绍已知两只股票回报率的期望值、标准方差和它们之间的相关系数，如何随机产生这两只股票的回报率。寻找风险最小的仅包括这两只股票的投资组合。通过改变股票之间的相关系数来演示相关系数对有效边界的影响，最后构建一个包括多只股票的有效边界。

11.8.1 寻找基于两只股票的有效组合及相关系数的影响

以下代码用来构造两只股票的有效组合。有 6 个输入参数：两只股票的期望值、标准方差、相关系数和模拟的次数。为了生成两个互相关联的 y_1 和 y_2 时间序列，首先生成两个不相关的 x_1 和 x_2 序列，然后应用以下公式。

$$y_1 = x_1 \tag{11-10}$$

$$y_2 = \rho x_1 + \sqrt{1-\rho^2} x_2 \tag{11-11}$$

另一个问题是构造一个目标函数。我们的目标函数是投资组合的标准方差加上投资组合的期望回报率与目标回报率的绝对偏差。也就是说，我们希望同时优化投资组合的风险和投资组合的期望回报率与目标回报率的绝对偏差。

```
import numpy as np
import scipy as sp
import pandas as pd
from datetime import datetime as dt
import matplotlib.pyplot as plt
```

```python
from scipy.optimize import minimize

# Step 1: input area
mean_0=(0.15,0.25)     # mean returns for 2 stocks
std_0= (0.10,0.20)     # standard deviations for 2 stocks
corr_=0.2              # correlation between 2 stocks
n=1000                 # number of simulations (returns) for each stock

# Step 2: Generate two uncorrelated time series
n_stock=len(mean_0)
sp.random.seed(12345) # could generate the same random numbers
x1=sp.random.normal(loc=mean_0[0],scale=std_0[0],size=n)
x2=sp.random.normal(loc=mean_0[1],scale=std_0[1],size=n)
if(any(x1)<=-1.0 or any(x2)<=-1.0):
    print ('Error: return is <=-100%')

# Step 3: Generate two correlated time series
index_=pd.date_range(start=dt(2001,1,1),periods=n,freq='d')
y1=pd.DataFrame(x1,index=index_)
y2=pd.DataFrame(corr_*x1+sp.sqrt(1-corr_**2)*x2,index=index_)

# step 4: generate a return matrix called R
R0=pd.merge(y1,y2,left_index=True,right_index=True)
R=np.array(R0)

# Step 5: define a few functions
def objFunction(W, R, target_ret):
    stock_mean=np.mean(R,axis=0)
    port_mean=np.dot(W,stock_mean)           # portfolio mean
    cov=np.cov(R.T)                          # var-covar matrix
    port_var=np.dot(np.dot(W,cov),W.T)       # portfolio variance
    penalty = 2000*abs(port_mean-target_ret)# penalty 4 deviation
    return np.sqrt(port_var) + penalty   # objective function

# Step 6: estimate optimal portfolio for a given return
out_mean,out_std,out_weight=[],[],[]
stockMean=np.mean(R,axis=0)

for r in np.linspace(np.min(stockMean), np.max(stockMean), num=100):
    W = sp.ones([n_stock])/n_stock           # start equal w
    b_ = [(0,1) for i in range(n_stock)]# bounds
    c_ = ({'type':'eq', 'fun': lambda W: sum(W)-1. })# constraint
    result=minimize(objFunction,W,(R,r),method='SLSQP',constraints=c_,
```

```
bounds=b_)
    if not result.success:# handle error
        raise BaseException(result.message)

    out_mean.append(round(r,4))# a few decimal places
    std_=round(np.std(np.sum(R*result.x,axis=1)),6)
    out_std.append(std_)
    out_weight.append(result.x)

# Step 7: plot the efficient frontier
plt.title('Simulation for an Efficient Frontier from given 2 stocks')
plt.xlabel('Standard Deviation of the 2-stock Portfolio (Risk)')
plt.ylabel('Return of the 2-stock portfolio')
plt.figtext(0.2,0.80,' mean = '+str(stockMean))
plt.figtext(0.2,0.75,' std  ='+str(std_0))
plt.figtext(0.2,0.70,' correlation ='+str(corr_))

plt.plot(np.array(std_0),np.array(stockMean),'o',markersize=8)
plt.plot(out_std,out_mean,'--',linewidth=3)
plt.show()
```

得到的图形如图 11-10 所示。

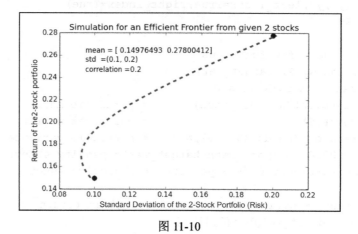

图 11-10

接下来，通过改变两只股票之间的相关系数来演示相关系数对投资组合的影响。

```
import numpy as np
import scipy as sp
import pandas as pd
from datetime import datetime as dt
```

```python
import matplotlib.pyplot as plt
from scipy.optimize import minimize

# Step 1: inpt area
mean_0=(0.15,0.25)         # mean returns for 2 stocks
std_0= (0.10,0.20)         # standard deviations for 2 sotcs
n=1000                     # number of simuations (returns) for each stock
corr_=(0.1,0.5,0.8)

# Step 2: Generate two uncorrelated time series
n_stock=len(mean_0)
sp.random.seed(12345)   # could generate the same random numbers
x11=sp.random.normal(loc=0,scale=1,size=n)
x12=sp.random.normal(loc=0,scale=1,size=n)
n_corr=len(corr_)
style_=['-.','--','-']

# Step 3: define a few functions
def objFunction(W, R, target_ret):
    stock_mean=np.mean(R,axis=0)
    port_mean=np.dot(W,stock_mean)              # portfolio mean
    cov=np.cov(R.T)                             # var-covar matrix
    port_var=np.dot(np.dot(W,cov),W.T)          # portfolio variance
    penalty = 2000*abs(port_mean-target_ret)    # penalty 4 deviation
    return np.sqrt(port_var) + penalty          # objective function

for j in range(n_corr):
    # Step 4: Generate two correlated time series
    corr2=corr_[j]
    index_=pd.date_range(start=dt(2001,1,1),periods=n,freq='d')
    x21=pd.DataFrame(x11,index=index_)
    x22=pd.DataFrame(corr2*x11+sp.sqrt(1-corr2**2)*x12,index=index_)
    y1=mean_0[0]+x21*std_0[0]
    y2=mean_0[1]+x22*std_0[1]

    # step 5: generate a return matrix called R
    R0=pd.merge(y1,y2,left_index=True,right_index=True)
    R=np.array(R0)

    # Step 6: estimate optimal portfolo for a given return
    out_mean,out_std,out_weight=[],[],[]
    stockMean=np.mean(R,axis=0)
    print('hahastyle[j]',stockMean)
```

```
    for r in np.linspace(np.min(stockMean), np.max(stockMean), num=100):
        W = sp.ones([n_stock])/n_stock    # starting:equal w
        b_ = [(0,1) for i in range(n_stock)]              # bounds
        c_ = ({'type':'eq', 'fun': lambda W: sum(W)-1. })# constraint
        result=minimize(objFunction,W,(R,r),method='SLSQP',constraints=c_,
bounds=b_)
        if not result.success:
            raise BaseException(result.message)
        out_mean.append(round(r,4))                # a few decimal places
        std_=round(np.std(np.sum(R*result.x,axis=1)),6)
        out_std.append(std_)
        out_weight.append(result.x)
    # Step 7A: plot the efficient frontier
    plt.plot(out_std,out_mean,style_[j],label='corr='+str(corr2),
linewidth=3)

# Step 7B: plot the efficient frontier
stockMean2=[round(stockMean[0],3),round(stockMean[1],3)]
plt.title('Simulation for an Efficient Frontier with diffrent correlations')
plt.xlabel('Standard Deviation of the Porfolio')
plt.ylabel('Return of the portfolio')
plt.figtext(0.2,0.85,' mean = '+str(stockMean2))
plt.figtext(0.2,0.80,' std  ='+str(std_0))
plt.figtext(0.2,0.75,' corr ='+str(corr_))
plt.plot(np.array(std_0),np.array(stockMean),'o',markersize=10)
plt.legend(loc='lower right')
plt.show()
```

如图 11-11 所示，相关系数越低，这两只股票的有效边界越好。

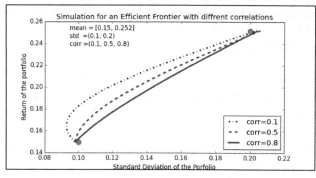

图 11-11

11.8.2 构建 n 只股票的有效边界

任意 n 只股票之间共有 $n*(n-1)/2$ 个相关系数，因此当股票数量 n 增加时，股票之间的相关系数的个数迅速增加。比如 10 只股票之间的相关系数已经有 45 个。以下代码随机生成两两相关的股票回报率。

```
import numpy as np
import scipy as sp
import pandas as pd
from datetime import datetime as dt
from scipy.optimize import minimize
import matplotlib.pyplot as plt

# Step 1: input area
n_stocks=10
sp.random.seed(123456)                          # produce the same random numbers
n_corr=n_stocks*(n_stocks-1)/2                  # number of correlation
corr_0=sp.random.uniform(0.05,0.25,n_corr)      # generate correlations
mean_0=sp.random.uniform(-0.1,0.25,n_stocks)    # means
std_0=sp.random.uniform(0.05,0.35,n_stocks)     # standard devitaion
n_obs=1000                                      # number of simuations

# Step 2: produce correlation matrix: Cholesky decomposition
corr_=sp.zeros((n_stocks,n_stocks))
for i in range(n_stocks):
    for j in range(n_stocks):
        if i==j:
            corr_[i,j]=1
        else:
            corr_[i,j]=corr_0[i+j]
U=np.linalg.cholesky(corr_)

# Step 3: Generate two uncorrelated time series
R0=np.zeros((n_obs,n_stocks))
for i in range(n_obs):
    for j in range(n_stocks):
        R0[i,j]=sp.random.normal(loc=mean_0[j],scale=std_0[j],size=1)
if(R0.any()<=-1.0):
    print ('Error: return is <=-100%')

# Step 4: generate correlated reurn matrix: Cholesky
R=np.dot(R0,U)
```

```
R=np.array(R)

# Step 5: define a few functions
def objFunction(W, R, target_ret):
    stock_mean=np.mean(R,axis=0)
    port_mean=np.dot(W,stock_mean)              # portfolio mean
    cov=np.cov(R.T)                             # var-covar matrix
    port_var=np.dot(np.dot(W,cov),W.T)          # portfolio variance
    penalty = 2000*abs(port_mean-target_ret)    # penalty 4 deviation
    return np.sqrt(port_var) + penalty          # objective function

# Step 6: estimate optimal portfolo for a given return
out_mean,out_std,out_weight=[],[],[]
stockMean=np.mean(R,axis=0)

for r in np.linspace(np.min(stockMean), np.max(stockMean), num=100):
    W = sp.ones([n_stocks])/n_stocks            # starting:equal w
    b_ = [(0,1) for i in range(n_stocks)]       # bounds
    c_ = ({'type':'eq', 'fun': lambda W: sum(W)-1. })# constraint
    result=minimize(objFunction,W,(R,r),method='SLSQP',constraints=c_,bounds=b_)
    if not result.success:                      # handle error
        raise BaseException(result.message)
    out_mean.append(round(r,4))                 # a few decimal places
    std_=round(np.std(np.sum(R*result.x,axis=1)),6)
    out_std.append(std_)
    out_weight.append(result.x)

# Step 7: plot the efficient frontier
plt.title('Simulation for an Efficient Frontier: '+str(n_stocks)+' stocks')
plt.xlabel('Standard Deviation of the Porfolio')
plt.ylabel('Return of the2-stock portfolio')
#xlim(min(std_0), max(std_0))
plt.plot(out_std,out_mean,'--',linewidth=3)
plt.show()
```

产生的图形如图 11-12 所示。

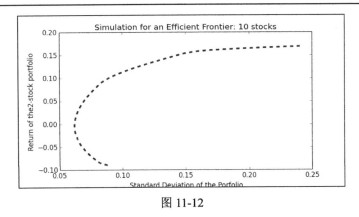

图 11-12

11.9 算术平均值与几何平均值

下一节将应用加权算术和几何平均值来预测长期收益率。这里先熟悉或复习一下几何平均值。对于 n 个回报率 $(R_1, R_2, R_3, ..., R_n)$，它们的算术平均值和几何平均值定义如下：

$$\overline{R}_{\text{arithmetic}} = \frac{\sum_{i=1}^{n} R_i}{n} \tag{11-12}$$

$$\overline{R}_{\text{geometric}} = \left[\prod_{i=1}^{n}(1+R_i)\right]^{\frac{1}{n}} - 1 \tag{11-13}$$

在这个公式中，R_i 是股票的第 i 个回报率。可以使用 mean() 函数来计算算术平均值。我们大多数时候都使用算术平均值，因为它较为简单。由于几何平均值考虑到投资的复利效应，采用历史数据的几何平均值被认为更准确一些。

一个重要的区别是，几何平均值往往小于其对应的算术平均值。由于这个特点，许多人认为使用算术平均值会过高预测未来的回报率。相反，使用几何平均值也有可能导致低估。以下是我们自己编写的计算回报率的几何平均值的函数。

```
def geomean_ret(returns):
    product = 1
    for ret in returns:
        product *= (1+ret)
    return product ** (1.0/len(returns))-1
```

给定一组回报率,计算它们的算术和几何平均值如下。

```
>>>import scipy as sp
>>>returns=[0.01,0.02,-0.03,0.015,0.10]
>>>geomean_ret(returns)
0.022140040774623948
>>>sp.mean(returns)
0.023
```

11.10 预测长期回报率

许多研究人员和从业者认为采用历史回报率的算术平均值会高估未来的长期回报率,而采用历史回报率的几何平均值会低估未来的长期回报率。Jacquier、Kane 和 Marcus(2003)使用 80 年的历史回报率预测未来 25 年的回报率,建议采用以下加权算法。

$$long - term\ forecast = \frac{25}{80} R_{geometric} + \frac{80-25}{80} R_{arithmetic} \qquad (11-14)$$

以下代码采用了公式(11-14)。

```
import numpy as np
import pandas as pd
from matplotlib.finance import quotes_historical_yahoo_ochl as getData
#
ticker='IBM'              # input value 1
begdate=(1926,1,1)        # input value 2
enddate=(2013,12,31)      # input value 3
n_forecast=15             # input value 4
#
def geomean_ret(returns):
    product = 1
    for ret in returns:
        product *= (1+ret)
    return product ** (1.0/len(returns))-1
#
x=getData(ticker,begdate,enddate,asobject=True, adjusted=True)
logret = np.log(x.aclose[1:]/x.aclose[:-1])
date=[]
d0=x.date
for i in range(0,np.size(logret)):
    date.append(d0[i].strftime("%Y"))
```

```
#
y=pd.DataFrame(logret,date,columns=['logret'],dtype=float)
ret_annual=np.exp(y.groupby(y.index).sum())-1
ret_annual.columns=['ret_annual']
n_history=len(ret_annual)
a_mean=np.mean(np.array(ret_annual))
g_mean=geomean_ret(np.array(ret_annual))
w=n_forecast/n_history
future_ret=w*g_mean+(1-w)*a_mean
print('Arithmetric mean=',round(a_mean,3), 'Geomean=',round(g_mean,3),
'forecast=',future_ret)
```

以下显示开始几年的年回报率、多少年和最终结果。

```
>>>ret_annual.head()
       ret_annual
 1962   -0.326613
 1963    0.347305
 1964   -0.022222
 1965    0.222727
 1966    0.122677
>>>len(ret_annual)
52
>>>print('Arithmetric mean=',round(a_mean,3), 'Geomean=',round(g_mean,3),
'forecast=',future_ret)
('Arithmetric mean=', 0.12, 'Geomean=', 0.087, 'forecast=', array
([ 0.1204473]))
>>>
```

11.11 用模拟法为看涨期权定价

只要知道期权到期日的股票价格，就可以计算一个看涨期权在到期日的收益。看涨期权在今天的价格等于它在到期日的期望收益以无风险利率为贴现率计算出来的现值。以下代码用这个方法来计算看涨期权的价格。

```
from scipy import zeros, sqrt, shape
import scipy as sp

S0= 40.              # stock price at time zero
X=40.                # exercise price
T =0.5               # years
```

```
r =0.05                    # risk-free rate
sigma = 0.2                # volatility (annual)
n_steps=100.               # number of steps
sp.random.seed(12345)      # fix those random numbers
n_simulation = 5000        # number of simulation
#
dt =T/n_steps
call = zeros([n_simulation], dtype=float)
x = range(0, int(n_steps), 1)
for j in range(0, n_simulation):
    sT=S0
    for i in x[:-1]:
        e=sp.random.normal()
        sT*=sp.exp((r-0.5*sigma*sigma)*dt+sigma*e*sqrt(dt))
        call[j]=max(sT-X,0)
#
call_price=sp.mean(call)*sp.exp(-r*T)
print 'call price = ', round(call_price,3)
```

得到的看涨期权价格为 2.75 美元。可以用同样的方法来为看跌期权定价。

11.12 奇异期权简介

在第 9 章介绍了欧式期权和美式期权，这些期权通常被称为"香草期权"，也称为普通期权。这些期权的一个特性是它们的收益与股票价格的历史路径无关。还有一类更加复杂的期权，通常称为奇异期权，因为它们的收益与若干股票价格的临界值有关。奇异期权往往是为特定的投资者、银行或公司量身定做的非标准衍生产品。奇异期权通常在场外交易（OTC）。我们没有类似 Black-Scholes-Merton 模型这样的解析公式来为奇异期权定价。因此，必须用其他方法来确定它们的价格，蒙特卡罗模拟是最常用的方法之一。在接下来的几节将介绍如何给亚式期权、数字期权和障碍式期权定价。

11.12.1 利用蒙特卡罗模拟给均价期权定价

欧式期权和美式期权是与路径无关的期权，也就是说期权的收益只与未来某一个时刻的股票价格和期权的行使价有关。有些投资者或套期保值者可能更关心一段时间的平均价格而不仅仅是某一个时刻的价格。例如，某炼油厂担心其主要原材料石油在未来 3 个月内的价格变动，计划对原油的未来价格变化进行套期保值。该公司可以买入看涨期权。由于公司每天消耗大量的原油，自然更关心平均价格，而不是只关注看涨期权所依赖的 3 个月后的价格。因此，均价期权将是更有效的套期保值工具。均价期权是一种亚式期权，其收益由标的股票在一个预设时间段内的平均价格确定。平均价格有两种算法：算术平均值和几何平均值。

亚式均价看涨期权的收益函数如下。

$$\text{payoff}(call) = \text{Max}(P_{\text{average}} - X, 0) \tag{11-15}$$

亚式均价看跌期权的收益函数如下：

$$\text{payoff}(put) = \text{Max}(X - P_{\text{average}}, 0) \tag{11-16}$$

亚式期权是奇异期权的基本形式之一。亚式期权的另一个优点是，与欧式期权和美式香草期权相比，它们的成本更低，因为平均价格的波动率远小于到期日价格的波动率。下面的代码计算一个基于算术平均值的亚式均价期权的价格。

```python
import scipy as sp
s0=40.              # today stock price
x=40.               # exercise price
T=0.5               # maturity in years
r=0.05              # risk-free rate
sigma=0.2           # volatility (annualized)
n_simulation=100    # number of simulations
n_steps=100         # number of stepts

dt=T/n_steps
call=sp.zeros([n_simulation], dtype=float)
for j in range(0, n_simulation):
    sT=s0;   total=0
    for i in range(0,int(n_steps)):
        e=sp.random.normal()
        sT*=sp.exp((r-0.5*sigma*sigma)*dt+sigma*e*sp.sqrt(dt))
        total+=sT
        price_average=total/n_steps
        call[j]=max(price_average-x,0)
call_price=sp.mean(call)*sp.exp(-r*T)
print('call price = ', round(call_price,3))
```

11.12.2 利用蒙特卡罗模拟给障碍式期权定价

障碍式期权是一类与路径有关的期权。障碍式期权有一个决定它是否有效的触发价格；除此之外，在许多方面类似于普通期权。触发有效期权合约一开始没有价值，只有当标的股票价格达到预定的触发价格时，合约才生效。相反，触发无效期权合约一开始是有价值的，然而一旦标的股票价格达到预定的触发价格，合约就失效了。此外，过了有效期，障碍式期权可能一文不值，也可能有一个现金回扣。以下是对4种障碍式期权的描述。

- 向上触发无效：标的股票价格从低于触发价格开始，一旦股票价格达到触发价格，期权合约就会失效。
- 向下触发无效：标的股票价格从高于触发价格开始，一旦股票价格达到触发价格，期权合约就会失效。
- 向上触发有效：标的股票价格从低于触发价格开始，只有当股票价格上升到触发价格，期权合约才会生效。
- 向下触发有效：标的股票价格从高于触发价格开始，只有当股票价格下降到触发价格时，期权合约才会生效。

以下代码计算一个向上触发无效的障碍式看涨期权的价格。

```
import scipy as sp
import p4f
def up_and_out_call(s0,x,T,r,sigma,n_simulation,barrier):
    n_steps=100.
    dt=T/n_steps
    total=0
    for j in range(0, n_simulation):
        sT=s0
        out=False
        for i in range(0,int(n_steps)):
            e=sp.random.normal()
            sT*=sp.exp((r-0.5*sigma*sigma)*dt+sigma*e*sp.sqrt(dt))
            if sT>barrier:
                out=True
        if out==False:
            total+=p4f.bs_call(s0,x,T,r,sigma)
    return total/n_simulation
```

模拟股票价格的变化路径 n 次，如 100 次。每次模拟假定股票价格在给定时间段内有

100 步变动。每当股票价格达到触发价格时，期权的收益将为 0，否则收益将是一个欧式看涨期权的收益。障碍式期权的价格将是所有未失效的看涨期权价格的总和除以模拟次数。

```
s0=40.    # today stock price
x=40.     # exercise price
barrier=42  # barrier level
T=0.5    # maturity in years
r=0.05   # risk-free rate
sigma=0.2    # volatility (annualized)
n_simulation=100 # number of simulations
result=up_and_out_call(s0,x,T,r,sigma,n_simulation,barrier)
print 'up-and-out-call = ', round(result,3)
#up-and-out-call =  0.606
```

以下代码计算一个向下触发有效的障碍式看跌期权的价格。

```
def down_and_in_put(s0,x,T,r,sigma,n_simulation,barrier):
    n_steps=100.
    dt=T/n_steps;  total=0
    for j in range(0, n_simulation):
        sT=s0;   in_=False
        for i in range(0,int(n_steps)):
            e=sp.random.normal()
            sT*=sp.exp((r-0.5*sigma*sigma)*dt+sigma*e*sp.sqrt(dt))
            if sT<barrier:
                in_=True
                #print 'sT=',sT
                #print 'j=',j ,'out=',out
            if in_==True:
                total+=p4f.bs_put(s0,x,T,r,sigma)
    return total/n_simulation
```

11.13 障碍式期权的平价关系及其图形演示

一个向上触发无效的欧式看涨期权和一个向上触发有效的欧式看涨期权满足下面的等价关系。

$$call_{\text{up-and-out}} + call_{\text{up-and-in}} = call \tag{11-17}$$

这个关系的逻辑很简单，如果股票价格达到触发价格，第 1 个期权失去价值，而第 2

个期权开始生效。如果股票价格从来没有触及触发价格，第 1 个期权将保持有效，而第 2 个期权一直没有价值。无论哪种情况，其中一个是有效的。以下代码演示这种平价关系。

```python
def up_call(s0,x,T,r,sigma,n_simulation,barrier):
    import scipy as sp
    import p4f
    n_steps=100
    dt=T/n_steps
    inTotal=0
    outTotal=0
    for j in range(0, n_simulation):
        sT=s0
        inStatus=False
        outStatus=True
        for i in range(0,int(n_steps)):
            e=sp.random.normal()
            sT*=sp.exp((r-0.5*sigma*sigma)*dt+sigma*e*sp.sqrt(dt))
            if sT>barrier:
                outStatus=False
                inStatus=True
                #print 'sT=',sT
                #print 'j=',j ,'out=',out
        if outStatus==True:
            outTotal+=p4f.bs_call(s0,x,T,r,sigma)
        else:
            inTotal+=p4f.bs_call(s0,x,T,r,sigma)
    return outTotal/n_simulation, inTotal/n_simulation
```

输入一组值来测试一个向上触发无效的欧式看涨期权和一个向上触发有效的欧式看涨期权相加是否与一个普通欧式看涨期权相同。

```python
s0=40.         # today stock price
x=40.          # exercise price
barrier=42     # barrier level
T=0.5          # maturity in years
r=0.05         # risk-free rate
sigma=0.2      # volatility (annualized)
n_simulation=100 # number of simulations
upOutCall,upInCall=up_call(s0,x,T,r,sigma,n_simulation,barrier)
print 'upOutCall=', round(upOutCall,2),'upInCall=',round(upInCall,2)
print 'Black-Scholes call', round(p4f.bs_call(s0,x,T,r,sigma),2)
```

以下输出结果证明了前面所述的等价关系。

```
upCall= 0.8 upInCall= 1.96
Black-Scholes call 2.76
```

以下代码使用蒙特卡罗模拟来以图形的方式表现这种等价关系。为了使图形清晰，我们只绘制了 5 条模拟曲线。

```python
import matplotlib.pyplot as plt
import scipy as sp
import p4f
s0=9.15              # stock price at time zero
x=9.15               # exercise price
barrier=10.15        # barrier
T =0.5               # maturity date (in years)
n_steps=30           # number of steps
r =0.05              # expected annual return
sigma = 0.2          # volatility (annualized)
sp.random.seed(125)  # seed()
n_simulation = 5     # number of simulations

dt =T/n_steps
S = sp.zeros([n_steps], dtype=float)
time_ = range(0, int(n_steps), 1)
c=p4f.bs_call(s0,x,T,r,sigma)
sp.random.seed(124)
outTotal, inTotal= 0.,0.
n_out,n_in=0,0

for j in range(0, n_simulation):
    S[0]= s0
    inStatus=False
    outStatus=True
    for i in time_[:-1]:
        e=sp.random.normal()
        S[i+1]=S[i]*sp.exp((r-0.5*pow(sigma,2))*dt+sigma*sp.sqrt(dt)*e)
        if S[i+1]>barrier:
            outStatus=False
            inStatus=True
    plt.plot(time_, S)
    if outStatus==True:
        outTotal+=c;n_out+=1
    else:
```

```
            inTotal+=c;n_in+=1
            S=sp.zeros(int(n_steps))+barrier
            plt.plot(time_,S,'.-')
            upOutCall=round(outTotal/n_simulation,3)
            upInCall=round(inTotal/n_simulation,3)
            plt.figtext(0.15,0.8,'S='+str(s0)+',X='+str(x))
            plt.figtext(0.15,0.76,'T='+str(T)+',r='+str(r)+',sigma=='
+str(sigma))
            plt.figtext(0.15,0.6,'barrier='+str(barrier))
            plt.figtext(0.40,0.86, 'call price      ='+str(round(c,3)))
            plt.figtext(0.40,0.83,'up_and_out_call ='+str(upOutCall)+' (='+str
(n_out)+'/'+str(n_simulation)+'*'+str(round(c,3))+')')
            plt.figtext(0.40,0.80,'up_and_in_call  ='+str(upInCall)+' (='+str
(n_in)+'/'+ str(n_simulation)+'*'+str(round(c,3))+')')

plt.title('Up-and-out and up-and-in parity (# of simulations = %d ' %
n_simulation +')')
plt.xlabel('Total number of steps ='+str(int(n_steps)))
plt.ylabel('stock price')
plt.show()
```

模拟的股票价格曲线如图 11-13 所示。普通看涨期权的价格是 0.63 美元。有一条模拟曲线中股票价格达到触发价格，向上触发无效的欧式看涨期权的价格是 4/5×0.63，而向上触发有效的欧式看涨期权的价格是 1/5×0.63。

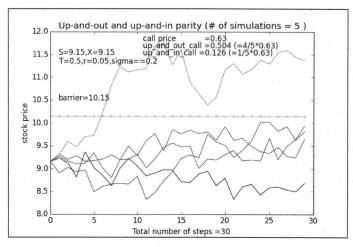

图 11-13

11.14 具有浮动执行价格的回望式期权的定价

回望式期权的价值与标的股票价格的历史路径有关,因此它们也是路径依赖的奇异期权。有一类回望式期权具有浮动的执行价格。如果执行价格是期权有效期内标的股票价格的最低值,一个看涨期权的收益函数可以由以下公式计算。

$$\text{Payoff} = \text{Max}(S_T - S_{\min}, 0) = S_T - S_{\min} \tag{11-18}$$

下面的 Python 代码计算具有浮动执行价格的回望式期权的价格。

```
def lookback_min_price_as_strike(s,T,r,sigma,n_simulation):
    n_steps=100
    dt=T/n_steps
    total=0
    for j in range(n_simulation):
        min_price=100000.   # a very big number
        sT=s
        for i in range(int(n_steps)):
            e=sp.random.normal()
            sT*=sp.exp((r-0.5*sigma*sigma)*dt+sigma*e*sp.sqrt(dt))
            if sT<min_price:
                min_price=sT
            #print 'j=',j,'i=',i,'total=',total
            total+=p4f.bs_call(s,min_price,T,r,sigma)
    return total/n_simulation
```

以上的函数需要用到 SciPy 和 p4f 模块,必须在调用函数之前导入这两个模块,代码如下。

```
>>>import scipy as sp
>>>import p4f
>>>s=40.         # today stock price
>>>T=0.5         # maturity in years
>>>r=0.05        # risk-free rate
>>>sigma=0.2     # volatility (annualized)
>>>n_simulation=1000  # number of simulations
>>>result=lookback_min_price_as_strike(s,T,r,sigma,n_simulation)
>>>print('lookback min price as strike = ', round(result,3))
```

运行以上代码一次的结果如下。

```
lookback min price as strike = 5.304
```

11.15　使用 Sobol 序列来提高效率

在应用蒙特卡罗模拟来解决金融相关问题时,需要用到大量的随机数,尤其对精度要求非常高时。例如,在给期权定价时,需要使用非常小的间隔来增加期权价格的估计值的精确度。因此,蒙特卡罗模拟的效率是一个非常重要的考虑因素,其中包括计算所需的时间和资源。提高效率的一种方式是使用正确的算法来优化我们的代码。另一种方式是使用更快、更好的随机数生成器,Sobol 序列是其中之一。Sobol 序列属于所谓的低差异序列,具有随机数的特性,而且更均匀地分布。可以从几个网站获得与 Sobol 序列相关的 Python 代码,比如在 http://people.sc.fsu.edu/~jburkardt/py_src/sobol/sobol.html 网页下载由 Corrado Chisari 编写的名为 sobol_lib.py 的 Python 程序。另一个相关的网页是 https://github.com/naught101/sobol_seq。

11.16　小结

本章讨论了几种不同的统计分布,包括正态分布、标准正态分布、对数正态分布和泊松分布等。假设股票价格服从对数正态分布而回报率服从正态分布,可以使用蒙特卡罗模拟来计算欧式期权的价格。亚式期权在某些情况下能够更有效地完成套期保值的作用。奇异期权比普通期权更复杂,因为奇异期权的价格不能由一个数学公式来表达,而普通期权的价格可以用 Black-Scholes-Merton 公式来计算。使用蒙特卡罗模拟是给奇异期权定价的常用办法。最后还详细讨论了为亚式期权和回望式期权定价的 Python 代码。

在下一章,将讨论如何量度股票价格的波动率。标准方差和下偏标准方差(LPSD)是常用的方法。使用标准方差作为风险度量的一个合理假设是股票回报率服从正态分布。因此,下一章介绍几种检验正态性的方法。另外,还用图表显示波动率的集聚效应,即高波动率的交易日扎堆出现,而低波动率的交易日也聚集在一起。Engel(1982)首次提出了自回归条件异方差(ARCH)模型,可以很好地用数学方法来刻画这一现象。这是 Engel 获得诺贝尔经济学奖的主要工作。Bollerslev(1986)对 ARCH 模型加以扩展,提出了广义自回归条件异方差(GARCH)模型。我们在下一章介绍并且用 Python 演示这些模型。

练习题

1. 从 Yahoo! Finance 下载 DELL 的每日价格。估计每日收益率并将其转换为月收益率。假设月收益率服从正态分布，用 DELL 的月收益率的均值和标准方差来绘制正态分布的密度函数曲线。

2. 调试以下代码。

```
import scipy as sp
S0 = 9.15 ;T =1;n_steps=10;mu =0.15;sigma = 0.2
n_simulation =  10;   dt =T/n_steps
S = sp.zeros([n_steps], dtype=float)
x = range(0, int(n_steps), 1)
for j in range(0, n_simulation):
  S[0]= S0
  for i in x[:-1]:
    e=sp.random.normal()
    S[i+1]=S[i,j]+S[i]*(mu-0.5*pow(sigma,2))*dt+sigma*S[i]*sp.sqrt(dt)*e
  plot(x, S)
    figtext(0.2,0.8,'S0='+str(S0)+',mu='+str(mu)+',sigma=' +str(sigma))
    figtext(0.2,0.76,'T='+str(T)+', steps='+str(int(n_steps)))
    title('Stock price (number of simulations = %d ' % n_simulation +')')
xlabel('Total number of steps ='+str(n_steps)))
ylabel('stock price');   show()
```

3. 编写一个 Python 程序来计算基于算术平均值的亚式均价期权的价格。

4. 编写一个 Python 程序来计算基于几何平均值的亚式均价期权的价格。

5. 编写一个 Python 程序来计算向上触碰生效的看涨障碍式期权的价格。

6. 编写一个 Python 程序来计算向下触碰无效的看跌障碍式期权的价格。

7. 编写一个 Python 程序来展示向下触碰无效的障碍式期权和向下触碰生效的障碍式期权的等价关系。

8. 编写一个 Python 程序来使用 SciPy 模块的 permutation()函数，从过去 5 年的月收益率中可重复地随机选择 12 个月收益率。使用花旗集团 2009 年 1 月 1 日到 2014 年 12 月 31 日之间的月收益率来测试你的程序。

9. 编写一个 Python 程序对 n 个月回报率运用自举算法（即 bootstrapping 算法），每次选择 m 个回报率，并且 $m > n$。

第 12 章
波动率和 GARCH 模型

金融风险往往来源于未来的不确定性。我们通常假设股票价格服从对数正态分布，因而股票回报率服从正态分布。基于此假设，股票回报率的标准方差常用来量度金融风险，也称为波动率。股票回报率可以为正也可以为负，但我们不会把正的回报视为风险。为了更准确地衡量风险，Sortino（1983）提出应该区分正负回报率，并且用下偏标准方差作为金融风险的测度。另外，到目前为止，我们一直假设回报率的标准方差或波动率是一个常数，不会随时间而改变。这其实并不正确。我们通常观察到波动率的集聚效应，即高波动率的交易日扎堆出现，而低波动率的交易日亦聚在一起。Engel（1982）首次提出了自回归条件异方差（ARCH）模型，用数学方法来描述这一现象。Bollerslev（1986）对 ARCH 模型加以扩展，提出了广义自回归条件异方差（GARCH）模型。本章的主要内容如下。

- 基于正态假设下波动率的度量
- 检验正态分布假设
- Sortino（1983）提出的下偏标准方差（LPSD）
- 检验两个时期段的波动率是否相等
- Breusch 和 Pagan（1979）的异方差检验
- 从 Yahoo!Finance 检索期权数据
- 计算波动率微笑曲线的斜度和偏度
- 自回归条件异方差（ARCH）模型
- 模拟 ARCH（1）时间序列
- 广义自回归条件异方差（GARCH）模型

- 模拟 GARCH（1,1）时间序列
- 采用改良的 garchSim()函数模拟 GARCH(p，q)模型
- Glosten、Jagannathan 和 Runkle（1993）的 GJR_GARCH 模型简介

12.1 传统的风险测度-标准方差

大多数金融教科书使用标准方差作为风险测度。这基于一个关键假设，即股票回报率服从正态分布。标准方差和方差都可用于衡量不确定性，我们通常称标准方差为波动率。例如 IBM 的波动率为 20%，通常是指其年回报率的标准方差等于 20%。下面的代码以 IBM 为例来估计其波动率。

```
import numpy as np
from matplotlib.finance import quotes_historical_yahoo_ochl as getData
#
ticker='IBM'
begdate=(2009,1,1)
enddate=(2013,12,31)
p =getData(ticker, begdate, enddate,asobject=True, adjusted=True)
ret = p.aclose[1:]/p.aclose[:-1]-1
std_annual=np.std(ret)*np.sqrt(252)
print('volatility (std)=',round(std_annual,4))
```

以下输出显示 IBM 的年度波动率为 20.93%。

```
>>>print('volatility (std)=',round(std_annual,4))
('volatility (std)=', 0.2093)
>>>
```

12.2 检验正态分布

Shapiro-Wilk 检验是常用的正态分布检验。以下代码用 Yahoo！Finance 提供的最近 5 年的数据来检验 IBM 的日回报率是否服从正态分布。

```
from scipy import stats
from matplotlib.finance import quotes_historical_yahoo_ochl as getData
import numpy as np
ticker='IBM'
```

```
begdate=(2009,1,1)
enddate=(2013,12,31)
p =getData(ticker, begdate, enddate,asobject=True, adjusted=True)
ret = p.aclose[1:]/p.aclose[:-1]-1

print('ticker=',ticker,'W-test, and P-value')
print(stats.shapiro(ret))
```

结果如图 12-1 所示。

```
('ticker=', 'IBM', 'W-test, and P-value')
(0.9295020699501038, 7.266549629954468e-24)
```

图 12-1

结果显示的第 1 个值是检验统计量，第 2 个值是其对应的 p 值。这个 p 值非常接近于 0，因此拒绝零假设。也就是说，这些数据证明 IBM 的日回报率不服从正态分布。还可以应用 Anderson-Darling 测试，这是 Kolmogorov-Smirnov 测试的一个改进版，可以用来检验一些常见的统计分布。stats.anderson()函数可以检验正态分布、指数分布、逻辑分布和 Gumbel 分布等。调用该函数并打印测试结果，显示如下。

```
>>>>print(stats.anderson(ret))
AndersonResult(statistic=inf, critical_values=array([ 0.574, 0.654,
0.785, 0.915, 1.089]), significance_level=array([ 15. , 10. , 5. ,
2.5, 1. ]))
```

这里显示 3 组值：Anderson-Darling 检验统计量、临界值和相应的置信水平，如 15%、10%、5%、2.5%和 1%。如果选择 1%的置信水平，即第 3 组的最后一个值，它对应的临界值是 1.089，即第 2 组的最后一个值。由于输出的检验统计量是无限大的，远高于临界值 1.089，因此拒绝零假设，得到与 Shapiro-Wilk 测试相同的结论。

正态分布的一个重要性质是，可以使用期望和方差，即一阶和二阶矩，来完全确定整个分布函数。给定 n 个观察到的回报率，以下等式给出了它们的前 4 阶矩。期望值（平均值）的定义如下。

$$\bar{R} = \mu = \frac{\sum_{i=1}^{n} R_i}{n} \tag{12-1}$$

其（样本）方差由以下等式定义。标准方差是方差的平方根。

$$\sigma^2 = \frac{\sum_{i=1}^{n}(R_i - \bar{R})^2}{n-1} \tag{12-2}$$

由以下公式定义的偏度表示分布是否倾斜到左边或右边。对称分布的偏度等于0。

$$skew = \frac{\sum_{i=1}^{n}(R_i - \bar{R})^2}{(n-1)\sigma^3} \tag{12-3}$$

峰度反映了极值的影响。以下公式给出了计算峰度的两种定义,区别在于是否减去3。在等式(12-5)中减去3的原因是,所有正态分布的峰度值等于3。

$$kurtosis = \frac{\sum_{i=1}^{n}(R_i - \bar{R})^4}{(n-1)\sigma^4} \tag{12-4}$$

$$(excess)kurtosis = \frac{\sum_{i=1}^{n}(R_i - \bar{R})^4}{(n-1)\sigma^4} - 3 \tag{12-5}$$

一些书把等式(12-5)计算的结果称为超额峰度。不过,相当多的软件仍然把等式(12-5)的计算结果称为峰度,因此需要特别留意软件包里对函数的说明。我们知道标准正态分布具有零均值、单位标准方差、零偏度和零峰度(基于等式(12-5)计算的峰度值)。图12-2中的输出验证了这一点。

```
from scipy import stats, random
import numpy as np
random.seed(12345)

ret=random.normal(0,1,50000)
print('mean =',np.mean(ret))
print('std =',np.std(ret))
print('skewness=',stats.skew(ret))
print('kurtosis=',stats.kurtosis(ret))
```

('mean =', -0.0018105809899753157)
('std =', 1.002778144574481)
('skewness=', -0.014974456637295455)
('kurtosis=', -0.03657086582842339)

图 12-2

以上的均值、偏度和峰度都接近于零，而标准方差接近于 1。接下来，计算标普 500 指数的日收益率的前 4 阶矩。

```
from scipy import stats
from matplotlib.finance import quotes_historical_yahoo_ochl as getData
import numpy as np

ticker='^GSPC'
begdate=(1926,1,1)
enddate=(2013,12,31)
p = getData(ticker, begdate, enddate,asobject=True, adjusted=True)

ret = p.aclose[1:]/p.aclose[:-1]-1
print( 'S&P500   n       =',len(ret))
print( 'S&P500   mean    =',round(np.mean(ret),8))
print( 'S&P500   std =',round(np.std(ret),8))
print( 'S&P500   skewness=',round(stats.skew(ret),8))
print( 'S&P500   kurtosis=',round(stats.kurtosis(ret),8))
```

以上代码输出的 5 个值，包括观察值的个数如图 12-3 所示。

('S&P500n=', 16102)
('S&P500mean=', 0.00033996)
('S&P500std=', 0.00971895)
('S&P500skewness=', -0.65037674)
('S&P500kurtosis=', 21.24850493)

图 12-3

基于这些数字，可以得出结论：标普 500 指数的日收益率向左边倾斜（偏度为负），有肥尾（峰度等于 21.25，远远大于 0）。

12.3　下偏标准方差

使用回报率的标准方差来衡量风险的一个问题是把正向的回报率也视为风险。第 2 个问题是以平均值为中心来考虑偏差，而不是从一个固定的基准，如无风险利率。为了克服这些缺点，Sortino（1983）提出了下偏标准方差，它定义为偏离无风险利率的距离平方的平均值，如下式所示。

$$LPSD = \frac{\sum_{i=1}^{m}(R_i - R_f)^2}{n-1}, \text{其中} R_i - R_f > 0 \qquad (12\text{-}6)$$

因为这个定义用到无风险利率，所以生成一个包括无风险利率的 Fama-French 数据集。首先，从 http://mba.tuck.dartmouth.edu/pages/faculty/ken.french/data_library.html 下载每日数据，然后解压缩并删除文本文件末尾的非数据部分，把最终的文本文件保存在 C:/temp/ 下，并运行以下代码。

```
import datetime
import numpy as np
import pandas as pd
file=open("c:/temp/ffDaily.txt","r")
data=file.readlines()
f=[]
index=[]
#
for i in range(5,np.size(data)):
    t=data[i].split()
    t0_n=int(t[0])
    y=int(t0_n/10000)
    m=int(t0_n/100)-y*100
    d=int(t0_n)-y*10000-m*100
    index.append(datetime.datetime(y,m,d))
    for j in range(1,5):
        k=float(t[j])
        f.append(k/100)
#
n=len(f)
f1=np.reshape(f,[n/4,4])
ff=pd.DataFrame(f1,index=index,columns=['Mkt_Rf','SMB','HML','Rf'])
ff.to_pickle("c:/temp/ffDaily2.pkl")
```

生成的数据集的名称为 ffDaily.pickle。可以用以上步骤自己生成这个数据集，或者从 http://canisius.edu/~yany/python/ffDaily.pkl 直接下载该数据集。可以用以下代码利用过去 5 年的数据（2009 年 1 月 1 日至 2013 年 12 月 31 日）来估计 IBM 的 LPSD。

```
import numpy as np
import pandas as pd
from scipy import stats
from matplotlib.finance import quotes_historical_yahoo_ochl as getData
```

```
#
ticker='IBM'
begdate=(2009,1,1)
enddate=(2013,12,31)
p =getData(ticker, begdate, enddate,asobject=True, adjusted=True)
ret = p.aclose[1:]/p.aclose[:-1]-1
date_=p.date
x=pd.DataFrame(data=ret,index=date_[1:],columns=['ret'])
#
ff=pd.read_pickle('c:/temp/ffDaily.pkl')
final=pd.merge(x,ff,left_index=True,right_index=True)
#
k=final.ret-final.RF
k2=k[k<0]
LPSD=np.std(k2)*np.sqrt(252)
print("LPSD=",LPSD)
print(' LPSD (annualized) for ', ticker, 'is ',round(LPSD,3))
```

图 12-4 显示 IBM 的 LPSD 等于 14.6%，与上一节中显示的 20.9%有很大的不同。

```
(' LPSD (annualized) for ', 'IBM', 'is ', 0.146)
```

图 12-4

12.4　检验两个时间段的波动率是否相等

股票市场在 1987 年 10 月曾经大幅下跌，我们想知道股票价格的波动率在 1987 年市场崩溃之前和之后是否相等。这里以福特汽车公司（Ford Motor Corp，股票代码 F）为例，说明如何检验波动率在两个时间段是否相等。下面的 Python 代码定义一个 ret_f()函数从 Yahoo!Finance 下载福特汽车公司的每日价格数据，并估算其日回报率。

```
import numpy as np
import scipy as sp
import pandas as pd
from matplotlib.finance import quotes_historical_yahoo_ochl as getData
#
# input area
ticker='F'                  # stock
begdate1=(1982,9,1)         # starting date for period 1
enddate1=(1987,9,1)         # ending date for period  1
```

```
begdate2=(1987,12,1)    # starting date for period 2
enddate2=(1992,12,1)    # ending   date for period 2
#
# define a function
def ret_f(ticker,begdate,enddate):
    p =getData(ticker, begdate, enddate,asobject=True, adjusted=True)
    ret = p.aclose[1:]/p.aclose[:-1]-1
    date_=p.date
    return pd.DataFrame(data=ret,index=date_[1:],columns=['ret'])
#
# call the above function twice
ret1=ret_f(ticker,begdate1,enddate1)
ret2=ret_f(ticker,begdate2,enddate2)
#
# output
print('Std period #1    vs. std period #2')
print(round(sp.std(ret1.ret),6),round(sp.std(ret2.ret),6))
print('T value ,    p-value ')
print(sp.stats.bartlett(ret1.ret,ret2.ret))
```

图 12-5 显示非常高的 T 值和接近于零的 p 值。这支持我们拒绝零假设,也就是说该股票在这两个期间的波动率不相同。

```
Std period #1    vs. std period #2
(0.01981, 0.017915)
T value ,         p-value
BartlettResult(statistic=12.747107745102099, pvalue=0.0003565601014515915)
```

图 12-5

12.5 利用 Breusch 和 Pagan(1979)方法检验异方差

Breusch 和 Pagan(1979)提出了一个方法用来测试来自回归的残差是否具有恒定的波动率。首先,估计以 y 为因变量 x 为自变量的线性回归。

$$y_t = \alpha + \beta x_t + \varepsilon_t \tag{12-7}$$

这里,α 是截距,β 是系数,ε_t 是误差项。在得到误差项(残差)后,运行第 2 个回归模型。

$$\varepsilon_t^2 = \gamma_0 + \gamma_1 x_t + v_t \tag{12-8}$$

用 ft 来代表上述回归模型的拟合值，Breusch-Pangan（1979）统计量可以用下面的公式来计算。该统计量服从具有 k 自由度的 χ^2 分布：

$$BP = \frac{1}{2}\sum_{i=1}^{n} fv_i^2 \qquad (12\text{-}9)$$

下面的例子是从名为 lm.test 的 R 软件包中改写而来。首先，我们用随机数模拟生成 x，y_1 和 y_2 的时间序列，x 是自变量，y_1 和 y_2 是因变量，y_1 具有恒定方差（标准方差），y_2 的方差（标准方差）不是常数。以下是变量 x 的 100 个值。

$$x = [-1, 1, -1, 1, \ldots, -1, 1] \qquad (12\text{-}10)$$

然后，生成两个误差项序列，每个具有 100 个随机值。序列 $error_1$ 的 100 个值服从标准正态分布，即具有零均值和单位标准方差。序列 $error_2$ 的 100 个值服从均值为零，标准方差为 2 的正态分布。y_1 和 y_2 时间序列定义如下。

$$y_1 = x + error1 \qquad (12\text{-}11)$$

$$y_2 = x + e_{1,i}[i = 1, 3, \ldots, 99] + e_{2,i}[i = 2, 4, 6, \ldots, 100] \qquad (12\text{-}12)$$

序列 y_2 的奇数项用到误差项 $error_1$，而其偶数项用到误差项 $error_2$。与 lm.test 软件包相关的更多信息可以通过以下 6 个步骤获取。

1. 访问 http://www.r-project.org。
2. 单击 Download 按钮选择软件包下的 CRAN。
3. 选择一个附近的服务器。
4. 单击屏幕左侧的包列表。
5. 选择并搜索 lm.test。
6. 单击链接并下载与 lm.test 相关的 PDF 文件，以下是相关的 Python 代码。

```
import numpy as np
import scipy as sp
import statsmodels.api as sm
#
def breusch_pagan_test(y,x):
    results=sm.OLS(y,x).fit()
    resid=results.resid
```

```python
        n=len(resid)
        sigma2 = sum(resid**2)/n
        f = resid**2/sigma2 - 1
        results2=sm.OLS(f,x).fit()
        fv=results2.fittedvalues
        bp=0.5 * sum(fv**2)
        df=results2.df_model
        p_value=1-sp.stats.chi.cdf(bp,df)
        return round(bp,6), df, round(p_value,7)
#
sp.random.seed(12345)
n=100
x=[]
error1=sp.random.normal(0,1,n)
error2=sp.random.normal(0,2,n)
for i in range(n):
    if i%2==1:
        x.append(1)
    else:
        x.append(-1)
#
y1=x+np.array(x)+error1
y2=sp.zeros(n)
#
for i in range(n):
    if i%2==1:
        y2[i]=x[i]+error1[i]
    else:
        y2[i]=x[i]+error2[i]

print ('y1 vs. x  (we expect to accept the null hypothesis)')
bp=breusch_pagan_test(y1,x)
#
print('BP value,   df,   p-value')
print ('bp =', bp)
bp=breusch_pagan_test(y2,x)
print ('y2 vs. x    (we expect to rject the null hypothesis)')
print('BP value,   df,   p-value')
print('bp =', bp)
```

图 12-6 显示相应的结果。y_1 对 x 运行回归的结果显示残差值的方差或标准方差是不随时间而变化的。因此，我们接受零假设，这与 y_1 的生成模型吻合。相反，y_2 对 x 运行回归

12.6 从雅虎财经网页检索期权数据

第 11 章讨论了如何用给定的一组参数值来估计隐含波动率。如果希望获取 2014 年 2 月到期的 IBM 公司的期权数据,使用以下代码。以 .pkl 为结尾的两个数据集可以从 http://canisius.edu/~yany/python/callsFeb2014.pkl 和 http://canisius.edu/~yany/python/ putsFeb2014.pkl 下载。

```
import pandas as pd
calls=pd.read_pickle("c:/temp/callsFeb2014.pkl")
print(calls.head())
puts=pd.read_pickle("c:/temp/putsFeb2014.pkl")
print(puts.head())
```

输出结果如下。

	Strike	Symbol	Chg	Bid	Ask	Vol	Open Int
0	150.0	IBM140222C00150000	0.00	28.20	31.85	2	17
1	160.0	IBM140207C00160000	0.00	18.25	22.25	1	1
2	160.0	IBM140222C00160000	0.00	19.15	21.50	2	64
3	165.0	IBM140222C00165000	0.00	14.65	16.65	1	57
4	170.0	IBM140214C00170000	2.38	9.90	10.40	110	10

	Strike	Symbol	Chg	Bid	Ask	Vol	Open Int
0	100.0	IBM140222P00100000	0.0	NaN	0.03	16	16
1	105.0	IBM140222P00105000	0.0	NaN	0.03	10	10
2	115.0	IBM140222P00115000	0.0	NaN	0.03	20	22
3	120.0	IBM140222P00120000	0.0	NaN	0.04	10	20
4	130.0	IBM140222P00130000	0.0	NaN	0.04	68	203

以下代码从 Yahoo!Finance 网页分开来下载看涨期权和看跌期权的数据并生成两个 .pkl

格式的数据集。

```
import pandas as pd
calls=pd.read_table("c:/temp/ibmCalls27jan2017.txt")
print(calls.head())
calls.to_pickle("c:/temp/ibmCalls27jan2017.pkl")

puts=pd.read_table("c:/temp/ibmCalls27jan2017.txt")
print(puts.head())
puts.to_pickle("c:/temp/ibmPuts27jan2017.pkl")
```

以下为输出结果。

```
   Strike          Symbol   Chg    Bid    Ask   Vol  Open Int
0   150.0  IBM140222C00150000  0.00  28.20  31.85     2        17
1   160.0  IBM140207C00160000  0.00  18.25  22.25     1         1
2   160.0  IBM140222C00160000  0.00  19.15  21.50     2        64
3   165.0  IBM140222C00165000  0.00  14.65  16.65     1        57
4   170.0  IBM140214C00170000  2.38   9.90  10.40   110        10
   Strike          Symbol   Chg  Bid    Ask   Vol  Open Int
0   100.0  IBM140222P00100000  0.0  NaN   0.03    16        16
1   105.0  IBM140222P00105000  0.0  NaN   0.03    10        10
2   115.0  IBM140222P00115000  0.0  NaN   0.03    20        22
3   120.0  IBM140222P00120000  0.0  NaN   0.04    10        20
4   130.0  IBM140222P00130000  0.0  NaN   0.04    68       203
```

12.7 波动率的微笑曲线和斜度

每只股票本质上应该只有一个波动率，然而在估计隐含波动率时，使用不同行使价格的期权可能得到不同的隐含波动率。也就是说，基于实值期权，虚值期权和在值期权的隐含波动率可能有很大不同。波动率对行使价格的函数关系呈微笑形状，先是下降然后上升。波动率的斜度是行使价格的函数单调下降或单调上升的函数。投资者的情绪以及供求关系对波动率的斜度有着根本性的影响。在任一时刻，波动率的微笑曲线和斜度都可以为投资者提供当时是否偏好看涨期权或看跌期权的信息。

```
import datetime
import pandas as pd
import matplotlib.pyplot as plt
from matplotlib.finance import quotes_historical_yahoo_ochl as getData
#
# Step 1: define a function
```

```
def implied_vol_call_min(S,X,T,r,c):
    from scipy import log,exp,sqrt,stats
    implied_vol=1.0
    min_value=1000
    for i in range(10000):
        sigma=0.0001*(i+1)
        d1=(log(S/X)+(r+sigma*sigma/2.)*T)/(sigma*sqrt(T))
        d2 = d1-sigma*sqrt(T)
        c2=S*stats.norm.cdf(d1)-X*exp(-r*T)*stats.norm.cdf(d2)
        abs_diff=abs(c2-c)
        if abs_diff<min_value:
            min_value=abs_diff
            implied_vol=sigma
            k=i
    return implied_vol
#
# Step 2: input area
ticker='IBM'
r=0.0003                                 # estimate
begdate=datetime.date(2010,1,1)          # this is arbitrary
enddate=datetime.date(2014,2,1)          # February 2014
#
# Step 3: get call option data
calls=pd.read_pickle("c:/temp/callsFeb2014.pkl")
exp_date0=int('20'+calls.Symbol[0][len(ticker):9])   # find expiring date
#
p = getData(ticker, begdate,enddate,asobject=True, adjusted=True)
s=p.close[-1]                            # get current stock price
y=int(exp_date0/10000)
m=int(exp_date0/100)-y*100
d=exp_date0-y*10000-m*100
exp_date=datetime.date(y,m,d)            # get exact expiring date
T=(exp_date-enddate).days/252.0          # T in years
#
# Step 4: run a loop to estimate the implied volatility
n=len(calls.Strike)      # number of strike
strike=[]                # initialization
implied_vol=[]           # initialization
call2=[]                 # initialization
x_old=0                  # used when we choose the first strike
#
for i in range(n):
    x=calls.Strike[i]
```

```
            c=(calls.Bid[i]+calls.Ask[i])/2.0
            if c >0:
                print ('i=',i,',    c=',c)
                if x!=x_old:
                    vol=implied_vol_call_min(s,x,T,r,c)
                    strike.append(x)
                    implied_vol.append(vol)
                    call2.append(c)
                    print x,c,vol
                    x_old=x
#
# Step 5: draw a smile
plt.title('Skewness smile (skew)')
plt.xlabel('Exercise Price')
plt.ylabel('Implied Volatility')
plt.plot(strike,implied_vol,'o')
plt.show()
```

如果多个相同行使价的期权给出不同的隐含波动率，以上代码选择第 1 个隐含波动率。另一个方法是采用相同行使价格的几个隐含波动率的平均值。波动率的微笑曲线如图 12-7 所示。

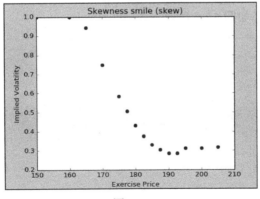

图 12-7

从 http://canisius.edu/~yany/python/callsFeb2014.pkl 网页下载期权数据集并运行以上代码，可以原样生成图 12-7。

12.8 波动率集聚效应的图形表示

股票价格的变化有一个普遍存在的现象，被称为波动率的集聚效应，它是指价格变化大的交易日扎堆出现，而价格变化小的交易日也聚集在一起。以下代码用 1988 年到 2006 年间 S&P500 指数的日回报率来展示这个现象。

```
import numpy as np
import matplotlib.pyplot as plt
from matplotlib.finance import quotes_historical_yahoo_ochl as getData
#
ticker='^GSPC'
begdate=(1987,11,1)
enddate=(2006,12,31)
#
p = getData(ticker, begdate, enddate,asobject=True, adjusted=True)
x=p.date[1:]
ret = p.aclose[1:]/p.aclose[:-1]-1
#
plt.title('Illustration of volatility clustering (S&P500)')
plt.ylabel('Daily returns')
plt.xlabel('Date')
plt.plot(x,ret)
plt.show()
```

以上代码绘制的图形如图 12-8 所示。

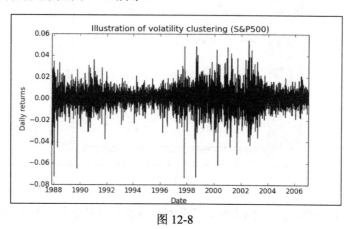

图 12-8

12.9 ARCH 模型及 ARCH（1）随机过程的模拟

前面的内容告诉我们股票回报率的波动性或方差不是保持不变的。2003 年诺贝尔经济学奖得主 Robert Engle 提出了 ARCH 模型，用数学方法来表现股票回报率的动态变化，并且能够帮助我们利用已经观察到的股票回报率来预测未来的波动率。ARCH（q）模型的数学公式如下。

$$\sigma_t^2 + \alpha_0 + \sum_{i=1}^{q} \alpha_i e_{t-1}^2 \qquad (12\text{-}13)$$

这里，σ_t^2 是在 t 时刻的方差，α_i 是在 $t-i$ 时刻的误差项的系数，$\alpha_1 e_{t-1}^2$ 是在 $t-i$ 时刻的误差项的平方，q 是误差项的阶数。当 q 为 1 时，有最简单的 ARCH（1）过程如下。

$$\sigma_t^2 = \alpha_0 + \alpha_1 e_{t-1}^2 \qquad (12\text{-}14)$$

以下代码用来模拟一个 ARCH（1）序列。这是一个好的练习，可以帮助更好地了解波动率的集聚效应。

```
import scipy as sp
import matplotlib.pyplot as plt
#
sp.random.seed(12345)
n=1000          # n is the number of observations
n1=100          # we need to drop the first several observations
n2=n+n1         # sum of two numbers
#
a=(0.1,0.3)  # ARCH (1) coefficients alpha0 and alpha1, see Equation (3)
errors=sp.random.normal(0,1,n2)
t=sp.zeros(n2)
t[0]=sp.random.normal(0,sp.sqrt(a[0]/(1-a[1])),1)
for i in range(1,n2-1):
    t[i]=errors[i]*sp.sqrt(a[0]+a[1]*t[i-1]**2)
    y=t[n1-1:-1] # drop the first n1 observations
#
plt.title('ARCH (1) process')
x=range(n)
plt.plot(x,y)
plt.show()
```

图 12-9 显示一个模拟生成的 ARCH（1）序列。可以看到明显的集聚效应，即价格变化大的交易日扎堆出现，而价格变化小的交易日也聚集在一起。

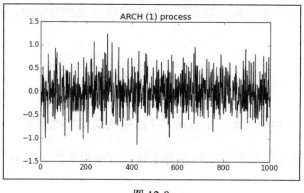

图 12-9

12.10 GARCH（广义 ARCH）模型

广义自回归条件异方差（GARCH）是 ARCH 的重要扩展，由 Bollerslev（1986）提出。GARCH(p,q)模型的数学公式如下。

$$\sigma_t^2 = \alpha_0 + \sum_{i=1}^{q} \alpha_i \epsilon_{t-1}^2 + \sum_{i=1}^{p} \beta_{i=1} \sigma_{t-1}^2 \qquad (12\text{-}15)$$

这里，σ_t^2 是在 t 时刻的方差，q 是误差项的阶数，p 是方差的阶数，α_0 是常数，α_i 是在 $t-i$ 时刻的误差项的系数，β_i 是在 $t-i$ 时刻的方差的系数。显然，最简单的 GARCH 模型是当 p 和 q 都等于 1 时，即 GARCH(1,1)。它的数学公式如下：

$$\sigma_t^2 = \alpha_0 + \alpha_1 \epsilon_{t-1}^2 + \beta \sigma_{t-1}^2 \qquad (12\text{-}16)$$

12.10.1 模拟 GARCH 随机过程

可以用下面的代码模拟生成一个 GARCH（1,1）序列。

```
import scipy as sp
import matplotlib.pyplot as plt
#
sp.random.seed(12345)
n=1000          # n is the number of observations
n1=100          # we need to drop the first several observations
n2=n+n1         # sum of two numbers
#
```

```
a=(0.1,0.3)          # ARCH coefficient
alpha=(0.1,0.3)      # GARCH (1,1) coefficients alpha0 and alpha1, see
                     # Equation (3)
beta=0.2
errors=sp.random.normal(0,1,n2)
t=sp.zeros(n2)
t[0]=sp.random.normal(0,sp.sqrt(a[0]/(1-a[1])),1)
#
for i in range(1,n2-1):
    t[i]=errors[i]*sp.sqrt(alpha[0]+alpha[1]*errors[i-1]**2+beta*t
[i-1]**2)
#
y=t[n1-1:-1]    # drop the first n1 observations
plt.title('GARCH (1,1) process')
x=range(n)
plt.plot(x,y)
plt.show()
```

生成的 GARCH（1,1）序列如图 12-10 所示，其图形看起来与 ARCH(1)序列的图形非常相似。

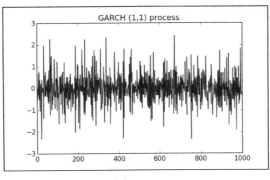

图 12-10

12.10.2 采用改良的 garchSim()函数模拟 GARCH(p,q)模型

以下代码基于一个称为 garchSim()的 R 函数，它包含在由 Diethelm Wuertz 和 Yohan Chalabi 编写的名为 fGarch 的 R 软件包里。可以用以下步骤找到这个 R 软件包。

1. 访问 http://www.r-project.org。

2. 单击下载软件包下的 CRAN。

3. 选择一个离得近的服务器。

4. 单击屏幕左侧的包列表。

5. 选择一个列表并搜索 fgarch。

6. 单击链接并下载与 fgarch 相关的 PDF 文件。下面给出改写后的 Python 代码。

```python
import scipy as sp
import numpy as np
import matplotlib.pyplot as plt
#
sp.random.seed(12345)
m=2
n=100# n is the number of observations
nDrop=100# we need to drop the first several observations
delta=2
omega=1e-6
alpha=(0.05,0.05)
#
beta=0.8
mu,ma,ar=0.0,0.0,0.0
gamma=(0.0,0.0)
order_ar=sp.size(ar)
order_ma=sp.size(ma)
order_beta=sp.size(beta)
#
order_alpha =sp.size(alpha)
z0=sp.random.standard_normal(n+nDrop)
deltainv=1/delta
spec_1=np.array([2])
spec_2=np.array([2])
spec_3=np.array([2])
z = np.hstack((spec_1,z0))
t=np.zeros(n+nDrop)
h = np.hstack((spec_2,t))
y = np.hstack((spec_3,t))
eps0 = h**deltainv  * z
for i in range(m+1,n +nDrop+m-1):
    t1=sum(alpha[::-1]*abs(eps0[i-2:i]))# reverse
    alpha =alpha[::-1]
    t2=eps0[i-order_alpha-1:i-1]
    t3=t2*t2
    t4=np.dot(gamma,t3.T)
    t5=sum(beta* h[i-order_beta:i-1])
    h[i]=omega+t1-t4+ t5
```

```
        eps0[i] = h[i]**deltainv * z[i]
        t10=ar * y[i-order_ar:i-1]
        t11=ma * eps0[i -order_ma:i-1]
        y[i]=mu+sum(t10)+sum(t11)+eps0[i]
    garch=y[nDrop+1:]
    sigma=h[nDrop+1:]**0.5
    eps=eps0[nDrop+1:]
    x=range(1,len(garch)+1)
#
plt.plot(x,garch,'r')
plt.plot(x,sigma,'b')
plt.title('GARCH(2,1) process')
plt.figtext(0.2,0.8,'omega='+str(omega)+', alpha='+str(alpha)+',beta='
+str(beta))
plt.figtext(0.2,0.75,'gamma='+str(gamma))
plt.figtext(0.2,0.7,'mu='+str(mu)+', ar='+str(ar)+',ma='+str(ma))
plt.show()
```

在前面的程序中，omega 是公式中的常数，alpha 与误差项相关联，beta 与方差相关。alpha[a，b]中有两项，其中 a 用于 $t-1$，而 b 用于 $t-2$。然而，eps0 [$t-2$：i]中的两项分别代表 $t-2$ 和 $t-1$。因为 alpha 和 eps0 彼此不一致，所以必须颠倒 a 和 b 的顺序。这就是使用 alpha [:: -1]的原因。由于 mu，ar 和 ma 这几个值为零，garch 时间序列与 eps 相同。因此，在图 12-11 中只显示两个时间序列。波动率大的曲线对应于 garch，而另一条曲线对应于标准方差。

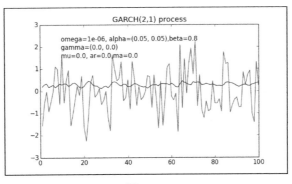

图 12-11

12.10.3 由 Glosten、Jagannanthan 和 Runkle（1993）提出的 GJR_GARCH 模型简介

Glosten、Jagannathan 和 Runkle（1993）指出了 GARCH 模型中的不对称性。他们建议

对模型加以改进。GJR_GARCH(1,1,1)由以下公式表达。

$$\sigma_t^2 = \omega + \alpha \varepsilon_{t-1}^2 + \beta \sigma_{t-1}^2 + \gamma \epsilon_{t-1}^2 I_{t-1} \qquad (12\text{-}17)$$

其中 $I_{t-1}=0$，当 $\varepsilon_{t-1} \geqslant 0$ 时；$I_{t-1}=1$，当 $\varepsilon_{t-1} < 0$ 时。以下代码来自 Kevin Sheppard 的网页。

```python
import numpy as np
from numpy.linalg import inv
import matplotlib.pyplot as plt
from matplotlib.mlab import import csv2rec
from scipy.optimize import fmin_slsqp
from numpy import size, log, pi, sum, diff, array, zeros, diag, dot, mat, asarray, sqrt
#
def gjr_garch_likelihood(parameters, data, sigma2, out=None):
    mu = parameters[0]
    omega = parameters[1]
    alpha = parameters[2]
    gamma = parameters[3]
    beta = parameters[4]
    T = size(data,0)
    eps = data-mu
    for t in xrange(1,T):
        sigma2[t]=(omega+alpha*eps[t-1]**2+gamma*eps[t-1]**2*(eps[t- 1]<0)+beta*sigma2[t-1])
        logliks = 0.5*(log(2*pi) + log(sigma2) + eps**2/sigma2)
    loglik = sum(logliks)
    if out is None:
        return loglik
    else:
        return loglik, logliks, copy(sigma2)
#
def gjr_constraint(parameters,data, sigma2, out=None):
    alpha = parameters[2]
    gamma = parameters[3]
    beta = parameters[4]
    return array([1-alpha-gamma/2-beta]) # Constraint alpha+gamma/2+beta<=1
#
def hessian_2sided(fun, theta, args):
    f = fun(theta, *args)
    h = 1e-5*np.abs(theta)
    thetah = theta + h
    h = thetah-theta
```

```
        K = size(theta,0)
        h = np.diag(h)
        fp = zeros(K)
        fm = zeros(K)
        for i in xrange(K):
            fp[i] = fun(theta+h[i], *args)
            fm[i] = fun(theta-h[i], *args)
        fpp = zeros((K,K))
        fmm = zeros((K,K))
    for i in xrange(K):
        for j in xrange(i,K):
            fpp[i,j] = fun(theta + h[i] + h[j], *args)
            fpp[j,i] = fpp[i,j]
            fmm[i,j] = fun(theta-h[i]-h[j], *args)
            fmm[j,i] = fmm[i,j]
            hh = (diag(h))
            hh = hh.reshape((K,1))
            hh = dot(hh,hh.T)
            H = zeros((K,K))
    for i in xrange(K):
        for j in xrange(i,K):
            H[i,j] = (fpp[i,j]-fp[i]-fp[j] + f+ f-fm[i]-fm[j] + fmm[i,j])/hh
[i,j]/2
            H[j,i] = H[i,j]
    return H
```

编写一个名为 GJR_GARCH() 的函数，用来包含所有初始值、约束和边界条件，代码如下。

```
def GJR_GARCH(ret):
    import numpy as np
    import scipy.optimize as op
    startV=np.array([ret.mean(),ret.var()*0.01,0.03,0.09,0.90])
    finfo=np.finfo(np.float64)
    t=(0.0,1.0)
    bounds=[(-10*ret.mean(),10*ret.mean()),(finfo.eps,2*ret.var()),
t,t,t]
    T=np.size(ret,0)
    sigma2=np.repeat(ret.var(),T)
    inV=(ret,sigma2)
    return op.fmin_slsqp(gjr_garch_likelihood,startV,f_ieqcons=gjr_
constraint,bounds=bounds,args=inV)
```

为了便于重复运算结果，使用 random.seed()函数来产生固定的一组服从均匀分布的随机数。

```
sp.random.seed(12345)
returns=sp.random.uniform(-0.2,0.3,100)
tt=GJR_GARCH(returns)
```

GJR_GARCH()函数的运算结果如图 12-12 所示。

```
print(tt)
Optimization terminated successfully.    (Exit mode 0)
            Current function value: -54.0664733128
            Iterations: 12
            Function evaluations: 94
            Gradient evaluations: 12
```

图 12-12

这 5 个输出结果的含义如表 12-1 所示。

表 12-1

#	含义
1	描述优化程序的退出模式
2	目标函数的最终值
3	迭代次数
4	目标函数计算次数
5	梯度函数计算次数

程序的不同退出模式如表 12-2 所示。

表 12-2

退出模式	说明
−1	需要计算梯度函数（g 和 a）
0	优化已成功终止
1	需要计算目标函数（f 和 c）
2	等式约束的个数超过自变量的个数

退出模式	说明
3	在 LSQ 子程序中超过 3*n 次迭代
4	不等式约束条件不兼容
5	在 LSQ 子程序中矩阵 E 是奇异矩阵
6	在 LSQ 子程序中矩阵 C 是奇异矩阵
7	在 HFTI 子程序中等式约束条件不足
8	线搜索中方向导数为正
9	超过了迭代次数的限制

最终的运算结果如下。

```
>>>print tt
[ 7.73958583e-02   6.65856138e-03   1.00386156e-12  -1.67115250e-12
6.61947977e-01]
>>>
```

12.11 小结

本章重点讨论了几个问题，特别关注波动率的度量和 ARCH/GARCH 模型。我们了解到标准方差作为波动率的度量，是基于回报率服从正态发布这个假设的。接着，学习了几个统计测试来检验这个假设是否成立，包括 Shapiro-Wilk 检验和 Anderson-Darling 检验以及如何使用各种图表来显示股票回报率的分布具有的肥尾特征。讨论如何通过比较两个时期的方差来检验波动率是否随时间变化，并用 Python 代码来实现 Breusch-Pangan（1979）异方差检验。ARCH 和 GARCH 广泛用于描述波动率如何随时间变化。用随机模拟方法演示这些模型的几个简单形式，如 ARCH(1)和 GARCH(1,1)模型。Kevin Sheppard 提供的 Python 代码可以用图形演示这些模型，还可以用来模拟 GJR_GARCH（1,1,1）模型。

练习题

1. 波动率的定义是什么？
2. 如何衡量风险（波动率）？

3．标准方差被广泛用来衡量风险是否有不当之处？

4．如何测试股票回报率是否服从正态分布？对于给定的股票回报率集合，测试它们是否服从正态分布。

5．下偏标准方差如何定义？有什么应用？

6．选择 5 只股票，如 DELL、IBM、微软（MSFT）、花旗集团（C）和沃尔玛（WMT），并使用过去 3 年的每日数据比较它们的标准方差与 LPSD。

7．股票的波动率是否随时间变化？

8．使用 Breusch-Pagan（1979）方法来检验 IBM 日回报率的分布是否随时间变化。

9．如何检验股票的波动率是否随时间改变？

10．"肥尾"分布有什么含义？为什么要关注肥尾分布？

11．如何下载期权数据？

12．ARCH(1)模型如何定义？有什么作用？

13．GARCH(1,1)模型如何定义？有什么作用？

14．使用 GARCH(1,1)模型分析 DELL 的日回报率。

15．编写一个 Python 程序用观察到的看跌期权的数据展示波动率的斜度。

欢迎来到异步社区!

异步社区的来历

异步社区(www.epubit.com.cn)是人民邮电出版社旗下IT专业图书旗舰社区,于2015年8月上线运营。

异步社区依托于人民邮电出版社20余年的IT专业优质出版资源和编辑策划团队,打造传统出版与电子出版和自出版结合、纸质书与电子书结合、传统印刷与POD按需印刷结合的出版平台,提供最新技术资讯,为作者和读者打造交流互动的平台。

社区里都有什么?

购买图书

我们出版的图书涵盖主流IT技术,在编程语言、Web技术、数据科学等领域有众多经典畅销图书。社区现已上线图书1000余种,电子书400多种,部分新书实现纸书、电子书同步出版。我们还会定期发布新书书讯。

下载资源

社区内提供随书附赠的资源,如书中的案例或程序源代码。
另外,社区还提供了大量的免费电子书,只要注册成为社区用户就可以免费下载。

与作译者互动

很多图书的作译者已经入驻社区,您可以关注他们,咨询技术问题;可以阅读不断更新的技术文章,听作译者和编辑畅聊好书背后有趣的故事;还可以参与社区的作者访谈栏目,向您关注的作者提出采访题目。

灵活优惠的购书

您可以方便地下单购买纸质图书或电子图书,纸质图书直接从人民邮电出版社书库发货,电子书提供多种阅读格式。

对于重磅新书,社区提供预售和新书首发服务,用户可以第一时间买到心仪的新书。

用户账户中的积分可以用于购书优惠。100积分=1元,购买图书时,在 里填入可使用的积分数值,即可扣减相应金额。

特 别 优 惠

购买本书的读者专享异步社区购书优惠券。

使用方法：注册成为社区用户，在下单购书时输入 S4XC5 使用优惠码，然后点击"使用优惠码"，即可在原折扣基础上享受全单9折优惠。（订单满39元即可使用，本优惠券只可使用一次）

纸电图书组合购买

社区独家提供纸质图书和电子书组合购买方式，价格优惠，一次购买，多种阅读选择。

社区里还可以做什么？

提交勘误

您可以在图书页面下方提交勘误，每条勘误被确认后可以获得 100 积分。热心勘误的读者还有机会参与书稿的审校和翻译工作。

写作

社区提供基于 Markdown 的写作环境，喜欢写作的您可以在此一试身手，在社区里分享您的技术心得和读书体会，更可以体验自出版的乐趣，轻松实现出版的梦想。

如果成为社区认证作译者，还可以享受异步社区提供的作者专享特色服务。

会议活动早知道

您可以掌握 IT 圈的技术会议资讯，更有机会免费获赠大会门票。

加入异步

扫描任意二维码都能找到我们：

异步社区	微信服务号	微信订阅号	官方微博	QQ 群：436746675

社区网址：www.epubit.com.cn

投稿 & 咨询：contact@epubit.com.cn